卓越学术文库

U0558523

从知识到治道：戊戌变法时期的 "富强"话语变迁研究

CONG ZHISHI DAO ZHIDAO WUXUBIANFA SHIQI DE FUQIANG HUAYU BIANQIAN YANJIU

河南省高等学校哲学社会科学优秀著作资助项目

李耀跃　著

郑州大学出版社

图书在版编目（CIP）数据

从知识到治道：戊戌变法时期的"富强"话语变迁研究／李耀跃著. -- 郑州：郑州大学出版社，2024.8. --（卓越学术文库）. -- ISBN 978-7-5773-0707-7

Ⅰ. K256.507

中国国家版本馆 CIP 数据核字第 20248SJ459 号

从知识到治道：戊戌变法时期的"富强"话语变迁研究

策划编辑	王卫疆　成振珂	封面设计	苏永生
责任编辑	魏　彬	版式设计	凌　青
责任校对	王晓鸽	责任监制	李瑞卿

出版发行	郑州大学出版社	地　　址	郑州市大学路 40 号（450052）
出 版 人	卢纪富	网　　址	http://www.zzup.cn
经　　销	全国新华书店	发行电话	0371-66966070
印　　刷	河南文华印务有限公司		
开　　本	710 mm×1 010 mm　1 / 16		
印　　张	18.5	字　　数	286 千字
版　　次	2024 年 8 月第 1 版	印　　次	2024 年 8 月第 1 次印刷

| 书　　号 | ISBN 978-7-5773-0707-7 | 定　　价 | 86.00 元 |

前　言

　　"富强"一词在中国近代史上是涵摄于国家现代化命题中的话语变化。国家现代化维度中的"富强"之道超越了传统治道意义上的富国强兵，实已关涉国家治理目标、内容、规模及结构的调整，并要求建立能够为之提供制度支撑的新法秩序。戊戌前的"自强""求富"之策多囿于传统国家—社会关系的调适。戊戌变法时期，通过广泛社会动员推动"商力""民智"以致"富强"的话语系统，在国家治理层面得以确立。国家建设广泛动员社会参与的机制，在国家政策和法令的推动下渐次推广。当时国家治理的内容和规模已超越了传统国家。为实现富强目标，戊戌变法时期新型经济管理部门的创设、鼓励工商和民间投资政策法令的推行、知识传播理念和方式的转变，都是开启国家治理转型的表现。国家机构承担了提供更多公共产品供给的责任，开启了现代国家治理结构意义上的国家—社会关系重塑趋势。戊戌变法以后，立基"商力""民智"的"富强"之道作为国家的治理正式性话语嵌入当时的国家治理逻辑。清末"富强—宪法"实践超越了戊戌变法的国家治理转型进程，也延续着戊戌变法时期的国家—社会关系脆弱性问题。从这个意义上可以多维审视戊戌变法时期作为历史关键期的划时代意义。

　　本研究尝试推究"富强"之道在由知识而成为治道的过程中所引致的国

家治理转型及相关的法秩序重构意义。这一分析框架从五个层面递进展开：

第一章从传统治道在近代世界秩序中面临的危机及应对角度，检讨甲午战前传统国家治理模式调适下的"自强""求富"之策及其效果，进而审视戊戌变法重建"富强"之道的推动力。其时兴起的洋务运动通过学习西方科技及推行有限鼓励商业的政策，促成了传统帝国晚期的短暂"中兴"，推动了新式绅商阶层的萌生、新式治国理念的初步传播，为后来的国家治理转型提供了思想和实践基础。洋务运动提出的"自强"目标主要指向引进西方技术和发展国防现代化，乃至后期的"求富"口号也主要服务于强兵和筹饷，"商战"目标下对民用洋务企业的支持及有限鼓励商业的政策主要还是对外政策的延续。此时的"自强"和"求富"尚不构成国家治理目标上的转移。传统治理模式的有限调整在甲午战争中被证明不足以抵抗西方霸权的冲击。

第二章讨论"富强"之道作为制度设计方案的"知识"，在清廷所形成的国家治理转型论争与共识。康有为提出的变法主张代表了当时重建国家—社会关系以求"富强"的最全面认识，但也存在缺乏可行的制度措施诸问题，更多的只是制度设计规划而已；通过康有为等人代拟奏折的呈递，"康党"活动在朝中形成呼应之势，为知识上的"富强"之道上升为国家治道提供了契机；戊戌变法时期的洋务派在承继和反思洋务运动思潮及实践的基础上，发展出以西法练兵、惠商惠工、智以救亡、政艺兼学为主要内容的"洋务变法"主张，与维新思想共同构成戊戌变法"富强"思潮的主体；司员士民在上书中所提出的各种"富强"措施虽缺少统筹协调甚至不乏空谈怪论，却在声势上支持了"富强"之于时代的急迫性和必要性。不同人物在"富强"的具体之策上各执一词甚至互相攻讦，却在呈现的"方案"冲突和叠加中共同建构了国家治理转型的时代"知识"图景。借助商力、发挥民智以"富强"的共识已具重塑国家—社会关系的趋势。

第三章从国家治理转型角度,讨论戊戌变法时期清政府的"富强"话语转捩,及其引致的制度重建。戊戌变法时期上谕中确立的"富强"之道是各派政治势力间充满争议的"富强"共识部分,"富强"话语借此获得国家治理上的政治合法性意义。"富强"被确立为国家治理目标后,中央进行了一系列的旧法整顿和新法颁行,这些制度建设虽"枝枝节节"不成系统,却在重塑君民关系、官商关系及中西学关系等方面具有开创新法秩序的示范意义。其时通过惩戒和奖励等法律强制功能确立了新的立国原则,挤压着守旧观念在治国之道中的空间。法律通过反馈(或试图通过反馈)新的观念系统引致国家治理转型。旧法秩序趋于瓦解,新法秩序的方向确立。新法令传递出新的治国理念,并为"富强"道路的制度化连锁反应提供了可能性。这种制度化连锁反应也许并不是时人所明确追求的改革目标,却是新的治国理念寻求制度支撑的必然结果。

第四章从新法实施及其实效角度,讨论立基商力、民智的"富强"之道的运行限度。戊戌变法时期清政府调整了经济政策,维持、改造和扩充了国家资本控制下的企业,又对商办实业予以鼓励、引导和扶持;通过设立新的经济职能部门、制定奖励章程,初步形成了振兴工商的激励机制;在路矿等领域开始吸纳社会力量投融资模式的尝试,但仍以官方控制为主。如何使个别的、具体的政策调整向全面的、制度性变革推进,这一时期的改革进程没有实现维新派所谓的统筹全局。"富强"目标的实现过程是各派政治势力借此话语扩张自身权力的过程,这也导致新法在执行中或有所侧重或有所保留而最终实效不彰。同时,该时期"富强"话语与制度的交互发展又在相当程度上型塑着近代中国国家现代化特别是法律现代化的基本样态。

第五章分析了"富强"话语实践对近代中国国家治理和法律制度转型的影响及意义。清末新政中的"富强—宪法"实践是戊戌变法时期"富强"之道在国家政治改革领域的延续和超越。戊戌变法时期的广泛舆论动员使清廷官僚体系内部加深了对西方"富强"之道的理解和认同,为清末立宪做了舆论和思想准备;清末立宪运动的开启是清廷、维新派、革命党各方势力或主动或被动地共同推动的结果,流亡日本的维新派与革命党在时而联合时而论战中,客观上为革命党的声势壮大提供了契机而成为清廷"仿行宪政"的重要考量因素,维新派对于立宪正当性的宣传则又为立宪运动的持续推进提供了舆论动员;虽然将戊戌变法时期的制度改革成果留存至清末新政时期者为数不多,但师法日本"富强"之道的政治改革和变法修律主张,为清末新政的改革路径奠定了基础。中国近代的国家与法律观念中,国家主义压倒性地占据了主导地位,国民作为现代国家政治参与的主体虽未被忽略,但法律系统的重构在相当程度上来自"治外法权"的压力,个人权利和自由的正当性仍须统合于国家主权和利权之下予以确认。新的社会对集权体制的依赖甚至超过传统治理模式。中央集权及与之配合的行政体制在旧制度逻辑的框架内不断发展,以期迎合新的社会需求,为中国在摆脱列强侵略中寻找国家现代化的道路。戊戌变法形成的历史趋势并不会也没有因为一场运动的失败而改变方向。

综上,戊戌变法时期立基商力、民智的"富强"话语重建具有国家现代化意义,其所形成的近代国家治理转型趋势蕴含着法秩序重构的制度逻辑。近代"富强"话语的形成及其引致的治道转型和法秩序重构是效法西方和日本的,却须以解答中国问题为目的。"富强"话语的形成与实践是观念、话语、权力和制度之间的有效联结,并重塑着近代中国国家建设进程。该时期在国家治理目标上从简约型治理转向广泛的社会动员以提升国家治理能力；在治理内容和规模上国家积极参与支撑"富强"的各类新政建设并为之提供政令和财政支持；与之相伴的是治理结构上对于国家制度结构、国家与社会关系的重新调整。现代化的法律制度体系虽未确立，但新的法理念和法观念自此奠基，并对近代中国国家现代化产生了持续性的深远影响。

目 录

1

引　言

一、问题的提出

　　"富强"一词在中国近代史上是涵摄于国家现代化命题中的话语变化。国家现代化维度中的"富强"之道超越了传统治道意义上的富国强兵,实已关涉国家治理目标、内容、规模及结构的调整,并要求建立能够为之提供制度支撑的新法秩序。西方国家通过现代化的法律机制有效地调整了国家与社会关系以保持较强的国家能力,较好地维持了中央威权的同时又激发着社会活力而达致"富强"。近代中国"富强"话语的形成及其引致的治道转型和法秩序重构是效法西方的,却须以解答中国问题为目标。

　　近代中国被卷入西方的殖民体系以后,中国问题已嵌入世界秩序。单纯从中国自身历史轴线上的思考缺乏对中国现代化进程的解释力。一部近代中国史是抵御、反抗殖民主义侵略进而维系国家独立和统一的历史,是中国如何吸收、借鉴各种现代性因素进而内化为自身国家建设积极和有利因素的历史,更是在古今中西纠缠中思考中国在全球秩序中所处位置进而寻求存续和更生之道的历史。① 近代中国国家建设的首要任务在于动员社会力量、提升国家能力以实现国家"富强"。"富强"无疑成为近代中国最具政治合法性的话题之一(甚至从某些角度可谓之首要话题)。那么,"富强"作为长时段的历史命题,在获得思想史、政治史及宪法史研究者重视的同时②,何时及如何从知识界进入国家视野成为国家治理的目标? 国家治理目标上的转变又如何使国家治理的内容、规模、结构得以扩张和调整? 国家治理的

---

　　① 关于中国近代历史叙事的系统讨论,可参见王锐:《合富强叙事、阶级叙事、文明叙事为一:关于中国近代史叙事问题的思考》,《开放时代》2021 年第 5 期。

　　② 比较有代表性的研究及述评将在本书"学术史的考察"部分展开。

转型又如何对新的法律秩序发展提出需求并为之提供可能？

　　"富强"话语在中国传统治理中的正当性往往备受争议。在诸子经典文本的叙事中，先秦时期从"天下归仁"的德服时代到"富国强兵"的霸争时代，是治国方略由"道"倒退为"术"的过程。[1] 传统农业社会的脆弱性又进一步增强了"与民生息""不与民争利"等治道逻辑的正当性。中国一直面临着"大国"治理规模下的组织规模扩大、等级链条延长、私有信息分散等导致的组织效率下降问题。[2] 传统中国解决这一问题的一个基本模式是"简约国家"形态[3]，国家治理的内容简单，无论是对外征伐还是对内大兴工程（即使是兴修水利等民生工程），都可能是传统社会所无法承受的。漫长的传统治理史中，"富强"之术仅作为治理危机时的一剂猛药，可能在扭转危机的关键点上一时有效却往往缺乏持续的正当性。王安石变法便如是。[4] 晚清面临内外危局，洋务运动试图在不挑战儒家"义""利"之辨的前提下，通过一定限度内的"兴利"之术争取对外竞争的有利地位。在清议派对其可能加重民众负担乃至干扰脆弱社会秩序的批评中，"自强"口号的提出即明示其向西方学习的目的是在保持儒学基本价值秩序的前提下，针对新的世界秩序冲击做有限调整。这种调整是否意味着国家治理逻辑的转换？ 如果不是，其又

---

　　① 先秦经典文献的类似论述很多，如《孟子·告子下》："五霸者，三王之罪人也。今之诸侯，五霸之罪人也。"《荀子·大略》："诸誓不及五帝，盟诅不及三王，交质子不及五伯。"《庄子·知北游》引黄帝之言曰："失道而后德，失德而后仁，失仁而后义，失义而后礼，礼者，道之华而乱之首也。"《道德经·德经》也说："故失道而后德，失德而后仁，失仁而后义，失义而后礼，夫礼者，忠信之薄而乱之首。"《战国策·燕策一》载郭隗之言："帝者与师处，王者与友处，霸者与臣处，亡国与役处。"详细的论述参见方铭：《富强释义及孔子与原始儒家的富强观》，《山西大学学报（哲学社会科学版）》2017 年第 2 期。

　　② 周雪光：《中国国家治理的制度逻辑：一个组织学研究》，生活·读书·新知三联书店，2017，第 16 页。

　　③ 在黄仁宇看来，即使是这种简约治理，也因技术手段的不足而无法应对国家规模负荷所带来的挑战。黄仁宇：《十六世纪明代中国之财政与税收》，生活·读书·新知三联书店，2015。

　　④ 关于王安石变法的批评多有"风俗"与"富强"矛盾的反思，如朱熹曾批评王安石变法："意欲富国强兵，然后行礼义；不知未富强，人才风俗已先坏了！"（《朱子语类》，中华书局，1986，第 1799 页。）又如《周官新义》提要谓："安石之意，本以宋当积弱之后而欲济之以富强，又惧富强之说必为儒者所排击。"（详细分析参见金观涛、刘青峰：《观念史研究：中国现代重要政治术语的形成》，法律出版社，2009，第 298 页。）

如何进一步地发展到以后的"富强"话语进入新的治道逻辑并影响着近代中国国家治理转型的限度?

甲午战败,中国面临国际地位的彻底崩溃,以及以中国为中心的朝贡体系的彻底瓦解。随之崩溃的还有曾被普遍认可的法律和礼仪规范。欧洲的扩张不仅是军事和贸易的扩张,更是一种新型国家体系及调节和控制这一体系规范的扩张,还是有关新型国家体系合法性知识的扩张。清朝面临的道德体系和知识体系挑战使其统治合法性陷入危机。解决这一危机成为儒学普遍主义及其世界秩序观的基本动力。[①] 处理西学法政新知与传统治道旧识的关系,并从中挖掘现代国家建设的实践与思想资源成为时人持续面对的重大议题。现代国家是地缘政治中的诸多民族国家之一,其法政秩序的建构必将政治、经济、军事、外交、文化教育等方面的国家竞争问题纳入国家治理的整体中予以考量。

话语不仅是"纸上苍生",更是对社会实践主体具有支配性和役使性的强大社会力量。话语作为支配性社会力量渗透于社会实践主体之中,难以被感知却无所不在。[②] 从戊戌时期法秩序重构的角度理解近代国家治理转型,或能更深入地理解现代化进程中法制改革与制度创新中的规则、组织、观念乃至符号系统及认知体系。戊戌变法运动与后来的清末新政、民国创建一道,立基于通过政治、社会、经济改革的现代国家建设,回应西方秩序对传统社会制度、习惯、思想、价值观念的冲击,在自觉或不自觉地对治国之道的调适中,重新界定自我、寻求富强。如果说清末新政时期大刀阔斧的治道转型是形势所迫,戊戌变法时期的国家治理转型则具有某种内发性质。从这种内发性质中或能找到清末新政乃至近代中国国家现代化的内在动力和改革基础。借此我们试图理解现代国家建设中的治理转型及限度,并理解法秩序重构的可能向度。

---

① 汪晖:《现代中国思想的兴起》,生活·读书·新知三联书店,2008,第 706 页。

② [法]米歇尔·福柯:《话语的秩序》,肖涛译,载许宝强、袁伟选编《语言与翻译的政治》,中央编译出版社,2001,第 1 页;王馥芳:《话语"威权"主要源自制度的保障》,《社会科学报》2013 年 12 月 12 日第 5 版。

二、学术史的考察

把富强、国家治理、法秩序、戊戌变法等作为关键点审视，现有研究可谓精彩纷呈，但如果从本书所提出的问题出发予以梳理，则又可以说现有研究是为本书的命题提供了基本史实和基础理论方面的讨论起点。

（一）戊戌变法及其国家治理转型意义的研究

戊戌变法的历史最初由失败者书写，康有为、梁启超逃亡后称戊戌变法为"百日维新"或"戊戌维新"①，自称为"维新党"②。康有为、梁启超所作《戊戌奏稿》《戊戌政变记》《康南海自编年谱》也成为后世研究所依凭的重要史料。黄彰健、孔祥吉、林克光、汤志钧等学者通过档案资料的挖掘整理，相继对奏议、上谕进行比较分析和考证，发现后人引以为据的重要文献多有篡改。不过史学界的论争长期并未引起法学界注意，直至茅海建《戊戌变法史事考》引用台湾学者黄彰健的研究成果后③，戊戌变法尚无君主立宪说才被广泛关注。《戊戌政变记》全文引用了康有为两个奏折，都是后来收入《戊戌奏稿》的奏折，命名《应诏统筹全局折》和《敬谢天恩并统筹全局折》。经过前述学人的细致考证，此二折与档案中的原本奏折内容有歧，不足为史实之据。④ 陈新宇从两则史料的对比分析入手，考察了戊戌时期康有为的议院、立宪认知与主张，其中对于康有为、梁启超等代拟奏折的分析为我们提供了新的思路和视角。⑤

戊戌时期是近代中国法政思想史上的重要时期，大量研究集中于相关

---

① 梁启超：《戊戌政变纪事本末》，载汤志钧、汤仁泽编《梁启超全集 第一集》，中国人民大学出版社，2018。

② 《申报》1898 年 10 月 14 日、16 日。

③ 茅海建：《戊戌变法史事考》，生活·读书·新知三联书店，2005，第 286 页。

④ 梁启超：《戊戌政变记》，载汤志钧、汤仁泽编《梁启超全集 第一集》，中国人民大学出版社，2018，第 487—492 页。其附录一"改革起原"所录《上清帝第四书》则与档案藏本基本吻合，参见《梁启超全集》（一），中国人民大学出版社，2018，第 599—610 页。

⑤ 陈新宇：《戊戌时期康有为法政思想的嬗变——从〈变法自强宜仿泰西设议院折〉的著作权争议切入》，《法学家》2016 年第 4 期。

人物思想的探讨,特别是康有为、梁启超、谭嗣同、严复等启蒙思想家的讨论。法律史学界对于戊戌时期的关注主要集中于立宪问题。饶传平通过分析晚清"Constitution"的汉译提出维新派人物立宪观念的形成始于逃亡后的梁启超。① 熊月之、俞江、赵小波探讨了"民权"内涵演变及"康党"对于开议院与吁民权之间关系的认识问题。② 赵明、焦润明、马剑银从维新派及其他重要人物的法政思想、宪法认知与实践方面进行了颇有见地的讨论。③ 这些研究为我们提供了制度分析的思想史与观念史基础,但以维新派为主线的研究尚不能满足对戊戌时期整体改革进行考察的需要。

将甲午战后至庚子国变前的清政府改革作为清末新政的背景予以讨论长期以来重视不够。徐中约曾对甲午战后清政府的改革作过较为系统的论述,认为尽管晚清各界对变革的性质、范围、领导权诸问题存在分歧却仍存在"需要一场更彻底的变革"的基本共识。其所著《中国近代史》从康有为的激进改革和翁同龢、张之洞的保守改革两个改革路线讨论百日维新前的改革形势,并指出戊戌政变后"适度的改革仍在继续"。④ 1948 年,石泉《中日甲午战争前后之中国政局》将戊戌变法放在晚清甲午政局变迁的历史进程中予以研究⑤,但学界真正的关注开始于 20 世纪 80 年代以后的中国现代化讨论。夏东元将 1895 年至 1901 年视为洋务运动的尾声和被维新变法逐步

① 饶传平:《从设议院到立宪法——晚清"Constitution"汉译与立宪思潮形成考论》,《现代法学》2011 年第 5 期。

② 熊月之:《中国近代民主思想史》,上海人民出版社,1986,第 129 页;俞江:《戊戌变法时期的"民权"概念》,《法律文化研究》,2005 年卷;赵小波:《近代中国"民权"内涵演变考论:从维新到革命的话语转换》,《法学家》2015 年第 2 期。

③ 赵明:《康有为与中国法文化的近代化》,《现代法学》1996 年第 5 期;焦润明:《梁启超法律思想综论》,中华书局,2006;马剑银:《英美宪政的近代中国之旅——反思从戊戌变法到"四六宪法"的宪政认知与实践》,《清华法治论衡》2013 年第 1 期。

④ 徐中约:《中国近代史》,计秋枫等译,香港中文大学出版社,2001,第 361—388 页。

⑤ 石泉:《甲午战争前后之晚清政局》,生活·读书·新知三联书店,1997。《中日甲午战争前后之中国政局》一文是陈寅恪指导的硕士论文,后上交学校稿本和底稿遗失,1991 年北京大学图书馆在接收燕京大学图书馆资料中发现此文,后于 1997 年以《甲午战争前后之晚清政局》为题出版。

取代的过渡时代。① 吴心伯提出,甲午战后至戊戌变法前的清廷内部变革与维新派的社会活动共同构成戊戌变法的基础。② 闾小波认为,光绪皇帝领导的变法始于《马关条约》签订后,具有洋务运动和维新运动交替时期的双重性。③ 在这些讨论中,一些学者提出通过政府行为认识甲午战后的中国变局及其历史连续性。④ 高全喜的文章《中国宪制史要旨》从戊戌变法与两湖变法中的改良及其失败所刺激并促进的清末立宪角度讨论了改良主义的制宪建国路径⑤,但并没有展开讨论。

学界对戊戌前后改革的具体制度层面研究涉及较少。有学者关注到了戊戌前后的诏谕,并以之为起点进行了初步讨论。孔祥吉先生对康有为戊戌年变法奏议的考订对厘清康有为政治思想变迁的时间线索具有重要意义⑥,认为《戊戌奏稿》对戊戌年奏疏改易颇多,主要是加进了制定宪法及立行立宪、开国会等内容⑦。林克光对奏议和上谕作了富有意义的研究和统计。⑧ 李刚对甲午战后清政府经济政策的调整和转变作了初步讨论⑨,前述吴心伯、闾小波等学者研究中也大量借助于相关诏令。史成虎以历史制度主义为视角,初步讨论了戊戌变法与中国近代的政治制度变迁。⑩ 徐立亭讨论了军机四卿参与百日维新的过程,为我们考察百日维新中的立法活动提供了视角。⑪ 江中孝、刘熠则从基层视角讨论了中央政策、上谕与地方权臣

---

① 夏东元:《洋务运动史》,华东师范大学出版社,1992,第460—487页。

② 吴心伯:《甲午战争至戊戌变法前清廷朝局初探》,《安徽史学》1990年第2期。

③ 闾小波:《论"百日维新"前的变法及其历史地位》,《学术月刊》1993年第3期。

④ 朱育和:《维新变法研究中有关"变"的几个问题——兼论维新变法的复杂性》,《清华大学学报(哲学社会科学版)》1998年第3期。

⑤ 高全喜:《中国宪制史要旨》,《中国法律评论》2015年第4期。

⑥ 孔祥吉:《康有为戊戌年变法奏议考订》,载胡绳武主编《戊戌维新运动史论集》,湖南人民出版社,1983。

⑦ 孔祥吉:《〈戊戌奏稿〉的改篡及其原因》,《晋阳学刊》1982年第2期。

⑧ 林克光:《革新派巨人康有为》,中国人民大学出版社,1990。

⑨ 李刚:《试论甲午战后清政府经济政策的转变》,《西北大学学报(哲学社会科学版)》1986年第4期。

⑩ 史成虎:《戊戌变法与中国近代的政治制度变迁——以历史制度主义为研究视角》,《天府新论》2012年第4期。

⑪ 徐立亭:《军机四卿与百日维新》,《史学集刊》1989年第2期。

决策间的互动及其对维新的影响。①

　　不同的研究侧重于不同群体(团体)之于其时代的意义。梁鼎芬于戊戌年(1898 年)即认为"中国采用西法不自今日始,更不自康有为始",清廷所设立的新式衙门、新式学堂、新兴实业自不待言,戊戌时期的逐项新政令,诸如京师大学堂、经济特科、变科举等,也是内外臣工建言、朝廷主持兴办,"岂得云变法维新出自康有为一人之言哉? 又岂得以变法维新归之康有为一家之学哉?"②陈寅恪曾指出,戊戌期间存在的康有为公羊改制和陈宝箴实务改革两种路径。③ 胡绳认为,百日维新期间的改革主张并非维新派所独有,有很多具体改革措施都是洋务派所一贯主张的。④ 房德邻指出,虽然光绪皇帝的变法思想不是都来自康有为,但康有为的主要贡献在于制度改革,尤其是制度局、懋勤殿等正是百日维新的核心内容。⑤ 张海荣关注于甲午战后改革的政府主导地位及实政改革所强调的改革措施落实问题,而区别于康有为等人未得落实的改革主张。⑥ 这种突出强调"实政"及其政策实效的政府改革角度具有重新厘定史实的重要意义,但从国家现代化和法制(制度)改革的角度还须更加关注思想观念与制度变革的互动,从观念和行为的趋同及背离中讨论治国之道转型的法理意义,探讨为什么会这样转型,为什么这种转型是失败的、实效不彰的。

　　综上,现有研究或侧重人物关系、人物活动的研究,或侧重人物法政思想观念的研究,大量研究贯穿了派系、党争的讨论,忽视了整体合作的制度史研究;学界从事件史角度进行的具体实证研究明晰了诸多历史细节,却对戊戌前后社会、政制与经济体制结构体系存在的问题关注不够;学界研究更

---

　　① 　江中孝:《戊戌维新时期湖南新旧冲突探析》,《广东社会科学》2008 年第 3 期;刘熠:《地方的维新:戊戌前后四川省的办学运作》,《社会科学研究》2016 年第 3 期。

　　② 　梁鼎芬:《康有为事实》,转引自《日本政府关于戊戌变法的外交档案选译》(二),郑匡民、茅海建选译,《近代史资料》总 113 号,第 76—77 页。

　　③ 　陈寅恪:《读吴其昌撰梁启超传书后》,《陈寅恪集·寒柳堂集》,生活·读书·新知三联书店,2015,第 167 页。

　　④ 　胡绳:《从鸦片战争到五四运动》(上册),人民出版社,1981,序言第 2 页。

　　⑤ 　房德邻:《论维新运动领袖康有为》,《清史研究》2002 年第 1 期。

　　⑥ 　张海荣:《思变与应变:甲午战后清政府的实政改革(1895—1899)》,社会科学文献出版社,2020,第 3 页。

多关注于康、梁等维新派这一主线，虽近来有对清政府改革研究予以重视的趋势，但整体上仍显薄弱。寻找康、梁等维新派的变法思想和活动之于清政府主导的改革进程的契合与区别，进而反映一个转型时代的真实、全面国家治理与秩序重构应成为研究的新动向，也是本研究的旨趣所在。

今人看到的戊戌维新或是一个不断层叠累加的历史建构，康有为们的书写和张之洞们的书写必然是不一样的，还原史实仍具有重要意义。各种研究从不同角度运用不同史料所拼接的历史场景都可能是偏颇的乃至谬误的。历史的真实只能通过史料整理得以部分实现，但从国家建构角度，康有为们的宣传和张之洞们的言说以及清廷的宣传共同构成了一个国家现代化进程中的语境。在这个已经远去的历史场景中，一时一策固然重要，但更重要的或许是这些行为和观念在整体上构成了或推动了什么。许多学者通过考证史料详细还原历史场景，通过诏谕与上奏对清廷皇帝、中枢与各地方官的互动进行深入细致研究，通过史实厘定考察戊戌"实政"及其实效，[①]这些对于我们理解一个变法时代来说是重要的。但不可忽视的是，仅仅着眼于研究变法行动是不够的，变法往往与特定的意识形态变化相联系。变法将打破人们的预期，对社会秩序具有一定程度上的破坏性，变法推动者必须在变法之前（和同时）向决策者和民众宣传变法后的理想秩序图景。法秩序图景一定程度上可以约束变法的任意性。本书也因此不会局限在政府改革、新颁法令这一具体实践中理解变法，而是试图结合法秩序重建的理想图景与新颁法令的变法实践，从变法与法治的互动角度理解戊戌变法运动。

（二）"富强"及其现代国家建设意义的研究

"富""强"作为单一概念，广泛见于先秦典籍之中。《管子》将"富""强"二字连用，谓"主之所以为功者，富强也。故国富兵强，则诸侯服其政，邻敌畏其威"（《管子·形势解》）。"富强"指国富兵强，强调霸业之力，虽顺应战国时代潮流却不合诸"先圣"帝道、王道理想。虽然历代王朝在政治实践中不乏与民争利，但"富强"话语在治国理念上已缺失政治正当性，富国强兵之

---

① 比较有代表性的是张海荣的新近研究，参见张海荣：《思变与应变：甲午战后清政府的实政改革（1895—1899）》，社会科学文献出版社，2020。

论于大一统时代在治国治道的争论中逐渐消沉。

近代中国面临外部侵略再次被动进入竞争世界秩序后,富强叙事从梁启超 1901 年《中国史叙论》一文开始,就一直作为中国近代史历史叙事的主线,并随着西学东渐而有着早期现代化理论色彩。① 在此之前,梁启超论及戊戌变法中的旧政积弊与新政不彰,已从"富强"效果角度评价其"既不能救亡,则与不改革何以异乎"②。

现有研究主要是从思想史的角度展开讨论,思想史研究仍是当下(也会是可以预见的未来时间里)占据重要地位的研究范式,并且思想史研究的洞察结论仍具深远影响力和强大生命力。比较具代表性的是本杰明·史华兹(Benjamin I. Schwartz)《寻求富强:严复与西方》一书。③ 史华兹将严复思想的核心概括为"寻求富强",认为其对国家富强的追求一定程度上规约了自由民主理念。《寻求富强:严复与西方》一书提供了一个研究中国近现代思想发展的理论框架,许多后来的著述都不过是对史华兹观点的重述或范式的借用。有关严复的研究多是因袭史华兹范式的观点重述,因篇幅限制不多列举。将这一范式应用扩展到中国近代思想史研究比较典型的是《寻求富强:中国近代的思想范式》一书。该书新版序言中王人博即称其是将史华兹对严复的研究范式扩展到对整个中国近代主要思想人物的思考和重写。④

宪法史中有关富强与宪法关系的研究即在相当程度上深受史华兹研究范式的影响。王人博将"富强"作为近代国家建设首要目标而宪法制度所蕴含的其他价值都让位于这一目标的现象归纳为"富强为体,宪政为用"。⑤ 类

---

① 王锐:《合富强叙事、阶级叙事、文明叙事为一:关于中国近代史叙事问题的思考》,《开放时代》2021 年第 5 期。
② 梁启超:《戊戌政变记》,载《梁启超全集》(一),汤志钧、汤仁泽编,中国人民大学出版社,2018,第 558 页。
③ [美]本杰明·史华兹:《寻求富强:严复与西方》,叶凤美译,江苏人民出版社,2005。
④ 参见王人博:《寻求富强:中国近代的思想范式》,商务印书馆,2020。
⑤ 王人博:《宪政文化与近代中国》,法律出版社,1997,第 7、534 页;王人博:《宪政的中国语境》,《法学研究》2001 年第 2 期。

似的研究路径在王贵松、门中敬的讨论中得到不同维度的阐发。① 张晋藩更是明确总结近代中国的宪法不同于近代西方的"人权宪法""民主宪法",而是"富强宪法"。② 这些近代宪法整体性研究得出的结论在总体上极具启发性,同时又不免是笼统的"大体正确"。金欣通过梳理中国宪政史上"宪法—富强"观的发展过程,从不同时期的政治实践需求角度阐发"宪法—富强"观的不同指向③,进一步揭示了其时宪法问题的复杂性,但仍在长时段的宪法史研究中存在一些史实解释上的"偏差"。从关于戊戌变法的学术史梳理可以看出,其时立宪问题并未进入实质讨论阶段,宪法命题下的一些子命题确实与西方"富强"治道存在某些联系。同时,这种联系是否可以置于同一问题域中讨论仍有待进一步的考察。

　　近代中国国家建设问题作为宪法史问题的上位范畴,在现有研究中已开始与国族建构进行明确区分。芮玛丽(Mary Clabaugh Wright)对"同治中兴"的研究指出,曾国藩、文祥、左宗棠和奕䜣主要是在传统框架内力图达到内部复苏,他们对西方的反应仍囿于传统治国之道中寻求欧洲伦理和中国伦理的相通之处,追求国防现代化和妥当处理夷务向来是儒学政治家们所关心的正事。中国在同治时期曾相对成功地处理了外交、军事和商业方面的问题,其最终的失败是由于现代化的要求与儒家社会追求稳定的要求不相容。④ "富强"之于中国国家建设的意义是美国学者斯蒂芬·哈尔西(Stephen R. halsey)《追寻富强:中国现代国家的建构,1850—1949》一书的主题。哈尔西讨论了"军事—财政"国家建设中的治国之道调整,理解追寻富强目标下的国家能力提升问题,认为近代中国较为成功地将财富、官僚体制和枪炮重新组合而转型为"军事—财政"国家,增加了税收,扩大了政府规

① 王贵松:《中国宪政为何难实现——宪政与富强、民主、文明之关系的历史思考》,《杭州商学院学报》2002 年第 6 期;门中敬:《中国富强宪法的理念传承与文本表征》,《法学评论》2014 年第 5 期。

② 张晋藩:《中国宪法史》,吉林人民出版社,2011,第 12 页。

③ 金欣:《中国立宪史上的"宪法—富强"观再探讨》,《交大法学》2018 年第 1 期。

④ [美]芮玛丽:《同治中兴:中国保守主义的最后抵抗(1862—1874)》,房德邻等译,中国社会科学出版社,2002,第 11 页。

模,装备了新型军队,在弱肉强食的国际秩序中捍卫了主权。① 哈尔西的分析为现代国家建设研究提供了有效的分析框架,但在具体史实的处理上又往往值得推敲。以关键词为基本方法的观念史或能一定程度上修正这种研究的不足。金观涛、刘青峰以关键词"富强""经世""经济"为中心,专章讨论了现代中国形成中的语言变迁及其与社会组织原则的互动。② 这一研究方法极具启发,但其研究旨趣的限制也为从国家建设和国家治理角度进一步讨论留下了空间。

现代国家建设命题的延伸必然涉及近代中国对世界秩序的认识及其应对方式。美国学者费正清、日本学者坂野正高等都用西方冲击论研究"朝贡与条约"并强调西方的多样性,同时并未怠于强调中国特征。西方冲击论强调的秩序体系和价值体系差异性,及其所引发的中西龃龉与冲突仍具有深远意义。19 世纪以降的人口骤增、内乱丛生、政治腐败等内在因素将帝国推向崩溃边缘,但如果没有西方在秩序体系和价值观念上的冲击,中国或仍会通过改朝换代而重回秩序平衡。过往的研究主要从西方"暴力支配原则"和"法的支配原则"传入中国的角度,讨论了国际法的传入、诠释和应用。③ 其他比较有代表性的研究,如刘禾致力于 19 世纪以来围绕主权想象的跨文化知识传统和话语政治分析,其国际法的话语研究颇具启发意义④;挪威学者鲁纳(Runar)通过文本对照的方法将中国知识分子的国际秩序观置于中西文化对话的结构内展开,讨论其如何从国际法的理论联系到中国在世界秩序中的角色和身份。不过,主权维护并不局限于国际法问题,而关涉包括政治体制、法律制度、观念制度等在内的国家建设(state—building)各领域的法秩序重构问题。

---

① ［美］斯蒂芬·哈尔西:《追寻富强:中国现代国家的建构,1850—1949》,赵莹译,中信出版社,2018,第 6—8 页。

② 金观涛、刘青峰:《观念史研究:中国现代重要政治术语的形成》,法律出版社,2009。

③ 林学忠:《从万国公法到公法外交:晚清国际法的传入、诠释与应用》,上海古籍出版社,2009,第 2 页。

④ 刘禾:《帝国的话语政治:从近代中西冲突看现代世界秩序的形成》,杨立华等译,生活·读书·新知三联书店,2009。

综上,现有思想史研究虽存在代表人物的代表著作选择及能否"正确"解读文本的局限,但不可否认,这一研究范式仍能具有持续影响力和生命力,这在史华兹(Schuartz)的经典研究中得到了很好的体现。思想史的一些研究"定论"在制度史研究中得到进一步的确认,但从宪法思想史和宪法制度史研究中可以看出,有些结论或能符合对于近代中国的整体解释,却仍存在一些细节解释上的不足。哈尔西(Halsey)对1850至1949年近代中国的整体分析中搭建的"富强"治道转型解释框架极具启发意义,但"富强"作为具体关键词在词义的使用上是否符合这种整体解释的粗线条时间划分值得推敲。观念史研究或能一定程度上修正这些不足,但现有观念史研究囿于研究旨趣的取舍而未能系统讨论"富强"之于现代国家建设的意义。以"富强"为目标的现代国家建设议题在国家治理及法律秩序上的映射并不局限于宪法、国际法诸问题,实或需要基于个案研究的整体解释。

三、基本概念的厘定

历史学、政治学、法学中的一些概念存在争议,以往研究根据各自视角给予了不同讨论,在此有必要对相关有争议的基本概念作出说明,以确定讨论的范围和角度。

一是百日维新、戊戌变法时期与戊戌变法运动的时间界定。学界对戊戌变法有狭义和广义两种理解。狭义上的戊戌变法等同于"百日维新",广义上则包括了甲午战后至戊戌政变间的政府改革和社会思潮。① 汉语中的"时期"一般指具有一定特征的,较长时间。为方便论述,本书以"百日维新"指称狭义的戊戌变法维新,即清光绪皇帝于1898年颁布一系列敕令所推行的政府主导性改革;戊戌变法时期指称广义上的戊戌变法运动时期,即从甲午战后至戊戌政变的历史时期,同时会有论及戊戌政变次年的政治措施遗

① 参见汤志钧:《戊戌变法史》修订本,上海社会科学院出版社,2003;蔡乐苏等:《戊戌变法史论述稿》,清华大学出版社,2001。更有广义论者将维新运动的时间扩展为更长时间段,不同主张的分析详见张海荣:《思变与应变:甲午战后清政府的实政改革(1895—1899)》,社会科学文献出版社,2020,第25页。

续。1895 至 1898 年的戊戌变法运动包括政府改革活动和社会改革思潮的改革运动。戊戌变法运动之所以称作一场运动,是因为其既是一场政治变革,又是一场思想文化运动,这种革新的历史影响远大于变法改良社会的实效本身。

　　二是国家治理的模式与向度。中文中的"国家"概念有"民族国家"(nation)和"国家政权"(state)双重含义。与之对应的"国家"议题则包括了国族建构(nation—buidling)和国家建设(state—buidling)等层面的讨论。国族建构关注于国家作为共同体的领土、文化、建国理念、国家意识认同过程①;国家建设则包括近代国家机器及国家能力积累的过程②,在这个意义上,国家指政府或权力及其所支配的整个社会体系③。一个国家解决问题的能力和方式、应对危机的抉择、中央与地方的关系、国家与社会的关系及其所依赖的制度设施所塑造的解决问题途径和方式,构成了国家治理的基本模式。国家能力在规范意义上是韦伯主义国家观有关合法性问题的延续。米格代尔提出"国家能力包括渗入社会的能力、调节社会关系、提取资源和以特定方式配置或运用资源四大能力"④。米格代尔认为此四项能力并非越强大越好,其倾向于国家与社会力量间更好地结合,社会力量可以更充分地发挥作用而使国家整合和分配稀缺资源时更有效,⑤而非国家全面控制民众的认同和生活。与之相关的概念则是国家治理能力。如果我们将国家治理能力理解为国家通过政策、法令及其执行在国家与社会、社会不同利益群体间优化资源配置的能力,则国家治理能力越强越好。国家虽不一定是现代

---

　　① 参见[美]本尼迪克特·安德森:《想象的共同体:民族主义的起源与散布》,吴叡人译,上海人民出版社,2011。

　　② 参见赖骏楠:《清末四川财政的"集权"与"分权"之争:以经征局设立及其争议为切入点》,《学术月刊》2019 年第 8 期;赖骏楠:《清末立宪派的近代国家想象:以日俄战争时期的〈东方杂志〉为研究对象(1904—1905)》,《中外法学》2018 年第 4 期。

　　③ [英]安东尼·吉登斯:《民族—国家与暴力》,胡宗泽、赵力涛译,王铭铭校,生活·读书·新知三联书店,1998,第 18 页。

　　④ [美]乔尔·S. 米格代尔:《强社会与弱国家——第三世界的国家社会关系及国家能力》,张长东等译,江苏人民出版社,2009,第 5 页。

　　⑤ [美]乔尔·S. 米格代尔:《社会中的国家——国家与社会如何相互改变与相互构成》,李杨等译,江苏人民出版社,2013,173—175 页。

治理模式中的唯一权力载体，却决定着权力与资源的分配，是权力的来源。国家对个人和私营活动合法范围的承认，决定着个人和私营活动的发展空间。国家治理不同于统治、控制等对于自上而下措施手段的关注，其关注于治理中国家与社会的互动、官与民（商）的互动关系；国家治理也不同于政府治理，政府治理更多强调政府的治理措施而非权力配置诸问题，国家治理关注国家政治权力的分配及政治权力之于经济权力、观念（意识形态）权力的控制力。国家治理的转型意味着国家与社会、官与民的秩序重构，意味着旧有的法律观念和法律体系的调整。

三是法秩序及其重构问题。法秩序不同于具体法律规则、法律规范，不同于静态意义上的法律体系。法秩序关注于法理念、法观念之于新的法律体系、法律规范的秩序推动和构建意义。法秩序随着国家治理理念和治理规模、治理内容的变化而调整，法秩序的"重构"并不意味着法律体系已经确立并有效实施后所形成的"法的秩序"，而是意味着法理念调整及其所期待的秩序状态。因此，法秩序及其重构问题是一个法政治学意义上的法与秩序命题。

四、材料、方法与思路

康有为奏章在戊戌政变后被全面从清宫档案中清除。作为当事人的康梁，其著作是研究该时期史事不可回避的资料。《戊戌政变记》是著作也是史料，其中有些记载与史实有出入的情况也被一些学者所关注。[①] 梁启超事后谓其属"有事虽非伪而言之过当者"类史料，因"感情作用所支配，不免将真迹放大也"，"然谓所记悉为信史"，则"不敢自承"。[②] 这种因"感情作用所支配"而"不免将真迹放大"的手法，则又区别于无中生有的作伪。其中所言

---

① ［日］狭间直树：《梁启超〈戊戌政变记〉成书考》，《近代史研究》1997 年第 4 期；戚学民：《〈戊戌政变记〉的主题及其与时事的关系》，《近代史研究》2001 年第 6 期；汤志钧：《近代史研究和版本校勘、档案求索——〈戊戌政变记〉最早刊发的两种期刊》，《历史档案》2006 年第 2 期。

② 梁启超：《中国历史研究法（1922 年 1 月）》，载《梁启超全集　第十一集》，汤志钧、汤仁泽编，中国人民大学出版社，2018，第 331 页。

康有为正月初八日上疏取鉴日本维新开制度局而定宪法、三权分立等①,虽不尽为史实,却也一定程度上表明了康梁等人的心路历程。

《戊戌奏稿》于 1911 年由康有为弟子麦孟华编辑整理后曾被大量征引,20 世纪 70 年代,台湾地区学者黄彰健依据档案质疑《戊戌奏稿》内容的真实性②,之后,孔祥吉结合第一历史档案馆和故宫博物院藏内务府抄本《杰士上书汇录》(三卷本)进一步支持了这一判断,但孔用“改篡”而非黄所称“作伪”。③ 事实上,《戊戌奏稿》称奏稿而非奏议,或存有康氏草于戊戌变法期间而未上奏的稿本。④ 其中有稿本或被后来篡改,至于是否为无中生有的伪造或仍存疑。⑤ 稿本的不同似为事后追忆的错讹并伴有加工拔高二者兼有之。对《戊戌奏稿》所载文献的利用一是可以将其与档案所藏原件对比考证康有为戊戌变法时期的思想状态,二是其对档案所藏原件的加工拔高(或因档案销毁等原因不可得知原本)部分,也可视作清末民初的“康党”舆论宣传话语以窥探戊戌变法时期思想状态的后世影响。

有关诏谕、章程等法令文献的整理和分析,在此主要借助于《清实录》《钦定大清会典事例(光绪朝)》《大清新法令》《光绪宣统两朝上谕档》《光绪朝朱批奏折》《矿务档》《轨政纪要初编》《光绪朝东华录》《清朝文献通考》等文献,梳理“富强”之道在戊戌变法时期的话语变化过程,结合政府与社会各阶层实际行动分析新政法令与政策的实践效果,深入考察“富强”之道重建过程中政治权威主导型的制度变迁与法律运行。

有关立法过程、法令变革及论争、法令实效与影响等相关史实,本研究主要借助《宫中档光绪朝奏折》《杰士上书汇录》⑥《戊戌变法档案史料》《康有为戊戌真奏议》《救亡图存的蓝图:康有为变法奏议辑证》《康有为变法奏

① 梁启超:《戊戌政变记》,载《梁启超全集 第十一集》,汤志钧、汤仁泽编,中国人民大学出版社,2018,第 487—492 页。
② 黄彰健:《戊戌变法史研究》,台北:“中研院”历史语言研究所,1970。该书的增订版增加了 4 篇文章,分上、下两册,由上海书店出版社于 2007 年出版。
③ 孔祥吉:《〈戊戌奏稿〉的改篡及其原因》,《晋阳学刊》1982 年第 2 期。
④ 汪荣祖:《康章合论》,中华书局,2008,第 16 页。
⑤ 刘大年:《戊戌变法的评价问题》,《近代史研究》1982 年第 4 期。
⑥ 黄明同等主编《康有为早期遗稿述评》,中山大学出版社,1988。

章辑考》《湖南谘议局文献汇编》及《中国近代史资料丛刊》中的"洋务运动"《戊戌变法》等文献,并根据现有研究对一些争议文献予以考证。

当事者如李鸿章、张之洞、康有为、梁启超、张荫桓、翁同龢、汪康年等人的日记、文集也为我们考察戊戌前后的法制改革问题提供了丰富资料。翁同龢生前曾对其日记作了删改,但对戊戌变法时期的康有为等人等事记载改动较为有限。① 《康有为自编年谱》(《我史》)是戊戌变法研究绕不开的史料,内容却存在大量作伪。茅海建先生对其进行了详细的考证而成《从甲午到戊戌:康有为〈我史〉鉴注》。② 本书对《我史》的征引主要参考此书及其考证结论。《梁启超年谱长编》③抄录大量信札,较之信札原件或在多次誊抄中不免错漏,却不失史料价值。本论所涉政法思想及其社会影响,选取文献以其时公开发表文献为主,以私人信札为辅。

中国第一历史档案馆所藏军机处档案如"军机处录副·光绪朝·内政类·戊戌变法项"包含甲午战后的改革大讨论,"军机处录副·补遗·戊戌变法项"包含百日维新时期大量司员士民上书讨论的官制、财税等方面的改革论题,可以补充出版档案的不足。

清末相关报刊的相关报道与评论,主要以《申报》以及维新派所办报刊《国闻报》《湘报》《时务报》等为参考。《青年杂志》《万国公报》《新闻报》《集成报》《民报》《国风报》《安徽俗话报》《浙江潮》《大公报》等,为我们考察戊戌前后的社会转型与法制改革讨论提供了一些线索,但在相关史实考察方面,本书仍将以相关档案史料及其汇编为主。

在研究方法上,主要采用统计分析方法、比较分析方法、话语制度主义分析方法对相关问题作历史学、政治学、法学的跨学科研究。

一是统计分析方法。本书通过统计方法分析史料档案中"富强"话语在上谕等官方文本中的形成和变迁,形成对戊戌变法时期"富强"之道从知识

---

① 孔祥吉、[日]村田雄二郎:《〈翁文恭公日记〉稿本与刊本之比较——兼论翁同龢对日记的删改》,《历史研究》2004年第3期。

② 茅海建:《从甲午到戊戌:康有为〈我史〉鉴注》,生活·读书·新知三联书店,2009。

③ 丁文江、赵丰田编《梁启超年谱长编》,上海人民出版社,1983。

到治道的跃迁过程的整体认识。

二是比较分析方法。通过对戊戌前后"富强"话语变化，及其在国家治理意义上存在的治理目标、内容、规模、结构等方面的不同，在比较分析中梳理戊戌变法时期"富强"之道重建的制度逻辑及其影响和意义。同时，通过对戊戌变法"富强"之道和日本明治维新的比较，分析中国国家治理转型的限度及其影响。

三是话语制度主义分析方法。① "富强"话语的形成和实践为新制度构建和执行提供了政治合法性的同时，各政治势力立足各自理念，在行动中对"富强"之道的目标指向和运行限度进行了不同阐释。"富强"之道的重建及与之相关制度的变迁是一个话语形成、扩散并被合法化的动态对话过程。在此过程中观念、话语、权力和制度之间的有效联结重塑着近代中国国家建设的法秩序重构议程。

本书的基本思路是置于戊戌变法时期的历史情境，考察"富强"话语的内涵与外延变迁及其从知识到治道的跃迁进程，并通过分析"富强"话语所形成的支配性力量，分析制度变革逻辑中国家与社会、中央与地方的互动关系，及其对"现代中国"塑造的意义。这须讨论当时的国家治理转型，包括国防建设、财政与融资需求、观念制度和官僚制度的变化，进而讨论新的国家治理目标、内容、规模所引发的法观念和法体系重构意义。戊戌变法时期的新颁法令不成规模和体系，具有实效的制度性建设并不多，但一系列改革措施为后来的制度建设提供了国家现代化的基础和方向。甲午战后清政府的自改革和社会上的戊戌变法运动相互促进，至百日维新形成高潮并随着戊戌政变延缓了改革进程。本书对戊戌变法时期国家治理转型与法秩序重构的研究试图将戊戌变法置于从洋务运动到清末新政的连续进程，探析中国国家现代化进程中法制变迁与社会转型的路径选择；从政治权威主导型改革角度，

---

① 有关话语制度主义的详细讨论，可参见［美］维维恩·A. 施密特：《话语制度主义：观念与话语的解释力》，马雪松、田玉麒译，《国外理论动态》2015 年第 7 期；沈燕培：《理念、话语与制度变迁——话语性制度主义介评》，《安徽师范大学学报（人文社会科学版）》2017 年第 3 期；肖晞：《政治学中新制度主义的新流派：话语性制度主义》，《华中师范大学学报（人文社会科学版）》2010 年第 2 期。

系统讨论治道命题从"知识"到"制度"推进过程中，"国家"如何及在何种程度上接纳了新的治道"知识"并最终化约为国家治理意义上的行动；并具体到政策与立法技术，讨论戊戌前后渐变的、补丁式的甚至是亡羊补牢式的立法过程如何及在何种程度上为新法秩序的重构提供了可能。在这个意义上，本书力图全面地梳理和分析史料文献，并立基现有考证成果展开史实梳理，但目标则是试图对该时期"富强"话语形成及实践中国家与法的基本命题进行探索，并尝试回答其中之于现代中国国家建设的法理意义。

第一章

戊戌变法前"自强""求富"之策下的传统国家治理危机

梁启超曾谓国人"四千余年大梦之唤醒,实自甲午战败、割台湾、偿二百兆以后始也"①。甲午战败只是清朝中晚期一系列败亡事件的一个必然结局,但天朝大国败于小国日本,从观念和制度上使清代国家治理系统面临全面危机。洋务运动(又称自强运动)及同治朝的其他一系列内部政策调整所促成的短暂"中兴"表象,在战败中土崩瓦解,并引发了寻求重建"富强"之道的变法革新社会思潮和运动。

第一节 "自强""求富"之策下传统国家 治理的有限调适

清廷在甲午战前经历过短暂的相对和平的建设时期。晚清上下也曾试图把握这一历史机遇,在传统国家治理模式中进行了"自强""求富"的有限调适。这一局面开启于同治朝并一直延续到光绪朝前期。到 1875 年光绪帝

---

① 梁启超:《戊戌政变记》,载《梁启超全集》(一),汤志钧、汤仁泽编,中国人民大学出版社,2018,第 478 页。

即位之时,清廷曾经的内忧外患得以暂时缓解,时人已开始自称"中兴"①,直到甲午战败。

一、同光时期"自强""求富"之策的确立

太平天国运动起于道光末年,至咸丰三年(1853 年)太平军定都南京,控制了镇江、扬州诸城。清廷失去对最富裕的江南、华南和华中大部分地区的控制,在镇压起义过程中无将可用、无饷可发,士气低落甚至多有倒戈。在此期间清廷又面临着西方列强的侵略,第二次鸦片战争的惨败使清帝国在内患外侮中岌岌可危。不过清廷并没有迎来时人所担忧的总崩溃,"普世皇权"和"官僚体制"受到传统社会结构和传统文化体系的有力支撑。太平天国运动虽然在相当程度上冲击着清廷统治,但士绅阶层支撑的社会结构和正统儒家思想支撑的文化体系并未动摇。在镇压太平天国运动中,地方士绅主动参与其中并成功化解太平天国运动所带来的统治危机,士绅阶层对于社会结构的支撑作用进一步增强了。咸丰帝于 1861 年去世后,以恭亲王奕䜣为代表的先前力主对外温和及合作政策的官员们开始主政。②

19 世纪 60 年代中期至 90 年代中期,晚清内外政局出现了一个相对稳定的时期。国内长达十数年的太平天国运动被镇压,西北边疆等地的乱局得以平定,地方上的叛乱虽仍未间断,但全国性动荡获得暂时性解决;西方列强在欧洲的竞争升级使其对华军事打击的注意力减少,虽仍通过修订条约等手段进一步获取政治经济特权,但武装入侵已逐渐让位于政治经济文化渗透。内外环境的改善为清廷的政策调整提供了基础。

李鸿章等朝廷要员较为敏锐地看到和平国际环境及其为中国自强提供的外部机遇,认为"今日所急,惟在力破成见,以求实际而已",提出结合自身实际调整对外政策和对内治理措施。"居今日而欲整顿海防,舍变法与用人别无下手之方。"正所谓:"《易》曰:'穷则变,变则通。'盖不变通则战守皆不

---

① 具体述论可参见陈弢编《同治中兴京外奏议约编》,上海书店,1985。

② 奕䜣曾经也是主战派,随着与外人接触的增多转向更为务实的对外合作政策。参见林增平、郭汉民主编《清代人物传稿》(下编·第 6 卷),辽宁人民出版社,1990,第114 页。

足恃,而和亦不可久也。"在此变局观下,洋务派提出"外须和戎,内须变法"的变易主张。① 这种改易变法的主张表现在军事和商务竞争领域即洋务运动的展开。在此时期,清廷对内镇压叛乱的军事行动不断取得胜利,朝政得到一定程度的整肃。在内政方面,中央采取了诸如缓解土地兼并及在收复地区减免税收、奖励垦荒、恢复科举等措施恢复社会秩序;通过奖励戡乱有功者,大量吸纳了汉人士绅进入中央和地方权力体系;在外交方面,成立总理各国事务衙门,推行更为实际的外交政策,恢复与列强的关系。更为关键的是通过洋务运动对西方机械、技术、知识的引进,中国开启了早期现代化的进程。

二、"自强""求富"之策下传统国家治理调适的限度

19 世纪 60 年代前期,洋务派自强观的基本内容是"制器","师夷长技"则须"采西学"。西人"测算之学,格物之理,制器尚象之法",是一切轮船火器等技巧的根基,中国能渐为通晓,有裨助于"自强"。② 从制洋器到采西学,是洋务派从国家自强的技术角度所作的世界观阐发。如果说洋务派早期将制器局限于军事现代化而于社会思潮影响有限,在后期"求富"思潮下的近代民用工业发展将"采西学"推向了更为全面的国家建设。19 世纪 70 年代至 90 年代,洋务派以官督商办(少数官办和官商合办)形式先后开办了 20 多家民用企业,涉及航运、采矿、冶炼、纺织、铁路、电信等行业。与之对比的是,商办企业虽呈发展趋势,但投资少、规模小。洋务运动意义上的国家建设缺少社会动员,"富强"目标主要依靠官办模式来实现。

(一)官办洋务企业的发展与商办实业的困顿

18 世纪中叶,西方鸦片走私、洋货贸易造成中国大量白银外流,国内"银

---

① 李鸿章:《筹设海防折》(同治十三年十一月初二),载顾廷龙、戴逸主编《李鸿章全集　六　奏议六》,安徽教育出版社,2008,第159—160 页。"穷则变,变则通"的说法在李鸿章奏议中经常使用,如《江苏巡抚李鸿章原函》,文庆等纂辑《筹办夷务始末六》,同治朝·卷二五,第9 页,上海古籍出版社,2008,第398 页。

② 李鸿章:《请设外国语言文字学馆折》(同治二年正月二十二日),载顾廷龙、戴逸主编《李鸿章全集　一　奏议一》,安徽教育出版社,2008,第208—209 页。

贵钱荒"问题日益严重,国计民生举步维艰。鸦片战争以后,随着一系列不平等条约的签订,这种冲击逐步合法化。面对华商在竞争中的处处被动局面,鼓励商战成为清廷外争国权、内利民生的重要策略。针对洋货"畅行各口,销入内地"而"耗我资财",郑观应明确提出"国以商为本""振工商以求富"的经济改革主张。这些主张的提出已初步立基于其西方治理方式的思考,"西人尚富强,最重通商","欲制西人以自强,莫如振兴商务"。① 应对外国商品对国内的冲击的改革主张得到不少有识之士的认同。针对洋布、洋纱相对土布的竞争,薛福成提出内地各省及各郡县应"官为设法提倡,广招股商设立公司,优免税厘,傅资鼓励",以"收回利权"。② 张謇盛赞西人并列农、工、商而"义兼本末"③,"工苟不兴,国终无不贫之期,民永无不困之望"④。郑观应认为"洋务之兴莫要于商务,商务之本莫切于银行"。⑤ 治平之策不外乎养贤才、恤商情、制器开矿及设立积极政策奖励开发和仿造以与外国竞争等措施。

早在鸦片战争前包世臣、龚自珍等有识之士即呼吁"禁洋烟""杜外耗",以应对外国贸易的冲击。魏源的政论著作更是进一步讨论全国性政治生活的合法性边界问题,人民对利润的追求是公共政策的一个基本组成部分,私商对制盐、漕运等经济领域的参与对国家有利。江苏巡抚谢澍(后任两江总督兼管两淮盐政)改革海运和盐政期间,作为其幕僚的魏源深得器重成为改革关键人物之一。其积极参与推动改革并撰成多篇有价值的理政策论。海运改革中以商办海运替代官办漕运并取得成功,魏源总结说此举"利国、利民、利商"⑥,将商利与国家、人民之利并列;票盐改革中以"商运民贩"取代官营盐运,以商人经营的合理利润取代官营运盐的层层盘剥、中饱私囊,扭转

① 夏东元编《郑观应集》上册,上海人民出版社,1982,第587、614页。
② 丁凤麟、王欣之编《薛福成选集》,上海人民出版社,1987,第503页。
③ 张謇:《记论舜为实业政治家》,载李明勋、尤世玮主编《张謇全集 四》,上海辞书出版社,2012,第82页。
④ 张謇:《请设工科大学公呈》,载李明勋、尤世玮主编《张謇全集 一》,上海辞书出版社,2012,第100页。
⑤ 郑观应:《盛世危言》"银行上",载夏东元编《郑观应集》上册,上海人民出版社,1982,第679页。
⑥ 魏源:《海运全案序》,载魏源:《魏源集》,中华书局,1976,第412—414页。

了财政亏空,"每年除奏销外,尚有溢课三十余万两协济淮南,兼疏场河,捐义仓书院,百废俱举,为淮北极盛",最高时盐税达九十余万两。魏源还一改以往士人贱商的做法,以个人身份投资经营并获利颇丰。① 这些鼓励商人、依靠商业促进改革的成功措施,具有拯救危局的积极意义。

不过,这些充分动员社会力量进行现代国家建设的呼声主要局限于知识界的个别有识之士,其有关富商、利商甚至主张自由投资政策的言说,更多是作为社会启蒙思想而非国家治理之道而存在。甲午战前,商战的主导力量主要是官办(或官督商办)企业。唐廷枢、徐润等买办"熟悉洋务""习于贸易"又"可联股商之声气"②,熟悉西方商业规则又有广泛的商界私人关系网利于招股融资,被李鸿章选为轮船招商局总办、会办。在国家财政补贴、特权交易等保护下,轮船招商局长期保持了长江和近海运输的优势地位,与洋行抗衡。盛宣怀推动的招商局改革中逐步引入了管理人员薪资制度、登船标准化操作程序,推动了商业模式的职业化和规范化。③

与朝野商战主张的高涨形成对比的是该时期华商投资实业的举步维艰。甲午战前,商办企业大约 50 个,资本总额仅为 500 余万元。④ 许多绅商禀请开矿均被拒绝或搁置。据《申报》报道,江宁、乐平、镇江等煤矿皆有绅民禀请开办,最终因本地地方官或本县邻县绅士的阻碍而搁置。⑤ 未获得法律保障的商人往往托庇于外商或依附于官办企业。据统计其时附股外商资本累计 4000 万两以上活跃于各类行业。⑥ 游走于中、西官商之间的买办较之一般华商在社会资源获取方面具有压倒性的优势,但也存在筹资困难、投

① 陈其泰:《清代公羊学》,上海人民出版社,2011。
② 《盛宣怀拟:对王先谦参劾招商局唐廷枢辩驳词》,夏东元编著《盛宣怀年谱长编》上册,上海交通大学出版社,2004,第 67 页。
③ 《盛宣怀禀李鸿章整顿轮船招商局八条》,载夏东元编著《盛宣怀年谱长编》上册,上海交通大学出版社,2004,第 121 页。
④ 《中国近代史》编写组:《中国近代史》,中华书局,1983,第 167 页。
⑤ 《申报》1875 年 6 月 16 日。"前岁闻江宁之煤矿言明将开有日矣,旋闻官与商争而止。又闻乐平之煤矿言明绅民均愿开矣,旋闻委员与地方官不合而止。今岁又闻镇江之煤矿言明商民均愿开矣,旋闻邻县之绅士不愿而止。"
⑥ 汪敬虞:《十九世纪外国侵华企业中的华商附股活动》,《历史研究》1965 年第 4 期。

资阻力大等诸种问题。1876 年,唐廷枢与福建巡抚丁日昌筹划设立银行并得到部分广东商人的支持,后来设立的荣康银号因资本召集困难而终止。1885 年,李鸿章提议与英商怡和洋行合办银行遭其他官员反对而搁置。1887 年,美国商人米建威与马建忠计划设立华美银行因反对者众而作罢。这些进一步强化了商人依附外资的趋势。

外资于鸦片战争后进入中国。《马关条约》前外国在华设厂办企业并无条约依据,外资工业投资发展较为缓慢,但其时外国商行、银行、经纪行、船坞分布各地,工业企业已达一百多家。[①] 其中投资最多的修造轮船是为外人轮船修理的需要,其他如缫丝业、包装业、制茶业是为迎合外人进口需要,产品多出口西方,印刷业则是为外人印书、印报和传教的需要;还有一些零星工业涉及的药品、乐器、煤气、冰、水泥、肥皂、火柴、机器生产及蛋品加工、水电供应等,中国本无此类产业也就谈不上冲击问题;另有面粉加工、造纸、制玻璃、造酒、制革等工业虽与本土加工形成竞争,但外资工厂规模小、数量少,对中国产业威胁不大。该时期对中国本土产业构成巨大威胁的是外国输入中国的棉纱、布匹等工业制品。[②] 外资对中国经济社会并不构成实质挑战,但促生了游走在外商和华人市场间的买办群体,买办又有一部分转入中国实业投资和管理活动,推动着经济民族主义的发展,并形成以买办为代表的新商人阶层。买办之名来自鸦片战争前公行制度下,"代外人买办物件者"。其时"遇洋船来,十三行必遣一人上船,视货议价","洋人购办土货回国,亦为之居间购入","而此一人者,当时即名之为买办"。[③] 在具体的金融活动中,"买办通常总是一个诚实可靠、社会地位比较高并饶有资财的人,他依照合同和保结,对外国银行与中国钱庄银号或商人之间的一切交易,负完全责任",买办熟悉本地各钱庄银号和各大商家的财务状况,保证他们对支票或贷款的受理很少发生错误判断。[④]

---

① 具体统计数字参见张玉法:《近代中国工业发展史(1860—1916)》,桂冠图书公司,1992,第33—34 页。

② 张玉法:《近代中国工业发展史(1860—1916)》,桂冠图书公司,1992,第41 页。

③ 徐珂编《清稗类钞》第17 册(农商类),中华书局,2009,第86 页。

④ 莱特:《二十世纪之香港、上海及其他中国商埠志》,姚贤镐编《中国近代对外贸易史资料(1840—1895)》(二),中华书局,1962,第956 页。

买办作为新式商人阶层,在沟通中西商业、金融网络中发挥着重要作用。19世纪40年代,外国商人已经开始利用上海钱庄发出的庄票进行贸易活动;19世纪60年代以后,使用各地钱庄庄票或票号汇票作为支付手段已普遍盛行于各地的进出口贸易;①19世纪70年代以后,随着外资和外贸的发展,外国银行开始对中国钱庄给予信用贷款的"拆款"或"拆票"。中外商人通过外商银行支票或中国钱庄庄票进行交易支付,再由外商银行和中国钱庄进行结算和冲抵。这又同中国各城镇之间的商业往来和通汇制度相联系,形成广泛的商业金融网络。不过就国家金融体系而言,买办为外资银行进入中国搭起了更为畅通的媒介,其对于中外金融机构的沟通则使传统钱庄直接面对外国银行的强大竞争压力,最终纷纷倒闭。买办虽不是本国传统金融体系崩溃的原因却可谓是其中的直接推手。

买办一方面促进了洋务企业的现代化改革,另一方面使外国金融与本土资本得以调适,在中国找到适合的发展道路,如汇丰银行对清政府贷款使该银行获得了充分的中国投资机会,甚至许多外商银行就因贷款项目而设立。中国惯例贷款多无须担保。江南沙船业在嘉庆道光年间发展至鼎盛,其发展模式即借助于无担保信用贷款。沙船,即防沙平底木帆船,每号造价以万两计,上海曾聚集三千六百号沙船,船商投资过巨,运营后流动资本由钱庄融资。沙船出海前向钱庄以无抵押信用贷款的方式借入大宗款项,如沙船平安归来,船主和钱庄均获厚利,如沙船倾覆,钱庄血本无归。汇丰银行对清政府借款中形成一些惯例,如以关税厘金等作为担保,以英镑为计算单位,借款时按汇兑实价将英镑折算成银两,还贷时仍按英镑汇率折算银两,设立经手人制度,政府不能按时还款,向经手人催讨。这些新的贷款惯例更是将中国财政收入与对外借款予以捆绑,加速着晚清的财政金融危机。解决财政危机的方法之一是发行纸币。早在咸丰三年(1853年),朝廷曾发行不兑现纸币"官票"和"宝钞",但因缺乏准备金而大规模贬值,至1862年纸币已成废纸而被废止。同时期的日本在明治维新中发行纸币度过了财政危机,清廷却只能靠向外资银行贷款。这也导致晚清财政从此与外资银行

---

① 张国辉:《十九世纪后半期中国钱庄的买办化》,《历史研究》1963年第6期。

分不开。

(二)洋务企业的融资困局与晚清的外资依赖

1861 年,美国内战阻断了美国对伦敦市场的棉花供应,推动棉花价格上涨三四倍之多,在华洋商和洋行卷入棉业投机并随着四年后美国内战的结束棉价大跌而陷入困境。1866 年棉花风潮,伴随着洋行和外资银行的接连倒闭,其逐渐退出投机性投资,也不再向华商投机性投资提供融资。外资银行与钱庄常年保持的良好合作关系逐渐疏离。

1882 年,胡雪岩试图垄断生丝进而控制江南生丝贸易,大量囤积生丝,推动了生丝价格上涨,并使各大钱庄和华商纷纷抛售洋务企业股票套现资金投入生丝市场,导致股市崩盘,矿股亏败使各省矿务企业濒临绝境。1883 年 10 月,江海关无力偿还汇丰银行借款的到期本息 50 万两,胡雪岩作为经手人为先行代偿款项开始抛售生丝套现,亏银 1400 万两,并造成各大商家对阜康钱庄的挤兑。随着生丝价格回落,买办徐润破产,唐廷枢和郑观应遭受重创。自此以后,华商和钱庄对洋务企业投资冷落,买办也逐渐退出洋务企业的领导层,洋务企业的"官督商办"更侧重于"官员督办"。中国传统金融业的溃败也使洋务企业失去了融资平台。

1874 年,清政府允许使用机器开采煤矿。从 1875 年至甲午战争前,全国新开新式煤矿 16 座,其他金属矿公司或商号 24 家,其中铜矿 8 家,金矿 6 家,银矿、铅矿各 4 家,铁矿 2 家。[①] 这些矿厂多以官办或官督商办形式兴办,即使是以私人资本为主的矿厂也以官督商办的形式开办。开办之初曾唤起社会上投资热情,但 1883 年上海金融风潮迅速波及全国,许多新式矿业筹资困难,濒临破产。16 座新式煤矿均面临各种困难而大多被迫停办,基隆煤矿维持到 1892 年亏损封闭,维持时间较长,只有开平煤矿有见成效而一直勉力维持。为了筹集资金,上海机器织布局等洋务企业不惜以还本付息的方式发行股票以降低入股风险。光绪三年(1877 年),御史董儁翰上奏称轮船招商局归并祺昌洋行轮船后,累月亏损,一因置船过多,二因用人太滥,请

---

① 张国辉:《洋务运动与中国近代企业》,中国社会科学出版社,1979,第 185—187、218—221 页。

伤实力整顿。随后上谕令李鸿章、沈葆桢"认真整顿,毋稍虚糜"①。

借助外资兴办路矿等实业的过程中不乏各种投机钻营,甚至有些中外合办或对外借款中路矿利权损失严重,但纵观当时中国内外交困时局,吸引外资却在一定程度上起到了"引商力以御兵力"的效果。② 外国资本的进入使列强对晚清的政局稳定和社会有序有了期待,瓜分中国所可能引起的政局动荡、社会混乱是列强并不愿意看到的结果。列强更期待的是中国通过自身改革重新确立秩序,为外国资本提供稳定的投资环境。其中虽充斥着对中国进行经济侵略的野心,却也为中国维护主权的基本独立提供了外部环境的可能性。清末从洋务运动到预备立宪的一系列新政正是在这一外部环境下渐次开展的。

(三)走不出的"自强"困局与政制改革诉求的初步表达

总体上,甲午战前士绅阶层与清政府的关系并未动摇。此时的改革主张更多出自知识精英而较少出自绅商,利源外漏危局恰恰是社会民众喜欢购买洋货所致。其时舆论对制度改良已有触及,但清政府应对内忧外患所作的制度调整更多是行政管理方面的调整。19世纪80年代,郑观应指责官督商办"名为保商实剥商",在兵战治标、商战固本基本主张基础上提出裁撤厘金、设立商部、实行自由投资政策。③ 李鸿章、左宗棠、盛宣怀等洋务运动主导者也认为包括官督商办在内的官办企业工艺不精又效率低下,甚至将官办民用企业定位为开风气之先的引导作用,风气既开则应交由商办。越来越多人意识到"与泰西各国通商以来,利源日涸,商务日坏",而主张效法泰西"以富强为首务",以官护商,公司、商会形成上下一体积极推进商业的政策。④ 不过这一时期的奏议中的"富强"之道仍主要局限于机器与国防。同治八年(1869年)御史曹秉哲曾奏称"泰西各国,凡织布匹、制军械、造战

---

① 王彦威、王亮辑编《清季外交史料》(第2册),李育民等点校整理,湖南师范大学出版社,2015,第214—215页。
② 《矿事启》(1903年),刘德隆编《刘鹗集》上册,吉林文史出版社,2007,第668页。
③ 夏东元编《郑观应集》上册,上海人民出版社,1982,第143页。
④ 王鹏云:《奏兴办商务疏》,载陈忠倚《皇朝经世文三编》卷29,户政七,上海书局,1902,第2页。

舰皆用机器,故日臻富强"。李鸿章覆奏该奏议事宜则称"先富而后能强,尤必富在民生,国本乃可益固",①却未给出"富在民生"的可行性措施。洋务实践中也很少真正涉及民生保障问题,更多是在富国而非富民。

商战需要引进西方技术,革除旧行会、旧厘捐,需要改革旧政治体制中的官商隔绝,需要从技术、制度等方面重整中国商业治理范式,为提高华商竞争力提供有利环境。与商战主张相伴,政制、律例改革的主张也在此时被屡次提出。光绪九年(1883 年),崔国因明确提出设议院。② 次年,原两广总督张树声临终前口授《遗折》,指出西人之体在"育才于学校,论政于议院,君民一体,上下一心",恳请"采西人之体,以行其用"。③ 这些主张虽未得到朝廷回应却反映了艰难时局下部分官员的改革取径。张之洞也较早认识到西方政制的优越性,光绪十年(1884 年),其在山西巡抚任上创办洋务局时即在《延访洋务人才启》中以倡习"政令""学术""公法""律例"为"根柢"。④ 维新运动期间张之洞《劝学篇》主张仿效"西政"的内容与该《延访洋务人才启》实有一脉相承之处。⑤ 不过,甲午战争前传统"天朝"体制及观念并未瓦解,官方坚持认为"中国自有体制",外国律例与中国制度"原不尽合"⑥,"中国自有成法,与西洋各国刑律不同,而睦邻绥远之道,亦未必与公法处处符

① 李鸿章:《试办织布局折》(光绪八年三月初六日),载顾廷龙、戴逸主编《李鸿章全集 十 奏议十》,安徽教育出版社,2008,第 63 页。

② 崔国因时任翰林院侍读学士、国史馆编修,其提出开议院"使斯民身居其中,悉其原委,知此中实有不得不然者,乃可设身处地,为朝廷分忧"。崔国因:《奏为国体不立后患方深请鉴前车速筹布置折》,《象宝实存稿》,光绪年刻本,第 22—23 页,转引自熊月之:《中国近代民主思想史》,上海人民出版社,1986,第 129 页。

③ 何嗣焜编《张靖达公(树声)奏议》,载沈云龙主编《近代中国史料丛刊》第 23 辑,台北文海出版社印行,第 559—560 页。

④ 苑书义等主编《张之洞全集》(四)·卷八十九·公牍四·咨札四,河北人民出版社,1998,第 2400 页。

⑤ 谢放:《张之洞与戊戌政制改革》,《历史研究》1997 年第 6 期。

⑥ 《恭亲王等又奏》(同治三年七月丁卯),《筹办夷务始末》(六),同治朝·卷二七,第 25—26 页,上海古籍出版社,2008,第 450—451 页。

合"①。不过,张之洞等人虽在后来明确提出两国"强弱不侔"则交涉公法不足恃②,但在办理交涉中重视公法学等西学,并主张"申明中国律条,参以泰西公法,稽其异同轻重,衷诸情理至当著为通商律例,商之各国,颁行中外"③。此一时期对外国法律政令制度的接纳主要还是局限在对外交涉事宜。

洋务运动还伴随着一个问题就是地方势力的进一步增强,而这在康有为等人看来并不符合构建一个强有力的中央政府的初衷,即使洋务运动所代表的地方势力事实上是有着对中央相当的向心力。洋务运动期间,中央层面除了恭亲王奕䜣、文祥主政总理衙门的十余年时间和醇亲王奕譞主政海军衙门的短暂时间之外,更多的改革都呈现出地方化和分散性特征。这也决定了洋务运动不得不面对传统文教政制的僵化、保守官员的掣肘④,改革一旦涉及学制、政制及兴办路矿等超出地方权力范围的新措施,都陷入无人主持的局面而举步维艰⑤。特别是1884年甲申易枢将领班大臣奕䜣为首的军机处全班人员撤换以后,洋务派全面退出中枢机构,保守势力占据决策中枢,意识形态和政治伦理方面进一步收紧,洋务运动只能在技术层面推进。

"中兴"之下,中国传统治理的调适并没有带来国家和社会的根本改观。军兴之后的财政紧张和贪腐盛行,导致各种捐输摊派无度。一方面,更多投机钻营者通过捐纳等途径跻身官僚体系;另一方面,以筹款为要的财政目标为地方办事者提供了更多克扣、侵吞、勒索之机。政府更加腐化。洋务运动所办企业虽自称官办、官督商办却多具个人权势上的私属性。洋务企业因中央财政困难而多由地方自行筹款,从厂矿选址到人员配置、产品购销无不

---

① 《巴黎致总署总办》(庚辰六月十六日),《曾纪泽遗集》,喻岳衡点校,岳麓书社,1983,第181—182页。

② 张之洞:《劝学篇》外篇·非弥兵第十四,冯天瑜、姜海龙译注,中华书局,2016,第324页。

③ 《增设洋务五学片》(光绪十五年十月十八日),载苑书义等主编《张之洞全集》(一),河北人民出版社,1998,第732—733页。

④ 这种掣肘甚至是出于中央钳制洋务派的刻意安排。

⑤ 罗荣渠:《现代化新论:世界与中国的现代化进程》(增订版),商务印书馆,2004,第293页。

深受地方实权派大员控制，企业缺乏具有竞争力的管理体制和运行环境，在国家对外商业竞争中即使个别企业（如轮船招商局）偶有占优却无法获得持续性优势地位。

后人多以甲午战败作为洋务运动失败的标志。梁启超反思认为洋务运动三十年改革"不见改革之效"而"徒增其弊"的原因在于："苟不务除旧而言布新，其势必将旧政之积弊，悉移而纳于新政之中，而新政反增其害矣。"[①]一方面，没有政教、文化学术方面的根本性变革，所谓练兵、开矿、交涉、教育终不能担起救亡之任，"则改革与不改革何以异乎"[②]；另一方面，不应否认的是，甲午战争以后，洋务运动所提出的学习西方技术的观念已经根植人心。"洋务"一词本与"夷务"通用，在甲午战前的文献中原意是外国侵略事情、中外交涉、中外关系等对外事务，甲午战争以后有人开始将内政方面对外学习称为洋务，梁启超更在其1901年所作《李鸿章传》时直接把"洋务"解释为"洋人之所务"。[③]"洋务"用语的转变实已包含时人对国际关系与国家治理的观念调整。从这个意义上看，虽其后没有所谓轰轰烈烈的洋务运动，但"制洋器""采西学"（至少是作为技术的西学）诸种"洋务"，已作为社会基本发展方向无须依靠轰轰烈烈的运动来推动。这在相当程度上为戊戌变法运动所追求的国家和社会的全面现代化提供了历史遗产。

---

① 中国史学会主编《中国近代史资料丛刊·戊戌变法》（一），上海人民出版社，1957，第273—274页。

② 中国史学会主编《中国近代史资料丛刊·戊戌变法》（一），上海人民出版社，1957，第276页。

③ 对这一问题的分析详见樊百川：《清季的洋务新政》，"洋务新政正名议（代序）"，上海书店出版社，2003，第1—13页。梁启超所用"洋务"一词有其臆断之处，但从其影响力来看，也使学习"洋人所务之事"获得了广泛的正当性。

第二节　甲午战败引致的传统国家
治理模式危机

战争是国家军事实力的较量,军事实力的背后则是政治、经济、文化、制度诸种国家实力的竞争。甲午战争是日本这一曾经的东方小弱国家经过现代化重整后向传统国家清帝国发起的挑战。甲午之战检验着战前中国早期现代化进程中对传统国家治理有限调适的效果,甲午战败揭示了清廷自诩"中兴"表象下的虚弱。清廷在战败后也面临着传统治理模式下的政治统治合法性危机。

一、甲午战争标志着国家治理的传统与现代模式的竞争

国家治理是一个较为宏观的范畴。具体而言,从制度、文化及其深刻影响的财政政策等方面可以看出中日早期现代化的差异。中日作为东方国家,都在近代开启了早期现代化进程,但日本效法西方试图全面建设"财政—军事"国家,中国则仍在传统国家模式上予以具体调适。鉴于两次鸦片战争中列强都是从渤海湾长驱直入直接威胁京畿之地,北洋舰队创建之初的主要目标即在弥补海上门户防卫不足。中日甲午之战使北洋舰队覆没、中国海防失守、京畿的海上屏障尽失,日方则以相对较小的损失完胜。中日甲午战争是日本快速适应西式霸权秩序后向东方传统大国发起的挑战,挑战的结局也标示着两种国家治理模式的胜败。

冷兵器时代,兵器极易模仿且制造成本有限,热兵器时代战争对军队的武器装备和战术技术则要求更高,现代国防需要国家有更强的经济实力维持常备军。1862 年,李鸿章淮军雇佣由美国人组建的洋枪队镇压太平天国运动,热武器装备的洋枪队节节胜利。之后清政府在各地训练洋枪队但成效不彰。清政府真正大规模采购新式武器、训练新式陆军是在甲午战败以后。就财政投入而言,清政府 1875—1894 年理论上对海军的合计投入约为

4 000 万两,实际上可能只有 2 300 万两左右;日本自 1875 年以后海军军费逐年增长,同时期总计投入高达 6 516 万两。① 投入悬殊之下,日本海军实力和海上运输能力在甲午战前已超越清政府。北洋海军自 1888 年正式建军后曾称雄亚洲,但自此以后没有添购任何舰船,原有舰船较之日本新添战舰火力、速度、速射炮数量、后勤保障、通信设备都已明显处于劣势。

清廷传统财政体制无法满足现代战争需要。清廷传统上的财政收入主要来自地丁、钱漕、关税、盐课四项,其他杂赋收数甚微,对中央财政影响不大。地丁收入受"永不加赋"的祖法限制,已无增长空间。地丁原系指土地赋税和人丁徭役两项。明末一条鞭法改革将人丁徭役折银后,丁银兼具人头税和代役银双重性质,改革中有地方将粮差合二为一,皆出于地,清以后更有不少州县进行摊丁入地(亦称摊丁入亩)改革。清律虽有着严格的户籍造册错误登记处罚制度②,但在实际赋税征收中监管失序,导致丁银征收极度混乱。人丁编审中官吏借机苛派扰民,甚至操纵编审,使富者转嫁负担,穷人不堪重负,大量逃亡漏籍进一步导致一丁赔纳数丁徭役。③ 为缓解征丁所促发的社会矛盾,康熙五十一年(1712 年)定例以五十年(1711 年)丁册人丁数为常额,"滋生人丁永不加赋"。④ 该谕令使丁额固定,为彻底解决丁银问题提供了基础条件。康熙五十五年(1716 年),广东首先在全省范围内实行摊丁,至雍正七年(1729 年)大多数省份相继改行新制。⑤

摊丁入地和废除徭役的改革或与传统财政监督制度的屡屡失效有关。摊丁入地并废除编审后,徭役制度从法令上被废止。此后的地方性、临时性差役征发都不是法定的而是历史的残余形态。田赋正税为地丁,因所征民间散碎银两须熔铸成统一规格的元宝解运交库而产生火耗及解运费用,田赋正税之外还须加征耗羡。耗羡在清初并不合法,雍正朝为解决各地私征耗费并多取盈余以充日常经费甚至中饱私囊问题,明定各省加征分数,即所

---

① 姜鸣:《北洋海军经费初探》,《浙江学刊》1986 年第 5 期。
② 《大清律例》,田涛、郑秦点校,法律出版社,1998,170—172 页。
③ 史志宏、徐毅:《晚清财政:1851—1894》,上海财经大学出版社,2008,第 19 页。
④ 《清朝文献通考》卷 19"户口考一"。
⑤ 个别省份乾隆朝开始实施,最晚的山西省到光绪五年(1879 年)完成。史志宏、徐毅:《晚清财政:1851—1894》,上海财经大学出版社,2008,第 20 页。

谓"耗羡归公"。从此,耗羡成为法定加征。各地多规定加征正税税额一成,实际一般征收都超出此限。

田赋作为对民间所有田地征收的赋税,"旗地""屯田""官田"等官有土地不负担赋税差徭。地丁收入约占咸丰以前全部财政收入的三分之二①,康熙五十一年(1712年)新丁永不加赋的上谕及雍正年间摊丁入亩、"耗羡归公"等措施,使地丁岁入失去扩张性。摊丁入亩的规范化和"永不加赋"的限制减轻了清代民众的税赋负担,在较长时间里维持了较好的财政秩序。康熙朝以后,各朝都有积储,但这种立基于农业社会的常态财政已较难应对国家重大变故所导致的财政巨额支出。

漕粮性质类于地丁,也受不得加赋的限制,而关税、盐课向有定制,不能随意加征,制约了清朝财政持续增加的可能。漕粮征于江苏、安徽、江西、浙江、湖北、湖南、山东、河南八省,岁额约400万石。其中约330万石输京仓称"正兑",约70万石输通仓称"改兑"。所征漕粮米有部分折银和改征实物,折银征收称"折征",改征其他实物称"折征",清前期实征漕粮月300万石。漕粮有随征耗费以补漕运、仓储折耗并充各项经费,即"漕项"。漕项名目繁多。如"随正耗米""轻赍银""易米折银""席木竹板""运军行月钱粮""赠项"等。随漕粮加征的还有给运军作漕运帮船开销的各种"帮费""漕总"和"漕书"及地方勒索的各种"漕规",征数往往多过漕项。例征的漕项和不断加增的规费使实际征收远高于正漕。② 漕运耗费巨大,需要维持庞大的专业运输队伍即卫所运军,经理漕运的漕务和疏浚河道的河务都需要大量的人员及船只等设备。其中的耗费甚至超过征数价值。③ 嘉庆、道光朝以后漕务日坏,加之黄河淤积严重、运道梗阻、漕运不畅,漕粮作为国家财政制度的弊端日趋明显。不过直到太平天国运动前,道光六年(1826年)和道光二十八年(1848年),部分江南漕运改为海运,整个漕运制度没有太大变化。

清代税政监督制度不受关注,地丁、漕粮、常关、盐课等赋税几乎都用定

---

① 王庆云:《石渠余记》,北京古籍出版社,1985,卷三,"道光朝各直省岁入总数表"。
② 史志宏、徐毅:《晚清财政:1851—1894》,上海财经大学出版社,2008,第25页。
③ 史志宏、徐毅:《晚清财政:1851—1894》,上海财经大学出版社,2008,第26页。

034 从知识到治道：戊戌变法时期的"富强"话语变迁研究

额包征的办法，以所征成数定官吏考成优劣，各种应付考成的方法层出不穷，地方在定额之外多有"浮收"，上报则多有欠收。虽然清廷在以上四项正税之外，通过捐纳、税厘等形式获得了一定的财政收入，但杯水车薪且利弊相生。其财政体系虽能维持传统国家基本之需，却已无力应对一场现代战争。

甲午战败也突显了传统治理在制度上的弊端。颐和园建设和为慈禧太后祝寿挪用海军军费，是朝廷政争的"不必要"额外靡费，确是当时朝廷大员无可奈何的"必要"之举。"同治中兴"重臣恭亲王奕䜣是洋务派官员的朝中领袖，却随着权力和威望的增加开始遭到慈禧太后猜忌，权势时得时失，行事渐入谨慎。醇亲王奕譞为在权势竞争中获取慈禧宠信，以"复昆明湖水操旧制"之名行为太后修园之实，经费顺理成章地从其主持海军衙门事务的海军军费中支出。李鸿章向海军衙门催要经费须以采购颐和园点灯、机器的用心安排为前提。即使如此，财政经费实在无处可挪之时，仍要"商借"海军关东铁路1893年全部经费，李鸿章宁可将铁路停工也不得不照办。

虽然挪用海军军费的数额世人无从知晓，但挪用军费的事实在当时已不是什么秘密。甲午战前中国除了李鸿章、黄遵宪等少数精英阶层人士觉察到日本的崛起（威胁）外，清廷及大部分国人对日本的了解仍停留在"蕞尔小国"的认知层面。甲午战争使曾经的小国日本站在了更为"先进"的位置，中国在国家竞争中的失势无疑瓦解着清廷政治权威的正当性。

二、甲午战后清朝传统治理体系的全面溃败

传统治道在内外诸方面自成体系，并形成了一套逻辑自洽的政治正当性理论。甲午战败直接冲击着这一体系的内外合法性。时人不得不在新的世界秩序中开启寻求治道转型道路。

（一）清朝传统外政秩序的瓦解

清朝固有对外关系是各个双边关系的组合。这个组合包括了以中俄关系为代表的互市关系和以中朝、中越为代表的朝贡关系。互市国之间没有系统的政治性往来，政治交往主要局限在边界划分、罪犯的逮捕和引渡、贸易管理等具体事务，朝贡关系则遵从一整套的政治性礼仪和权力运作秩序。

尽管各国的"朝贡"实践差别很大,对朝贡关系的认识也存在"各自表述"的情形①,但中国主张自己处于朝贡体系的中心地位并基本能够获得各朝贡国的认同。

康熙、雍正两朝会典,基本上把不在清朝直接统治之下的地区和民族统称为外国。朝鲜、安南等属国虽称外国,但因与清朝存在正式的封贡、宗属关系,也被称为外藩或外藩小国。乾隆年间特别是乾隆中叶以后,随着清帝国内外关系的稳定,"天朝"体制不断得到观念上的强化。根据廖敏淑统计,清代历朝实录中,乾、嘉、道、咸四朝提及"天朝"的比例远高于其他各朝。"天朝"把直接统治之外的地区和民族都视为夷,华夷之分超越文化意义,实已具有包含帝国版图和统治力等政治性含义的帝国内外之分。②

清朝与属国间的关系有着长久的惯例。一方面清朝与属国形成上下级的不对等关系,另一方面清廷并不主动干涉属国的内政和外交。清朝在与属国间的中外交涉、边务等问题上享有宗主国的优势,享有司法上凌驾于属国的权力,但清朝往往将犯人移交该国处理而并不经常使用这种权力;在与属国的通商互市中也多听任属国的意愿或商议制定合乎双方需求的通商章程。乾隆帝曾谓"所谓归斯受之,不过羁縻服属,如安南、琉球、暹罗诸国,俾通天朝声教而已,并非欲郡县其地,张官置吏,亦非如喀尔喀之分旗编设佐领"。③清朝鼎盛时期的外政秩序毫无挑战可言,其既无意将属国编入其版图,也无意直接插手属国内政外交,更多考虑的是以"通声教"的形式予以从容把控罢了。这种宗主对属国的所谓把控控制,有着所谓"属国自主"的

---

① 参见汪晖:《现代中国思想的兴起》,生活·读书·新知三联书店,2008,第684—695页。

② 根据清历朝实录统计,有500卷出现了"天朝"记载,其中崇德朝6卷、顺治朝2卷、康熙朝22卷、雍正朝8卷、乾隆朝288卷、嘉庆朝61卷、道光朝89卷、咸丰朝18卷、同治朝2卷、光绪朝4卷,至光绪十六年(1890年)八月后不再使用"天朝"一词。数字的变化似能在一定程度上反映其时世界观的变化。廖敏淑:《清代中国的外政秩序——以文书往来及涉外司法审判为中心》,中国大百科全书出版社,2012,第220—226页。

③ 《清实录》(第15册),《高宗实录(七)》卷543,乾隆二十二年七月下丁未条,中华书局,1987,第891页。

特殊含义，并不符合近代西方国际法上的属国定义，而是各为自主国家。①

朝鲜是传统中国比较特殊而重要的属国。19 世纪 70 年代开始，清朝试图强化与朝鲜的宗藩关系，向西方列国展示其宗主权。但随着朝鲜开国后各国势力在其宫廷和臣僚派系中的不断渗透，清朝并未能如愿强化其与朝鲜的宗藩关系。朝鲜东学党动乱之际，朝鲜国王向清廷请兵，清朝得以获取机会以实际行动向列国展示其出兵保护属国的权力和责任。日本也借机出兵朝鲜并拒绝撤兵，最终挑起中日甲午战争。甲午战败后清朝丧失对朝宗主权，被迫承认朝鲜为完全自主国家，朝贡体系彻底崩溃。甲午战后，中国不得不接受列国并存并争的世界格局。大韩帝国成立后谋求与中国的对等条约关系，光绪帝在戊戌变法期间同意了其缔约要求，中国自此开始正式接纳平等世界观。

列强在华追求贸易的阶段随着甲午战争结束了，甲午战败的中国"向世界暴露了它在抵抗侵略上令人惊讶的软弱无能"。这引起列强的对华贪婪野心。此后，列强在华展开了政治和经济霸权的争夺。对华贸易问题的重要性让位于中国国家政治上的前途问题，即中国将继续享有政治上的主权还是被列强瓜分或吞并。② 这种列强角逐下的瓜分危机，正被时人所深深感触，不断撼动着王朝统治正当性在国内的观念基础。

（二）传统统治正当性的内部危机

清末各地叛乱纷起，不断挑战着清廷统治的稳定性，但如果没有近代民族国家意识的增长，其统治正当性并不会从根本上动摇。甲午战后的诸种民族国家危机催生了民族国家意识，清廷如不通过自身改革实现国家现代化进而在国家竞争中维护民族国家的独立自主，将彻底失去统治正当性。

日本通过《马关条约》割辽东半岛、台湾全岛及所有附属各岛屿、澎湖列岛。辽东半岛的割让直接威胁到俄国在中国东北的利益。随后，俄国联合法、德两国向日本施压，要求其归还辽东半岛，最终日本被迫以 3000 万两白

① 廖敏淑：《清代中国的外政秩序——以文书往来及涉外司法审判为中心》，中国大百科全书出版社，2012，第 229—230 页。

② ［英］菲利蒲·约瑟夫：《列强对华外交（1894—1900）》，胡滨译，商务印书馆，1959，第 3 页。

银"赎辽费"为条件将之归还中国。三国纷纷以"还辽有功"为中国筹措"赎辽费"提供贷款,并趁机在中国强占租借地、划分势力范围。第一次借款由俄国联合法国发起,德国作为"有功"之国不甘心被排除在外,联合担心俄法插手中国海关的英国发起第二、三次借款。列强通过借款进一步巩固了对中国财政和海关的控制。咸同年间镇压太平天国、捻军起义等各类内部战争耗费军费最低估值约在 8.5 亿两①,对清廷财政冲击颇大。传统财政收入结构自此被打破,财政收支规模扩大、地方财政权力得以扩张。战争使军费开支膨胀又使富庶地区财政落空,但随着海关关税和厘金的征收而带来的财政收入扩张,清廷财政尚能维持正常运转。甲午战败后的对日赔款则可视为近代财政史上划时代的事件。清政府为支付甲午战争赔款及"赎辽费",分三次向俄、法、德、英四国借款 3.09 亿两(扣除折扣后实得 2.62 亿两),每年须偿还本息 2000 多万两,相当于清政府财政收入的四分之一。"国用匮绌""罗掘已空""度支万分奇绌"已成户部文书中的日常用语。② 传统上的量入为出原则与税源不变政策无法维持,清政府不得不搜尽财源以应付局面。③

随之而来的列国瓜分局面,更使国家陷入严重危机。俄国 1896 年攫取中东铁路修筑权(名为中俄合办)及在铁路沿线派驻警察、开办工矿企业等权利,1898 年租借旅顺口、大连湾,巩固自身在中国东北地区的势力范围;德国 1898 年租借胶州湾并获胶济铁路修筑及附属权益,将山东划入势力范围;法国 1895 年立约强占云南边境猛乌、乌得等地、增开云南河口、思茅为商埠、取得广东、广西和云南开矿优先权,1897 年立约清政府不得割让海南岛给他国,1898 年租借广州湾及获取滇越铁路修筑权,并立约清政府不得将广东、广西、云南三省租借他国;英国在中国西南边境扩张的同时,1898 年立约清政府不得将长江沿岸各省让与或租借他国,租借九龙半岛、威海卫;日本侵

---

① 彭泽益:《十九世纪后半期的中国财政与经济》,人民出版社,1983,第 137 页。

② 朱寿朋编《光绪朝东华录》,张静庐等点校,中华书局,1958,第 3728、3966 页。

③ 汤象龙:《民国以前的赔款是如何偿付的》,原载《中国近代经济研究集刊》第 2 卷第 2 期(1934 年),参见汤象龙:《中国近代财政经济史论文选》,西南财经大学出版社,1987。

占台湾后 1898 年又强迫清政府立约不得将福建租让给他国。至 1898 年,列强将大半个中国瓜分完毕。

早在鸦片战争时期,随着一向被视为"蛮夷小国"的英国等列强的到来,先进思想家已初步觉察到世界形势变化中中国的"昏时"危机。① 徐继畬、薛福成、王韬等先进思想家关注到西方国家航海通商并"胥聚于我一中国之中"所带来的"古今之变局"。不过早期人们更多看到的是利害相生,"去害就利,一切皆在我之自为"。② 更为激进的说法则在对中国当时文化制度的反思中已初现对传统政治正当性的忧虑。郭嵩焘出使欧洲后曾谓欧洲各国视中国"亦犹三代盛世之称夷狄也"。③ 时人所重塑的三代理想秩序与古人有相通之处,只是更基于时代强调三代的上下相通、君民不隔。

甲午战前的文化反思主要是社会精英阶层根据自己的见识所发,甲午之败则"举国上中社会,大梦初觉"④。朝野内外遍闻"国无以为国""国将何以为国"之叹。在亡国忧虑中人们从器物、制度,乃至文化各方面反思中国社会之弊,吁求全面改革。严复抨击中国传统政治模式的合法性,谓秦以来之为君窃国于民,转又弱民愚民以"长保所窃而永世"⑤,认为时人讲西洋富强之政在"建民主,开议院""合公司,用公举",并没有抓住富强的根本之道,其从民智下、民德衰、民气困三方面分析中国当时问题的根源,提出开民智、厚民力、明民德方是治本之策⑥。不过,严复批判传统君主统治权威虽烈,但解决之方仍属改良性质的君民相通以增进君主统治合法性。维新派在其时当属激进的改革者,但朝廷上下除了顽固派都以图谋富强为目标,清廷也不得不转向以达致富强为巩固政治权威和统治合法性的基础。

① 龚自珍:《尊隐》,中共中央党校文史教研室中国近代史组编《中国近代政治思想论著选辑》(上),中华书局,1986,第 6 页。
② 参见王韬:《代上苏抚李宫保书》,载王韬:《弢园文新编》,生活·读书·新知三联书店,1998,第 240 页;薛福成:《上曾侯相书》(1865 年),载丁凤麟、王欣之编《薛福成选集》,上海人民出版社,1987,第 25 页。
③ 郭嵩焘:《郭嵩焘日记》(二),湖南人民出版社,1982,第 439 页。
④ 陈独秀:《吾人最后之觉悟》,《青年杂志》第 1 卷第 6 号。
⑤ 严复:《辟韩》,王栻主编《严复集》(一),中华书局,1986,第 36 页。
⑥ 严复:《原强》,王栻主编《严复集》(一),中华书局,1986,第 13 页。

第三节　内部知识竞争对晚清国家治理转型的推动

面对甲午中日战争对传统国家治理模式的挑战,晚清维新派发起了轰动一时的戊戌变法运动,并很快被清廷吸纳(修正),洋务运动的遗产则为其有效吸纳社会上的"先进"改革诉求提供了历史支撑。

一、"公车上书":清廷决策层已落后于时代改革前沿

甲午战败后,国内围绕《马关条约》的签订掀起了声势浩大的拒约运动并随着中日条约换文而结束。其间朝廷收到与拒约有关的上奏、代奏、电奏154次,各省封疆大吏和翰林院、总理衙门、国子监、内阁、吏部等官员及参加考试的举人们参与其中,参加者超过2 464人次。① 就反对和约而言,各级官员形成了声势浩大的反对和约舆论。在此之际,广东举人康有为组织的"联省公车上书"提出的变法号召影响较著。康有为上书中明确提出中国根本出路在"变通旧法"以自强,提出富国固本、务农劝工、惠商恤穷、教民正俗、整顿官制、讲求外交、通达下情、破格选才等变法主张。② 该主张虽因《马关条约》批准后未送达御前,却随着《公车上书记》的刊行而广为人知③,具有时代观念革新意义。

甲午战败唤醒了中国"四千年之大梦"④,对国人特别是士大夫的世界观造成巨大冲击。严复《救亡决论》反省士大夫的责任指出中土士人长期蔑视

---

①　茅海建:《戊戌变法史事考二集》,生活·读书·新知三联书店,2011,第14页。

②　康有为:《上清帝第二书》(1895年5月2日),载姜义华、张荣华编校:《康有为全集》(二),中国人民大学出版社,2007,第32—45页。

③　张海荣:《思变与应变:甲午战后清政府的实政改革(1895—1899)》,社会科学文献出版社,2020,第66—67页。

④　梁启超:《戊戌政变记》,载汤志钧、汤仁泽编《梁启超全集》(一),中国人民大学出版社,2018,第478页。

西方富强之道而空谈"仁义"，乃至怙私偃傲不知羞不知救。① 谭嗣同直斥士大夫空谈无"实济"又"坚持一不变法之说"，实为"亡国之士"。② 上书房行走张仁黼抨击中枢"摒弃群策，惟恃此二三臣秘谋臆决"，主张"天下大事，当与天下共谋之"，乃至将决策机制与富强之道相联系，所谓"议院人人得抒其所见，是以广益集思，驯济富强"。③ 不过，其间贯穿始终的是变法与恪守祖制的言论交替出现。

经甲午之败，时人在对洋务运动检讨中深化着对"立国之本"的认识。一是普遍认为洋务运动对西方的技术、器械乃至遴选幼童出洋学习等仅"尚袭皮毛，有其名而无其实也"，仅"震其技艺之片长，忽其政本之大法"。二是认为富强之本在人才，这种人才在戊戌变法时期已主要是精通西学的"时务"人才。这些认识的深化已经超越了朝廷决策层的识见，如清廷不能接纳这些求富致强的主张，将面临政治权威被进一步弱化乃至被时代遗弃的风险。

二、强学会的废复：清廷决策层保守态度的松动

光绪二十一年（1895 年）夏秋之际，在康有为等人倡导下成立了北京强学会。以军机章京陈炽、翰林院编修丁立钧、总理衙门章京沈曾植、翰林院编修张孝谦为总董，翰林院编修沈曾桐、文廷式为副董，张孝谦主其事，大量京官加入其中。强学会创办会刊《中外纪闻》（创刊时名《万国公报》，后因与传教士所办刊物同名而改名），由内阁中书汪大燮、举人梁启超主笔。强学会虽成立不足半年即遭封禁，却活跃一时，开风气之先而吸引了各界的广泛参与。"军机、总署、御史、翰林、各曹来会者至百数，几与外国议会等"④之

① 严复：《救亡决论》（光绪二十一年四月初七日至十四日），王栻主编《严复集》（一），中华书局，1986，第 46 页。
② 谭嗣同：《上欧阳中鹄书》（光绪二十一年夏），载蔡尚思、方行编《谭嗣同全集》增订本，中华书局，1998，第 156—159 页。
③ 《和议要挟难堪请饬廷臣会议折》（光绪二十一年三月二十九日），载故宫博物院文献馆编《清光绪朝中日交涉史料》卷 38，故宫博物院，1932，第 24 页。
④ 蒋贵麟：《万木草堂遗稿外编》下册，成文出版社，1978，第 568 页；茅海建：《从甲午到戊戌：康有为〈我史〉鉴注》，生活·读书·新知三联书店，2009，第 143 页注 3。

言或有夸大之嫌,但其时捐款踊跃确属史实。1895 年强学会刚成立时,翁同龢、李鸿藻、孙家鼐及张之洞、王文韶、刘坤一等中央地方大员和盛宣怀、袁世凯等新兴实业的主导官员均捐银列名强学会,各路捐款经强学会几个月开销后仍"存万金"。李鸿章捐助白银 2 000 两要求名列强学会被拒绝,或成为强学会被弹劾的导火索。同年十二月初七(1896 年 1 月 21 日),李鸿章亲家、御史杨崇伊上书弹劾强学会勒索地方文武、结党营私,强学会和《中外纪闻》随即遭到封禁。① 强学会触动了清廷对于清议的敏感神经,"政府既恐清议日甚,渠辈无所容足,而一二伧父,遂欲藉此报私怨,兴大狱,抄党案旧文"。②

随后,沈曾植、杨锐、王大燮、梁启超等人多方运作谋复强学会,得到军机大臣李鸿藻、工部尚书孙家鼐、总理衙门大臣张荫桓等人支持。清廷又设官书局,命孙家鼐为管理官书局事务大臣。③ 孙家鼐题名的官书局具体办事人员,大多为曾经参加过强学会的官员。不过官书局主要工作是编译西报,筹划的学堂未能设立。后来在官书局的基础上又成立了京师大学堂,成为中国近代高等教育的肇始。

强学会的封禁自与其中人事纠葛有关,但从杨崇伊弹劾奏章中,也能看出其时官方的态度。时局艰难之际,"仅凭报馆横议"于事无补,"况报馆之毁誉,定于贿赂之有无,任意抑扬,凭空结撰",强学会更"竟敢呼朋引类"乃至"函索各省文武大员"。"目前以毁誉要公费,他日将以公费分毁誉",将来"必以书院私议于朝廷黜陟之权,树党援而分门户"。④ 这可谓一语中的,清廷最忌讳的就是结党营私。该折上奏后朝廷并未依惯例让相关衙门"查明"而直接下旨封禁。⑤ 但是,如果"结党营私"者对国家出路的识见已站在时代

---

① 张海荣:《思变与应变:甲午战后清政府的实政改革(1895—1899)》,社会科学文献出版社,2020,第 104 页。

② 《吴樵致汪康年》(光绪二十二年正月初六日),载上海图书馆编《汪康年师友书札》(一),上海古籍出版社,1986,第 463 页。

③ 茅海建:《从甲午到戊戌:康有为〈我史〉鉴注》,生活·读书·新知三联书店,2009,第 149 页。

④ 军机处录副·光绪朝·内政类·职官项,档号 03-99-5333-35。

⑤ 茅海建:《从甲午到戊戌:康有为〈我史〉鉴注》,生活·读书·新知三联书店,2009,第 147 页。

前沿,清廷决策层所能采取的有效办法则不外乎将之整合到自身改革体系中。

小　结

太平天国运动平息以后,内忧外患暂时缓解,清廷在传统治道的逻辑范围内采取了一些改良措施。其时兴起的洋务运动通过学习西方科技、器械及有限的鼓励商业政策,促成了传统帝国晚期的短暂"中兴",推动了新式绅商阶层的萌生、新式治国理念的初步传播,为后来的国家治理转型提供了思想和实践基础。洋务运动提出的"自强"目标主要指向引进西方技术和发展国防现代化,乃至后期的"求富"口号也主要服务于强兵和筹饷,"商战"目标下对民用洋务企业的支持及有限鼓励商业政策主要还是对外政策的延续。此时的"自强"和"求富"尚不构成国家治理目标上的转移,这种传统治理模式下的有限调整在甲午战争中被证明不足以抵抗西方霸权的冲击。

甲午战败的根源在于中国军事、工业、经济的诸种落后,其中存在政府管理体制和治理观念上的原因,但最直接的原因或许在于国家治理目标方面,政府无力(虽然也无意)为现代军事、工业、商贸提供政策和财政金融支持。鸦片战争赔款、英法联军赔款、伊犁赔款虽使晚清财政面临暂时性困难,但除英法赔款开关税担保恶例外,在财政上并无重大影响。咸同年间镇压太平天国、捻军起义等各类内部战争耗费军费对清代财政冲击颇大,但随着海关关税和厘金征收而带来的财政收入扩张,清廷财政尚能维持正常运转。甲午战败后的对日赔款作为近代财政史上划时代的事件,使传统上的量入为出原则与税源不变政策无法维持,清政府不得不搜尽财源以应付局面。

政治权威性来自统治者的"先进性"。一旦有更为"先进"的外部竞争型国家或内部不安定型势力出现,往往意味着统治者的政治权威弱化进而削弱其统治合法性地位。甲午战争的结果,是日本作为"富强"国家在中日竞争中脱颖而出,将清政府推向了不得不实行改革、许诺更好未来以吸引和控制民众的道路。甲午战后光绪帝开启的"力行实政"改革是洋务运动遗产的延续和突破,并在各国瓜分狂潮中逐步加快改革步伐。社会变革乃至政治革命已不可避免的情况下,清廷不得不举起振兴国家的大旗,试图在变革中加强对国家和社会的把控力。虽然百日维新作为光绪帝挽救时局危机的尝试,在朝野震荡中惨遭扼杀,但"公车上书"反映了其时中、下层官僚对清廷现状的不满。康有为等人通过强学会等政治团体在京城宣传变法主张,俨然已经超越清廷站在了时代改革议题的前沿,使清廷不得不吸纳时代"先进"治理方案以挽回政治权威,重建统治合法性。康有为们追求"富强"之道及表露的坚定的改革态度虽在即时效果上不能彰显,却仍不能忽视其于现代中国国家建设的划时代意义。

第二章
戊戌变法时期重建"富强"话语的制度设计方案

　　面对甲午战后中国所面临的政治、经济、文化诸方面的挑战和危机,晚清出现了激进改革派、渐进改革派及守旧派的不同应对方案。其中守旧派的论调不外乎传统治理模式的强化,在戊戌变法期间虽持论者不乏其人但在政局中逐渐边缘化。以康有为为代表的激进改革派和以张之洞、孙家鼐为代表的渐进改革派逐渐在舆论场中占据优势。这些改革方案呈现出对洋务运动仅依靠官方力量实现"富强"目标之弊的反思,并转向"富强"之道的社会动员之维。这些讨论已不局限于甲午战前著书立说的在野议论,而在各种奏议中开启了寻求从知识上的"富强"之道到国策上的富强"治道"进程。

第一节　全面制度转型的"康有为方案"

　　梁启超曾将康有为的变法方案归纳为"请誓太庙以戒群臣,开制度局以定规模,设十二局以治新政,立民政局以地方自治"四大端,其他如兴学、更税法、裁厘金、改律例、设警察及军事改革等变法举措,"皆主齐力并举,不能枝枝节节而为之"。① 综观康有为历次奏议,其中有着庞杂却不那么完整的变法方案,也反映着维新派鼓吹变法的不成熟蓝图规划。这些奏议虽夹杂有一党私利、偶有不切实际的空谈高论,却也为推动国家—社会关系的现代转型提供了知识基础。

一、百日维新前康有为七上清帝书中的"富强"话语延续与变化

百日维新前康有为七次上书清帝阐发变法主张②,"第三书"推动了甲午战后光绪帝"力行实政"谕的下发及改革大讨论,"第六书"促成了戊戌年"定国是"诏书的下发及百日维新的开展。其中虽只有"第三书""第六书""第七书"顺利呈进,但康有为七上清帝书中的思想延续与变化是一个时代命题的发展过程,百日维新失败后康有为等人对奏章的重新书写(追忆)也反映出时代命题的变迁。对之重新梳理,有助于理解其时变法倡导者从在野文人到接近权力中心过程中变法策略调整中的变与不变,进而理解戊戌变法时期的代表性思想状态。

(一)《上清帝第一书》:通下情为变法"富强"之要

《上清帝第一书》作于光绪十四年(1888年),未能顺利上奏朝廷。其时康有为请皇帝下诏罪己,虽倡言变法,但对变法措施几无阐发。不过其时康有为已表现出对国家—社会关系予以重整的思考。晚清洋务诸项新政效法泰西,"稍变旧法",设洋差、洋局、学堂,开公司办矿务,引入电线、机器、轮船、铁舰,但西方行之"富强"而中国"不赌其利,反以蔽奸",是因"上体太尊而下情不达"。③ 结合康有为当年其他言论,其变法的资源仍是"斟酌古政而

---

① 梁启超:《戊戌政变记》,载汤志钧、汤仁泽编《梁启超全集》(一),中国人民大学出版社,2018,第559页。

② 七上书之外有个别奏章如《为胁割旅大覆亡在即乞密联英日坚拒勿许折》,主要是外交政策主张而非变法议题。

③ 康有为:《上清帝第一书》,载姜义华、张荣华编校《康有为全集》(一),中国人民大学出版社,2007,第180—184页。

施行之"，①所谓"今但变六朝、唐、宋、元、明之弊政，而采周、汉之法意，即深得列圣之治术者也"。②

《上清帝第一书》的同年，康有为在与友人书信中提及铁路、铁舰、机器、巨炮兴办中的经费开支，以为即使百税尽举也不足，鬻官作为下策，更是岁入仅百数十万而虎狼遍天下，即使有财也不能充分发挥效能。对国家能力局限性的反思已初具重塑国家—社会关系的雏形。不过此时其治理之法仍是从《周礼》《左传》《礼记》中寻求资源，乃至"少使更成法，斟酌古政而施行之"。③

康有为上清帝第一书至第五书中，反复提及君臣隔绝问题，并在历次上书中论述上下相通之道。上下相通问题虽如"第一书"及同时期言论所展示的仍是传统治理的完善问题，却在其后上书中逐渐引入（其想象和改造后的）西方制度，使其变法主张渐具国家治理转型特征。

（二)《上清帝第二书》和《上清帝第三书》中上下相通的制度措施

《上清帝第二书》(1895 年 5 月 2 日)即公车上书，未上达天听。《上清帝第三书》(1895 年 5 月 29 日)作为皇帝下发上谕所附奏折，具有广泛的政治和舆论上的影响力。"第三书"和"第二书"内容多有雷同，都批评因循不兴，主张变法有道方能"富强"。二书建言可归为三部分，即富国之法六项、养民之法四项及相关政治改革主张。

在两个上书中，康有为进一步明确提出"通下而合其力"④，奏请"及时变法，富国养民，教士治兵，求人材而慎左右，通下情而图自强，以雪国耻，而保

---

①　康有为：《与潘文勤书》，载姜义华、张荣华编校《康有为全集》（一），中国人民大学出版社，2007，第 169 页。

②　康有为：《上清帝第一书》，载姜义华、张荣华编校《康有为全集》（一），中国人民大学出版社，2007，第 183 页。

③　康有为：《与潘文勤书》，载姜义华、张荣华编校《康有为全集》（一），中国人民大学出版社，2007，第 169 页。

④　康有为：《上清帝第三书》，载姜义华、张荣华编校《康有为全集》（二），中国人民大学出版社，2007，第 80 页。《上清帝第二书》与《上清帝第三书》在内容上多有雷同，因第三书是上达朝廷的奏章，下面引文注释主要以"第三书"标注。

疆图"①,甚至认为"割地之事小,边民皆不自保,则瓦解之患大"②。割地所导致的民心背离、政治权威瓦解乃至国家政治体系的崩塌危机,需要全面改革以动员社会力量方可应对时局。

1. 富国六法

康有为提出变法"富国为先",富国之法有六,即钞法、铁路、机器轮舟、开矿、铸银、邮政。③ 钞法和铸银改革旨在加强中央监管,整顿社会上钞、币流通乱象,银行、铸银、邮政应由官为之,铁路、机器轮舟、开矿则须充分动员社会力量。

康有为认为铁路开办以来进展缓慢、未推行各直省的原因在于"费巨难筹",主张民办以获取社会融资。官方负责规划各地路线,"明定章程",民间申办铁路官方收取"牌费",该费用"西人计之,以为可得七千万"。如此,官可得巨款,可折漕运、去驿铺省去旧制度中的糜费。④ 洋务运动以来,虽然洋务企业兴办机器轮舟事务,各省却"禁吾民制造","徒使洋货流行",使我"技艺不能日新,制作不能日富"。官厂"率多偷减,敷衍欺事,难望致精",反观德、英军械大厂"皆民厂"。康有为进而主张"宜纵民为之",出费领牌,听其机器制造、轮舟行驶,官可得巨款。⑤ 美国、英国等国以开金、煤各矿走向富强。"方今国计日蹙",节俭不能济艰难。云南已设矿务大臣,热河、开平设官局,却因矿学不精而未见大利,其进而主张开矿学、购机器、定税额、选人才。⑥

---

① 康有为:《上清帝第三书》,载姜义华、张荣华编校《康有为全集》(二),中国人民大学出版社,2007,第68页。

② 康有为:《上清帝第三书》,载姜义华、张荣华编校《康有为全集》(二),中国人民大学出版社,2007,第68页。

③ 康有为:《上清帝第三书》,载姜义华、张荣华编校《康有为全集》(二),中国人民大学出版社,2007,第70页。相关建策与《上清帝第二书》在文字表述上基本一致。

④ 康有为:《上清帝第三书》,载姜义华、张荣华编校《康有为全集》(二),中国人民大学出版社,2007,第70页。

⑤ 康有为:《上清帝第三书》,载姜义华、张荣华编校《康有为全集》(二),中国人民大学出版社,2007,第70页。

⑥ 康有为:《上清帝第三书》,载姜义华、张荣华编校《康有为全集》(二),中国人民大学出版社,2007,第70—71页。

以上六政都是洋务运动时期开办或筹办之政，康有为的变法筹划则试图借助西学、民力将六政深入落实。其主张通过币制改革提升国家财政能力、理顺金融体系，通过对矿学等西学人才的培养提升国家学习能力，通过改变信息系统提升国家信息沟通能力，以鼓励社会融资方式开办铁路、制造新式器械，是对洋务运动以来铁路、机器轮舟事务成效不彰的反思，也是动员社会资源的新型国家治理尝试。

2. 养民四法

国家得富国六法可不患贫，然百姓匮乏，国无以为富。养民之法有四：务农、劝工、惠商、恤穷。

务农之要在择译农书、设立农会、督以农官。"农人力薄，国家助之"，如丝茶本为中国独擅大利，近年外国丝茶渐兴，而中国丝茶利源受阻。同时宜设局设学会力求振兴，鼓励农副产业。①

劝工之法自古即中国"富强之效"。西方"骤强之由"在机器、轮船、铁路，其他如"电线、显微镜、德律风（电话）、留声筒、氢气球、电气灯、农务机器"等，"虽小技奇器，而皆与民生国计相关"，铁舰、炮械更是国家不能少。中国各直省增设机器局，却"只守旧式，绝无精思，创为新制"。宜令各州县设考工院，译书教学，"凡有新制绘图贴说，呈之有司，验其有用，给以执照，旌以功牌，许其专利"。美国岁给新器功牌远超其他各国，"故美之富，冠绝五洲，劝工之法，莫善于此"。②

惠商之政宜于列国竞争之世，"以农立国，可以靖民心"宜于一统之世。"并争之世，必以商立国"，古今皆如此。"古之灭国以兵，人皆知之；今之灭国以商，人皆忽之。以兵灭人，国亡而民犹存；以商贾灭人，民亡而国随之"。洋货畅销内地，而中国内地有厘捐，出口有重税，洋货豁免税厘与土货竞争，中国商人劣势自现。宜特设通商院，各直省设立商会、商学、比较厂（商品博览会）。商会可以"合公股"成立大会、大公司，"国家助之，力量易厚，商务乃

---

① 康有为：《上清帝第三书》，载姜义华、张荣华编校《康有为全集》（二），中国人民大学出版社，2007，第71—72页。

② 康有为：《上清帝第三书》，载姜义华、张荣华编校《康有为全集》（二），中国人民大学出版社，2007，第72页。

可远及四洲"。葡萄牙、荷兰、英国的世界扩张,都是政府与公司合力的结果。列强的经验正说明了"民力既合,有国助之,不独可以富强,且可以辟地,商会所关,亦不少矣"。比较厂即模仿泰西赛会广见闻、辨良楛,令领事探其所好,投其所欲,更出新制,夺其利、敌其货。蠲厘金、渐出口税。①

恤穷之法有三。一是移民垦荒,可以养贫民还可以辟利源、实边防。罪遣没有提及中国固有的充军刑而以俄国遣罪人开发西伯利亚为例证,认耕、贸迁都是以英、美、荷兰等列强移民为典范,建议将来铁路建成迁民可专派大臣任事予以谋生之路。二是教工。《周礼》有"里布"以罚不毛,有"圜土"以警游惰。"游民无赖,小之作奸,大之为盗",宜令州县设立警惰院,无业游民,皆入其中,择其所能,教以艺业,十分之一充为经费,限禁出入。有大工大役以军法部署。其能改过,取保乃放,再犯不赦。有小过犯人,皆以轻重课以年限收入劳作。乞丐非老弱残疾收入外院工作。如此仁政得施,则穷民得食、良民赖安。康有为的具体建策是否符合"文明"标准暂可勿论,其正是敏锐地观察到新式工业发展为这种惩罚懒惰提供了可能性。三是设收养院养鳏寡孤独残疾等人。② 恤穷民之义见于《礼记·王制》和《孟子·梁惠王上》而与《礼记·礼运篇》的"大同"理想相通。不过,康有为恤穷民之义虽来自传统治道,但其具体措施应多来自列强的富强之道。《日本变政考》中也论及乞丐"坐废天生之才",泰西皆拘此"废惰"之人,教以工业谋生,"亦仁政之不可废者也"③。

康有为对于"富之教之"的理解不同于传统教化,其立足点在"愚而不学,无以广才"。天下民多士少,"小民不学,则农工商贾无才",器物不能精巧。"华民成俗,迁善改过"的德化方式不再是传统治理的愚民弱民之术,而是使民明理广智。因此,"万国所学,皆宜讲求"。泰西富强,不在炮械军兵而在穷理劝学,即所谓"才智之民多则国强,才智之士少则国弱"。传统武科

---

① 康有为:《上清帝第三书》,载姜义华、张荣华编校《康有为全集》(二),中国人民大学出版社,2007,第72—73页。

② 康有为:《上清帝第三书》,载姜义华、张荣华编校《康有为全集》(二),中国人民大学出版社,2007,第73页。

③ 康有为:《日本变政考》卷三,载姜义华、张荣华编校《康有为全集》(四),中国人民大学出版社,2007,第150页。

已不能适应时势需要,前有沈葆桢请废武科,近有潘衍桐请开艺学。今宜改武科为艺学,令各省、州、县遍开艺学书院,习天文、地矿、医律、光重、化电、机器、武备、驾驶、测量、图绘、语言、文字。层层选拔,经史策论与新学同考。①

3. 重塑国家—社会关系的政治改革主张

在系统的"富国六法""养民四法"之外,康有为洋洋洒洒一万多字的论述中还涉及了多方面的政治改革主张。一是设报馆,其以《周官》《诗经》等传统文献为依据论述报馆功用,谓《周官》"诵方""训方"皆考四方之慝,《诗》之《国风》《小雅》欲知民俗之情。报馆可以通中外之情,"开拓心思,发越聪明","宜纵民开设,并加奖励"。二是设道学一科、内地外洋广建孔庙等尊孔措施,内可导民远离洋教,外可察外情,扩大自身影响力。其谓内地教堂遍布蛊惑民众,宜设道学一科,并令乡落淫祠改为孔子庙,派南洋教官立孔子庙,用夏变夷,且借传教为游历,洞察夷情扬国声。三是设使才馆培养外交人才,鼓励留学破除因循风气。② 这些改革主张都立足于中外交流和上下相通的基本改革思路,试图推动国家内政外交上的现代转型。

康有为《上清帝第二书》中还提出了停捐纳、改官制、裁冗官、去兼官、开言路等一系列官制改革方案。基层官制方面,提升知县品级,知县之下分设公曹、决曹、贼曹、金曹,以州县进士补缺,其余诸吏皆听诸生考充,以士人化解吏胥积弊,三老之乡官各由民举。京官官制方面,太常寺、光禄寺、鸿胪寺并入礼部,大理寺并入刑部,太仆寺并入兵部,通政司并入都察院,其余额外冗官皆可裁汰。通政准百僚奏事以开言路。然后以冗官廪费增补官员俸禄以督促其守廉任事。其中甚至以用魏、隋世禄田制的方法养廉,不过这在清代田少人多的情况下很难实现。③ 在《上清帝第三书》中此类官制改革的具

---

① 康有为:《上清帝第三书》,载姜义华、张荣华编校《康有为全集》(二),中国人民大学出版社,2007,第73—74页。

② 康有为:《上清帝第三书》,载姜义华、张荣华编校《康有为全集》(二),中国人民大学出版社,2007,第75页。

③ 康有为:《上清帝第二书》,载姜义华、张荣华编校《康有为全集》(二),中国人民大学出版社,2007,第43页。

体措施没有再提及，不过此时的官制改革设想在其后的奏议中多有体现。

以上逐条都是具体层面的改革，"第二书"和"第三书"均提出先王与民共治天下，设议郎之议可谓根本性改革。其分析外国"富强"之法，"中国行之而益弊者，皆上下隔塞，民情不通所致也"。天下人民"情伪百端，才智甚广"，皇帝寄耳目于数人，"虽欲通中外之故，达小民之厄，其道无由"。康有为以《孟子》《尚书》《周礼》诸篇谋及庶人为据，提出先王之意，"非徒集思广益，通达民情，实以通忧共患，结合民志"。结合汉征辟有道、宋给事封驳旧制，该折奏请分府县约十万户公举博古今、通中外、明政体、方正直言之士1人，用汉制名为"议郎"。议郎虽为皇帝顾问，但准随时请对、上驳诏书、下达民词外，凡内外兴革大政、筹饷事宜，皆令会议，三占从二，下施部行。所有人员一年为期，民心推服留任者领班。着为定制。如此则皇帝"坐一室而知四海"，"合天下之心志，可同忧乐而忘公私"；如此则"君民同体""共赞富强""休戚与共"，筹饷、练兵不愁，"合四万万之心为心，天下莫强焉"。① 其理论资源取自中国传统治道，但其中已关注到传统治理资源中的权力制衡要素。中国传统长期发展中，皇帝在权力上逐渐占优，在一定程度上避免了权力竞争中的混乱，也导致了权力运行的僵化。康有为对古制加以改造以寻找今治资源。就其论据而言，更多是剪裁古制以为所用。如"谋及庶人""三占从二"诸语出自《尚书·洪范》，"立时人作卜筮，三人占，则从二人之言。汝则有大疑，谋及乃心，谋及卿士，谋及庶人，谋及卜筮。汝则从，龟从，筮从，卿士从，庶民从，是之谓大同"，其中提及君主决断所要考虑的诸要素，占卜是诸因素中的一个，占卜者则取多数，康有为单独挑出庶人谓"谋及庶人为大同"，并以三占从二论取多数义。②

（三）《上清帝第四书》和《上清帝第五书》中的议院主张

《上清帝第四书》（1895 年 6 月 30 日）强调，"今泰西诸国以治法相竞，以智学相上，此诚从古诸夷之所无也"，从制度竞争、文化竞争的角度看待中

---

① 康有为：《上清帝第三书》，载姜义华、张荣华编校《康有为全集》（二），中国人民大学出版社，2007，第 79—80 页。

② 茅海建：《戊戌时期康有为、梁启超的议会思想》，《华东师范大学学报（哲学社会科学版）》2020 年第 2 期。

外之争。西方致强之由，一在诸国并立竞争中，君相尊贤尚功、保民亲下、有才必用，关注邻国良法新制更思改进，讲法立政精益求精；二在立（科）以励智学，奖励新书创说，以专利保护新器①；三在设议院以通下情。这里设议院已经不局限于前述"议郎"的模糊职责，而是从财、人、事三方面述论其在富强之道中的意义：筹饷艰难，而议院使民信而巨款可筹；议院聚四方人士则疾苦可上闻，在上者德意可以下达；议院众议其事而权奸不行，议院监督下则中饱可杜。如此则"百度并举，以致富强"。不过，在论证这些外国制度移植的正当性时没有引用任何外国经验，而是从《孟子》《易》《洪范》出发，提出"彼族实暗合经义之精，非能为新创之治也"。②

　　康有为在该奏议中已表达出有意打破传统国家—社会结构的倾向。其认为"中国自古一统，环列皆小蛮夷，故于外无争雄竞长之心，但于下有防乱弥患之意"，于是对士和官"治法尤密"。八股取士、年劳累官而穷困士人使不能尽其学，一职有数人、一人兼数职而分权掣肘使官吏不能尽其才。这种传统治理有其精妙之处，即士人与官吏"散则易治"，"上下极隔，而尊则易威"，天下太平则治效显著。泰西入侵以后，"今略如春秋、战国之并争"而不似汉、唐、宋、明之一统，"所谓数千年未有之变也"。"引旧法以治近世"，是"执旧方以医变症"。其时"当以开创治天下，不当以守成治天下，当以列国并争治天下，不当以一统无为治天下"，在积习深而时势大异之时，须"尽弃旧习，再立堂构"。康有为再次反思洋务运动以来海军、报馆、招商局、同文馆、制造局、船厂等新政成效不彰即在于"根本不净，百事皆非"。"守旧之国，扫灭已尽，惟余我及波斯、暹罗耳"。日本富强之道即在于"改纪其政"而"富强"。③

　　改制更张的推动力则寄希望于皇帝的强势推进。康有为奏请改变国家奖励体系，改科举，奖励著书、制器、办工、寻地。使矿学、创新器械、通商之

---

① 康有为：《上清帝第四书》，载姜义华、张荣华编校《康有为全集》（二），中国人民大学出版社，2007，第81—82页。

② 康有为：《上清帝第四书》，载姜义华、张荣华编校《康有为全集》（二），中国人民大学出版社，2007，第82页。

③ 康有为：《上清帝第四书》，载姜义华、张荣华编校《康有为全集》（二），中国人民大学出版社，2007，第82—83页。

学开通,然后可以开矿、制造、通商。与之相关的是以通识教育培养人才,读史、识字、测算、绘图、天文、地理、光电、化重、声汽等学应从乡塾童学开始立根柢。①

同时,还须注重以学会发掘民力。"泰西国势之强,皆藉民会之故,盖政府之精神有限,不能事事研精,民会则专门讲求,故能事事新辟。"②其言西方勘探我国疆域、矿山,皆非国家所派,国家只是予以保护。

延续"第二书""第三书"的官制改革主张,"第四书"再次谈及清代官制之弊在地方层级过多,知县品阶过低,各类冗员掣肘。③ 不过,此时的官制改革更多与其对中国当时状况的批评联系起来,"上尊下媚,中塞外侮,谋略不能用,逆耳不能入",与富强之道南辕北辙。④

皇帝之尊,尊在其德,以隔阂不见为尊,以忌讳壅塞为乐,终致祸败。该奏议批评了君臣议事时限时言事、伏跪陈辞,妨碍下言得以上达,而推崇"古者三公坐而论道,从容燕坐",认为如此方能戒臣下行媚畏言。主张打破皇帝与臣民的隔绝状态,奏请皇帝"稍降尊严"。具体包括:下诏求言,罢去忌讳;开门集议,除了以往上书所谓议郎之外,"其省、府、州、县咸令开设";辟馆顾问,顾问可来自翰林、荐举、上书可采者及集议之员,广陈图书,皇帝随宜咨问,赐坐予茶果,打破讳弊;设报达聪,借鉴外国报纸则可通其政艺之优,宜令广开,虽有谤议,却能破蔽隔;开府辟士,"宜复汉制,令开幕府,略置官级,听其辟士",然后"免严刑、长跪,以恤民艰;厚俸禄养廉,以劝吏耻"。⑤

在其主张的"开门集议"条谓"会议之士,仍取上裁","议郎"没有用人

---

① 康有为:《上清帝第四书》,载姜义华、张荣华编校《康有为全集》(二),中国人民大学出版社,2007,第84页。

② 康有为:《上清帝第四书》,载姜义华、张荣华编校《康有为全集》(二),中国人民大学出版社,2007,第84页。"当以开创治天下,不当以守成治天下"等语在康有为上奏中多次出现,如上清帝"第三书"(《康有为全集》(二),第69页)。

③ 康有为:《上清帝第四书》,载姜义华、张荣华编校《康有为全集》(二),中国人民大学出版社,2007,第85页。

④ 康有为:《上清帝第四书》,载姜义华、张荣华编校《康有为全集》(二),中国人民大学出版社,2007,第88页。

⑤ 康有为:《上清帝第四书》,载姜义华、张荣华编校《康有为全集》(二),中国人民大学出版社,2007,第85—87页。

之权，不过"达聪明目，集思广益，稍输下情，以便筹饷"。① 看似对"议郎"之职较之以往上书"方案"有所减损，但历史一再呈现的是一旦一个机构或群体获取地位，并不会沿其设定的路线前进，而会赖此获取利益、扩张权力。奏折结尾强调君上尊权，行文中却时时提及君民共治，虽然其理论资源是中国古义，但其最终发展必然是学习西方的现代化治理模式。这五条建言后来演变为上清帝"第六书"中的制度局、待诏所，核心在于让光绪帝起用新人。②

《上清帝第五书》，是在胶州事件之后列强瓜分中国议论沸腾之时上奏。其首先说明了自己第三次上书奏陈得以施行，第四次上书未递进，总结两年以来新政成效不彰，而再次引起瓜分狂潮。下罪己诏的奏请已有数次，此次又奏请"因胶警之变，下发愤之诏，先罪己以励人心，次明耻心激士气"，然后集群才、通下情、明定国是。③

康有为对时势的判断即在瓜分危机已迫在眉睫，之前泰西"专以分非洲为事"我幸安无事，今非洲瓜分已定，"三年来泰西专以分中国为说"。中国瓜分危机来自西方列强的侵略，但康有为也看到西方公法"文明""野蛮"分野下的中国政治合法性危机，"按其公法均势保护诸例，只为文明之国，不为野蛮，且谓剪灭无政教之野蛮，为救民水火"。④ 该折更强调保自存然后可以自强。

康有为谓欧洲大国强在财政、铁船、新艺新器、新法新书及农工商兵有专学、妇女童孺尽知书。⑤ 该奏议再次提及专门教育与通识教育，以强调民

① 康有为：《上清帝第四书》，载姜义华、张荣华编校《康有为全集》（二），中国人民大学出版社，2007，第87页。

② 茅海建：《从甲午到戊戌：康有为〈我史〉鉴注》，生活·读书·新知三联书店，2009，第106页。

③ 康有为：《上清帝第五书》，载姜义华、张荣华编校《康有为全集》（四），中国人民大学出版社，2007，第5页。"第五书"应在光绪二十三年十一月初五以后、十九日以前递交工部，工部拒绝代递。参见孔祥吉编著：《康有为变法奏章辑考》，国家图书馆出版社，2008，第114页。

④ 康有为：《上清帝第五书》，载姜义华、张荣华编校《康有为全集》（四），中国人民大学出版社，2007，第2页。

⑤ 康有为：《上清帝第五书》，载姜义华、张荣华编校《康有为全集》（四），中国人民大学出版社，2007，第3页。

智民心在国家富强中的重要意义。清朝衰败的根源在于官民不知西学,风气不开通。

"第五书"更为广泛的国家治理转型主张包括:一是"国事付国会议行";二是"采择万国律例,定宪法公私之分";三是整顿吏治;四是以游历外国为当官任政的条件,与之相关的则是"察阅万国得失,以求进步改良";五是"统算地产人工,以筹岁计预算";六是罢旧例、济时宜;七是"大借洋款,以举庶政"。① 其中使用了国会、宪法之语,不过定宪法公私之分是在采择万国律例的基础上,似仍取大法之义。

"第五书"在以前提出的各项新政措施基础上,还提出"改定地方新法,推行保民任政",诸如卫生济贫、免酷刑、修道路、整市场、铸钞币、创邮船、徙贫民、开矿学、罢厘征前已奏请,另有设巡捕、保民险、重烟税。② 其中设巡捕是一个重要的治理转型措施。其在稍后进呈的《日本变政考》中称"闻日本变政之始,百事不行;及一设巡捕,而新政乃行",巡捕的职能在"巡禁盗贼"似与传统无异,但作为新机构则因"制度之美"而"良吏极多"。③

"第五书"最后,康有为再次强调"图保自存之策,舍变法外别无他图(途)",其要者三策:第一策采法俄、日以定国是,特别是《日本变政考》,有益于时事;第二策大集群才而谋变政,群才还是来自征召现官;第三策听任疆臣各自变法,需要赋权督抚取用新法,行以实政。④ 这与之前的废督抚之议有所不同,是依托现有制度框架实行新政。

(四)《上清帝第六书》:开制度局的变法构想

《上清帝第六书》即《外衅危迫分割洊至急宜及时发愤大誓臣工开制度新政局折》(1898 年 1 月 29 日),由总理各国事务大臣代奏,称其"呈内所请,

---

① 康有为:《上清帝第五书》,载姜义华、张荣华编校《康有为全集》(四),中国人民大学出版社,2007,第 5 页。

② 康有为:《上清帝第五书》,载姜义华、张荣华编校《康有为全集》(四),中国人民大学出版社,2007,第 5 页。

③ 康有为:《日本变政考》卷七,载姜义华、张荣华编校《康有为全集》(四),中国人民大学出版社,2007,第 191 页。

④ 康有为:《上清帝第五书》,载姜义华、张荣华编校《康有为全集》(四),中国人民大学出版社,2007,第 6 页。

语多切要"。① 该折对外国瓜分时势和中国内政窘迫之势的分析与第五书无异，也强调定国是，历数光绪以来设总署、同文馆、招商局、制造局、海关总税务司、船政厂、电线铁路诸项新政"非祖宗之旧法"，然"根本未变，大制未新，少袭皮毛，未易骨髓"，仍成效不彰。其批评守祖宗成法之论，不过是胥吏、奸人托词，无三代祖宗分毫之意，"今之制度，并非祖宗之法，皆秦汉自私之术，元明展转之弊耳"，奏请变其制保其民。② 在康有为的论述里，"祖宗之法"已非清朝列祖列宗之法，而是先秦先圣之法。

该折与"第五书"同推新兴强国俄、日，愿皇帝"以俄国大彼得之心为心法，以日本明治之政为政谱"。对日本维新，该折强调三事为其"变法之纲领，下手之条理"：一是"大誓群臣以革旧维新，而采天下之舆论，取万国之良法"；二是"开制度局于宫中"，20 人参与，"将一切政事制度重新商定"；三是"设待诏所许天下人上书"。③ 其所议设制度局并没有取代议会，更似前上书中的顾问馆，作为"议论之官"，议行"新政"，补现行六部、军机等行政之官守成例不任出议所导致的新政"无例可援"问题。其职在专设一官，开局讨论，"然后百度维新可得备详"。④ 制度局更似规划新政全局的顾问团体乃至(事实上的)决策机构。

该折全面讨论了变法需要设立的其他机构：法律局着眼于"交涉平等之计"，及"酌一新律"而"施行于通商口岸"；税计局参用万国税则，定内地税、户籍、关税、俸禄、统计、兴业、公债、讼纸之制；矿政局开矿学，定矿则；农商局定币权，立商律，劝商学；造币局，负责铸金银铜三品，立银行，造纸币；社会局则是效法西方国家民间力量的蓬勃发展，所谓"泰西政艺精新，不在于官，而在于会"。其他如工务局、铁路局、邮政局、游历局、武备局等，"凡制度

　　① 康有为：《外衅危迫分割洊至急宜及时发愤大誓臣工开制度新政局折》，载姜义华、张荣华编校《康有为全集》(四)，中国人民大学出版社，2007，第 11 页。

　　② 康有为：《外衅危迫分割洊至急宜及时发愤大誓臣工开制度新政局折》，载姜义华、张荣华编校《康有为全集》(四)，中国人民大学出版社，2007，第 13 页。

　　③ 康有为：《外衅危迫分割洊至急宜及时发愤大誓臣工开制度新政局折》，载姜义华、张荣华编校《康有为全集》(四)，中国人民大学出版社，2007，第 13—14 页。

　　④ 康有为：《外衅危迫分割洊至急宜及时发愤大誓臣工开制度新政局折》，载姜义华、张荣华编校《康有为全集》(四)，中国人民大学出版社，2007，第 14 页。

局所议定之新政,皆交十二局施行"。①

该折再次强调直省藩、臬、道、府,皆为冗员,宜改革地方官制,州县官"选举既轻,习气极坏,仅收税、断狱,与民无关",每道设新政局,每县设民政局。② 如此,则地方的实际权力将转移到新设民政局。

"第六书"延续"第五书",强调变法图强有上、中、下三策,上策"择法俄、日,以定国是",中策"大集群才而谋变政",下策"听任疆臣各自变法"。康有为认为此三策虽富强之效不同而均有救亡之效。康有为在百日维新期间的《进呈〈日本变政考〉等书乞采鉴变法以御侮图存折》(1898 年 4 月 10日)将瓜分危局的原因归于"不肯变法、不肯破除旧例、不肯纡尊降贵"。"所谓变法者,非铁路、矿务穷年累月不能奏效之谓",而是从礼法根本上改革国家治理模式,请皇帝"纡尊降贵,采纳舆论",去除旧例,"改上下隔绝之礼",政府职专不兼差,天下才俊聪明者受重用。变法是向西方学习,更是追寻古圣人治国精义:"泰西之法,实得列国并立之公理,亦暗合吾圣经之精义,不得谓之西法也。"学习西方可先从日本入手,且中国无日本"将军柄政之患""封建藩土之难",变法较之日本还有优势。如此变法而开制度局、民政局,擢贤才,"取日本更新之法斟酌草定",可致骤强。③

(五)《上清帝第七书》:变法仍以尊君权为要

《上清帝第七书》即《为译纂〈俄彼得变政记〉成书可考由弱至强之故呈请代奏折》,彼得所为"不过纡尊降贵,游历师学而已"。事实上,这也是此前上奏不断提及的。尊君权是前提,但"人主不患体制之不尊,而患太尊",勾践、晋文公、商王武丁、舜帝都是降尊而为圣王的典型。"尊严既甚,忌讳遂

---

① 康有为:《外衅危迫分割洊至急宜及时发愤大誓臣工开制度新政局折》,载姜义华、张荣华编校《康有为全集》(四),中国人民大学出版社,2007,第 14—15 页。

② 康有为:《外衅危迫分割洊至急宜及时发愤大誓臣工开制度新政局折》,载姜义华、张荣华编校《康有为全集》(四),中国人民大学出版社,2007,第 15 页。

③ 康有为:《进呈〈日本变政考〉等书乞采鉴变法以御侮图存折》,载姜义华、张荣华编校《康有为全集》(四),中国人民大学出版社,2007,第 47—48 页。《日本变政考》先后进呈两次,此折所进呈应是初次进呈,全书十卷,又撮要八篇,进呈本现已缺失。

多"，皇帝之尊在德行内外，而非"独立于上"。①

二、百日维新期间康有为变法奏议中"富强"话语的具化

百日维新开始以后，康有为有了更为顺畅的上奏渠道，上奏明显增多，在奏章之外，还进呈了《日本书目志》等书，再次进呈了修订后的《日本变政考》，系统阐释变法的可能取径。② 其上奏内容除重申之前七上清帝书中的变法蓝图外，许多具体的变法主张得到光绪帝采纳施行，为其时的国家治理转型宏观蓝图提供了可资采行的具体方案。

（一）重塑君民关系的政治改革愿景

在康有为的政治改革愿景中，"民事不可缓"。政治之学最美者为六经，泰西富强之道"皆暗合吾经义"，"中国所以弱者，皆与经义相反者也"。泰西、日本自强之本在教民、养民、保民、通民气、同民乐。维新派变法的论证方法是传统的，是关注经义的，法随时变，时变法亦应变。泰西养民之道诸如医院、恤贫院、养老院使鳏寡孤独皆有养，法制详密，正合《王制》《孟子》恤穷民之义；通民气，则"合一国之人于议院"，正合《洪范》所谓"谋及庶人"、《孟子》所谓"国人皆曰贤"之义；③同民乐，除了公家花园对民开放外，"国君与臣民见皆立，免冠答礼"，正合《礼记》所谓"天子当宁而立，诸侯北面而朝"、《公羊》所谓"天子见三公下阶，是卿与席大夫抚席"之义；狱讼有陪审，正合《王制》所谓"刑人于市，与众弃之"之义，④《礼记·王制》载："爵人于朝，与士共之。刑人于市，与众弃之"，"……疑狱，泛与众共之。众疑，赦之"，"疑狱众共，此乃我中国经义"。⑤ 同民乐所反映的君民关系在甲午战后

---

① 康有为：《为译纂〈俄彼得变政记〉成书可考由弱至强之故呈请代奏折》，载姜义华、张荣华编校《康有为全集》（四），中国人民大学出版社，2007，第26—28 页。

② 据《康南海自编年谱》所载，第二次进呈应在光绪二十四年五月初三日（1898 年6 月 21 日）以后，现有故宫博物院进呈本得以保存。

③ 康有为：《日本书目志》，载姜义华、张荣华编校《康有为全集》（三），中国人民大学出版社，2007，第 328 页。

④ 康有为：《日本书目志》，载姜义华、张荣华编校《康有为全集》（三），中国人民大学出版社，2007，第 328 页。

⑤ 康有为：《日本变政考》卷十一，载姜义华、张荣华编校《康有为全集》（四），中国人民大学出版社，2007，第 252 页。

不断被提出,是康有为对中国经义长期体会及对西方富强之道不断认识深化的过程。在康有为1888年的笔记中即比较了中外举办盛会,西人"民不疲劳而反欣悦,财不匮竭而反殷阜者",原因即在其君民平等,中国君民不相通,"中国之君,恃势负尊,劳民力,竭民财,故一人乐而万姓忧,百戏备而天下叛"。①

日本变法之始不先买枪炮轮船、练洋操,而先留意于户籍、地图、备荒、赏罚、学校、商业等事,此皆孟子所谓"民事不可缓","盖国者积众民而成者也,未有不讲民事而国能富强者也"。② 其中很难说国民或臣民的主体地位问题,其实从孔孟之道中,君民关系本身就不是简单的对立或主从关系。在康有为述及日本置民部官时再次作此按语重申这一说法。③"六经只言爱民保民,同为天之所生,皆是民也,无有流品之别。"平民"以种分尊卑,此等义理实不可解","六经无买人为奴隶之制",《周官》为刘歆伪作,光武帝即有免奴婢为良人的先例,美国、英国、俄国近代皆解放奴隶,日本效仿而废除贱籍,④中国所应改革自不待言。日本《民部省则例》重民事以强国,其中"如官等高下相见,不必畏惮,政令不便于民者,可奏言不讳,详核户口、图籍、诉讼,无使壅蔽诸端,皆所以通上下之情,此政之最要者也"。⑤

康有为《请御门誓众开制度局以统筹大局折》(1898年6月19日)奏请皇帝于变法之始亲御乾清门大誓群臣,昭告天下:一则尽革旧习,与之更始;二则所有庶政咸与维新;三则明国民一体,上下同心;四则采万国之良法;五则听天下之上书;六则治阻扰新政者罪。其立足于数十年来虽渐知变法而仍国弱的局面再次强调"非大变、全变、骤变不能立国"。"变法"与"变事"

---

① 康有为:《笔记》,载姜义华、张荣华编校《康有为全集》(一),中国人民大学出版社,2007,第205页。

② 康有为:《日本变政考》卷二,载姜义华、张荣华编校《康有为全集》(四),中国人民大学出版社,2007,第127页。

③ 康有为:《日本变政考》卷二,载姜义华、张荣华编校《康有为全集》(四),中国人民大学出版社,2007,第137页。

④ 康有为:《日本变政考》卷四,载姜义华、张荣华编校《康有为全集》(四),中国人民大学出版社,2007,第156页。

⑤ 康有为:《日本变政考》卷二,载姜义华、张荣华编校《康有为全集》(四),中国人民大学出版社,2007,第140页。

不同,以往所行兵制、学校、路矿等方面的改革和创制,"大率就一二事上变之,而不就本原之法变之,故枝枝节节,迄无寸效"。康有为上奏中提出一统之世与竞争之世应有不同的治国方略,治一统之世在以上下阻隔以定尊、民不识不知而天下太平、防弊而相牵制;治竞争之世则与之相反,需要威令行而致强、合会相聚讲求,然后扩民闻识而得才、兴利而成务。正所谓"治一统之世以隔,令层级繁多,堂阶尊严,然后威令行";"治竞长之世以通,通上下之情,通君臣之分","威令无阻阂"。① 如是说,则礼治更适合一统之世,而法治更适合竞争之世,康有为对礼的判断应该是一种新的类似于法家而超越法家的态度。

　　日本变法,日皇车马器服"皆从西式",民皆车服自由无拘礼,贵族营农工商诸业,"渐至平等"。② 礼仪"古国之旧,多虚文而鲜实事",百官拜往酬酢荒废实政,朝廷设官为治民而非以事长官。日本尽除此礼,务从易简,去应酬伺候之繁文,除敷衍粉饰之风俗,然后可以力从新政。礼制不仅关乎君民,还关乎中外婚姻相通、易服色、移易人心等中外政事。③

　　晚清政治改革所涉及的政治制度问题无疑是一个必须慎之又慎的议题。康有为上奏中虽多笼统强调"上下相通",也提出广开言路甚至废跪拜礼等具体措施,以为拜跪之礼"貌为畏谨,而内便其欺诈粉饰之私"。④ 不过,真正的改革问题还是在《日本变政考》中作"旁敲侧击"式的说明。⑤ "上下否隔,旧国通例","然推尊过甚,为害甚大"。日人大久保利通"去尊隔之议"能为日主采纳,实为日本富强原由。① 康有为通过《日本变政考》为皇帝进呈了政治改革的富强"愿景",具体采择的改革措施当然还是由皇帝定夺。

人主明四目、达四聪犹恐利害得失不查,太古时民朴政简,君臣"无甚悬隔",中古以后民悍政繁"故为尊严以防之"。一统时期此政行之或可,外国来争之时,"大权不失于内,则失于外"。日本能用维新之治,君威未损"且益尊荣于万国"。② 四目四聪出自《尚书·尧典》,谓"月正元日,舜格于文祖,询于四岳,辟四门,明四目,达四聪"。康有为百日维新前所提出的设议郎,目的之一即在"辟门""四目""四聪",使君主知悉四方之政。③ 日本"以新政策问诸臣,此最善之法也",④此正是"博采群臣之议"的日本富强之道。因此君臣之礼应遵古礼,其从《大学》谓与国人交出发,批评"吾君与臣隔绝,官与民隔绝"。⑤《礼记·大学》谓:"诗云:'穆穆文王,于,缉熙敬止!'为人君止于仁,为人臣止于敬,为人子止于孝,为人父止于慈,与国人交止于信。"其所论为仁、敬、孝、慈、信等儒家治国要义,康有为则从文献的只言片语中寻找文王与国人直接交往的蛛丝马迹。⑥

君民上下情通,才能理顺国家财政制度,这是富强之道的前提。"西国每年入款出款,皆开具清单,布诸民间",百姓知国家取用于民,"虽租税极重,而不以为厉","上下之情通,则百事易举矣"。⑦ 古圣人治理天下事"与民共之",近世"各国岁出入皆有会计录,布告天下","令一国之民,皆知其盈

① 康有为:《日本变政考》卷一,载姜义华、张荣华编校《康有为全集》(四),中国人民大学出版社,2007,第109页。

② 康有为:《日本变政考》卷一,载姜义华、张荣华编校《康有为全集》(四),中国人民大学出版社,2007,第111页。

③ 康有为:《上清帝第二书》,载姜义华、张荣华编校《康有为全集》(二),中国人民大学出版社,2007,第43页。

④ 康有为:《日本变政考》卷二,载姜义华、张荣华编校《康有为全集》(四),中国人民大学出版社,2007,第130页。

⑤ 康有为:《日本书目志》,载姜义华、张荣华编校《康有为全集》(三),中国人民大学出版社,2007,第328页。

⑥ 茅海建:《戊戌时期康有为、梁启超的议会思想》,《华东师范大学学报(哲学社会科学版)》2020年第2期,第114页。

⑦ 康有为:《日本变政考》卷二,载姜义华、张荣华编校《康有为全集》(四),中国人民大学出版社,2007,第138页。

余不足、出纳度支"，不足则"国人知忧而补助之，虽多取之而不为虐"，盈余则兴铁路、农商、工业等益于国民各业。日本学习西方富强之道，议院议决预决算表，财政收支增减则由议院与内阁相互牵制。我国失此古义而又不察西人富强之道，"故西人谓吾民无爱国之力，由一切未与之共，无从动其爱心也"。[1]

在康有为看来，国债是推动变法的重要措施，而非变法本身。"然使非通民情、结民欢，骤焉而募债于民，民方窃焉疑君之欺我"，将国债比之横征，则民怨起。[2] 官民不相通，官尊民卑，官于民无信用可言，则币制诸项改革也不能行。[3] 变法以重建国家—社会秩序，国债、币制诸项改革方能有效推进。

(二)立足民事的官制改革路径

变法一切事皆待官而办，"日本变法之始，先正定官制，可谓知本矣"[4]。康有为的官制改革方案，可以分为两个层次：一是旧官制的重置问题，二是新官制的配置问题。开制度局的意义在于详订变法规模、规划变法蓝图，[5]"变事"与"变法"不同，变法须"变人"。[6] 日本"通国上下之官，皆为民事设也"，劝业寮为其民谋衣食；警保寮为其民保身家；[7]巡捕也是保民新政重要措施。[8] 新官制配置中具有现代国家的专业化分工色彩。

---

① 康有为：《日本变政考》卷六，载姜义华、张荣华编校《康有为全集》(四)，中国人民大学出版社，2007，第 179 页。

② 康有为：《日本变政考》卷六，载姜义华、张荣华编校《康有为全集》(四)，中国人民大学出版社，2007，第 181 页。

③ 康有为：《日本变政考》卷一，载姜义华、张荣华编校《康有为全集》(四)，中国人民大学出版社，2007，第 113 页。

④ 康有为：《日本变政考》卷二，载姜义华、张荣华编校《康有为全集》(四)，中国人民大学出版社，2007，第 135 页。

⑤ 康有为：《请御门誓众开制度局以统筹大局折》，载姜义华、张荣华编校《康有为全集》(四)，中国人民大学出版社，2007，第 88 页。

⑥ 康有为：《恭谢天恩并陈编纂群书以助变法请及时发愤速筹全局折》，《康有为全集》(四)，姜义华、张荣华校，中国人民大学出版社，2007，第 388 页。

⑦ 康有为：《日本变政考》卷六，载姜义华、张荣华编校《康有为全集》(四)，中国人民大学出版社，2007，第 170 页。

⑧ 康有为：《日本变政考》卷四，载姜义华、张荣华编校《康有为全集》(四)，中国人民大学出版社，2007，第 153 页；《日本变政考》卷五，第 164 页。

"守旧之国,官无不尊","号称亲民,而胥差林立,堂室数重,门闾隔绝","疾苦不上闻,冤抑遍地"。① 康有为上奏多有废改旧衙门之议,如礼部"无关政体",可废而改为教部,管学校及孔教事宜。②

康有为奏折中多言裁冗官,《为厘定官制请分别官差以行新政以高秩优耆旧以差使任才能折》(光绪二十四年七月十三日,1898 年 8 月 29 日)则是应军机大臣廖仲山所请"谏止裁官"而作。③ 其谓裁官行之"非其时",强调变法的统筹全局,而非"稍革一二",并提出"草定宪法,酌定典章"。④ 这些确实可以看出其对宪法的用法还是大法,是与西方宪法并无直接关系。不过西方各国宪法并无一定范本,其制定理念也并不完全划一,康有为对西方宪法之说确实需要一个逐渐认识深入的过程。

"现我中国沿前代之旧法,一衙门而有堂官数人",掣肘、推诿、消磨拖延诸弊"不可不变者"。⑤ 康有为提出旧官难裁则可立新政各局,区别官差,"以官优勋旧,以差待才能"⑥;还提出可官爵并行,"官以任事奉职","爵以崇功优旧"⑦。其曾批评中国官差不清、一官多差、一差多官之弊,以为官则不可兼差,盛赞日本"各官办事分课之法,甚为美善","一人之身,专任一政",其改制思想确有歧见。

理解康有为百日维新时期是官制改革主张,还须借助《日本变政考》诸书中其对西方官制的理解。日本变官制最要者,"尤在分议政、行政为二官"。中国急务在"仿日本成法,设集议院以备顾问,然后一切新政,皆有主

---

① 　康有为:《日本变政考》卷一,载姜义华、张荣华编校《康有为全集》(四),中国人民大学出版社,2007,第 116 页。

② 　康有为:《日本变政考》卷四,载姜义华、张荣华编校《康有为全集》(四),中国人民大学出版社,2007,第 152 页。

③ 　孔祥吉:《康有为变法奏章辑考》,国家图书馆出版社,2008,第 359—360 页。

④ 　康有为:《为厘定官制请分别官差以行新政以高秩优耆旧以差使任才能折》,载姜义华、张荣华编校《康有为全集》(四),中国人民大学出版社,2007,第 391 页。

⑤ 　康有为:《日本变政考》卷二,载姜义华、张荣华编校《康有为全集》(四),中国人民大学出版社,2007,第 127 页。

⑥ 　康有为:《日本变政考》卷三,载姜义华、张荣华编校《康有为全集》(四),中国人民大学出版社,2007,第 148 页。

⑦ 　康有为:《日本变政考》卷一,载姜义华、张荣华编校《康有为全集》(四),中国人民大学出版社,2007,第 120 页。

脑矣"，设议政官"使民情上达，尽去壅蔽"。开放上书言事，"又虑文字繁多，不能阅看"，日本则由议院接受建言书，议事由众议员共决，并登日志公评，"下情可通"，"众议皆集"。① 议会也是这一措施的一环。

日本不但朝廷"议政、行政，分为两官"，各省、各府县"莫不如是"。地方机构方面，"公议所为日本最美之政"，各衙门、各省乃至各学堂出公议人一员定期公议，其他凡有欲论时务者皆可至公议所建言，"则凡有应兴应革之事，莫不上达"，"此法治所以能变也"。日本东京城置待诏局，言路洞开、下情上达。此实我汉代古法，"令草莽贤才，皆得上书，所谓合天下之耳目以为耳目，诸事所以毕举也"。② 中央机构方面，"事有专而政有属"，恐其歧散而"立内阁以总之"；"恐其重繁，或欠详审"，设议院（日本设议贵族两院、地方官会议、府县会、区町村会）以辅之。③

日本"新定府县制，而尽废旧制，诚得变政之本矣"。④ 日本县令"辅以县议会，处事无专肆之权"。清朝知县"选之甚轻"而"任之甚重"，捐纳、军功皆可得，而兵、农、学校、赋税、讼狱皆责一人。现任知县多不知新政，"不奉行，则无一政能逮于民者"。知县选之既轻，可每县立一民政局，会同绅士办理。民政局"选朝官为督办"，职责包括教育、农商、工业、山林、道路、开垦、土工等事，而知县仍只任讼狱、赋税二事。日本户籍制度推行得力，中国虽有此制"而有司未尝奉行，更未能岁岁行之"，"偶行保甲，辄致扰民"。其原因本在"选吏太轻，吏多非才"。国之富强须保民，保民须选吏，选吏须改官制、开民政局。⑤ 户籍制度是提升国家能力的重要措施，其目的在于"周知民

① 康有为：《日本变政考》卷四，载姜义华、张荣华编校《康有为全集》（四），中国人民大学出版社，2007，第155页。

② 康有为：《日本变政考》卷二，载姜义华、张荣华编校《康有为全集》（四），中国人民大学出版社，2007，第127—128页。

③ 康有为：《日本变政考》卷十，载姜义华、张荣华编校《康有为全集》（四），中国人民大学出版社，2007，第234页。

④ 康有为：《日本变政考》卷七，载姜义华、张荣华编校《康有为全集》（四），中国人民大学出版社，2007，第194页。

⑤ 康有为：《日本变政考》卷三，载姜义华、张荣华编校《康有为全集》（四），中国人民大学出版社，2007，第146—147页。

隐",是"民为邦本"的重要体现,"外国编审户籍,其事至详,盖犹有先王之遗制焉"。①

康有为认为,日本变法有成"全在广集众议,博采舆论","可谓深明政治之本矣"。不过其虽提出"天下之事体甚多",非一人才力可任,但重要还是强调"尤非一二老臣,精力既衰、学问甚旧之人所能办"。② 这里所述日本议院之设,也是用《尚书》"谋及卿士、谋及庶人"证之,可以推断康有为并非将议会作为谋及国人之唯一途径。

(三)以保民为始的经济制度改革主张

康有为上奏提出了奖励新艺、新法、新书、新器、新学并设立特许专卖、理顺政商关系,发展商政、裁撤厘金以护商等一系列整顿工商、奖励实业改革措施,并与其财政金融制度改革吁求相呼应,几乎涵盖了当时经济改革的所有领域。

康有为上奏《请以爵赏奖励新艺新法新书新器新学设立特许专卖折》(现存《杰士上书汇录》本),认为较之上古之强角力而"务争战以尚武",近世强斗智而"务学识以开新",将欧洲"富强之原"归为"厉学开新",中国贫弱则由无奖励新艺、新法、新书、新器、新学致之。其追溯欧洲在我元明之前为"教皇所愚"而"累为回教所破",其愚弱过于中国,近世鼓励新学而富强。③ 康有为主张奖励新器、新书,"特许专卖执照,准其专利数十年",奖励创学堂、修道路、开水利等"有功于民者"。④

护商劝农劝工须官为维持,疏通商政各弊并以新政力推农工商发展。《请立商政以开利源而杜漏折》(1898 年 7 月 23 日)中所谓商政涉及商学、商报、商部、商律、商会、比较厂、专利、出口税、保险及商兵商轮护卫、领事考万

---

① 康有为:《日本变政考》卷七,载姜义华、张荣华编校《康有为全集》(四),中国人民大学出版社,2007,第 192 页。

② 康有为:《日本变政考》卷二,载姜义华、张荣华编校《康有为全集》(四),中国人民大学出版社,2007,第 127 页。

③ 康有为:《请以爵赏奖励新艺新法新书新器新学设立特许专卖折》,载姜义华、张荣华编校《康有为全集》(四),中国人民大学出版社,2007,第 298 页。

④ 康有为:《请以爵赏奖励新艺新法新书新器新学设立特许专卖折》,载姜义华、张荣华编校《康有为全集》(四),中国人民大学出版社,2007,第 300 页。

货之情逐项措施。其认为西方"官商相通,上下一体","国富而势强"。① 西
人有劝业赛珍会(劝业博览会),日本置农商务省,立法保护农工商事务,清
廷"皆听民自为之,未尝设官讲求。古有大农,有劝农使,有市官,盖亦视农
工商事务真重哉!"此乃古法而非西法。②

　　税制改革能利国家财政,仍应以利商为前提整顿裁减旧税、学习西方确
立新税体系。《请裁撤厘金片》(1898 年 8 月)强调护商以及小民生计。从
其中可以看出厘金之弊不仅在于层层盘剥。以康有为所见,无贿赂则即使
无私活无可诈赃,却被厂役"手持铁条,逢货乱插,颠囊倒箧,破毁器物","货
物散毁,其失败更甚"。该折也似是一种构想,其所谓前奏印花税各税、纸
钞、银行、邮政等增加国家财政收入项并未施行。③《日本变政考》中康有为
列举的外国税种有证券印税、地券税、矿山税、烟酒税、印花税、讼纸税、代言
人准照税、邮政税、会社税、版权税、护照税等。另还提及地方税与国税的划
分。不过其认为我国也有此划分,只是"不以办地方之公用,只以肥有司之
囊橐,则当呕禁也"④。日本废相沿既久而名目极繁、蠹害小民生计的杂税,
"改定新章,简明画一"⑤。立法须尊乎人心,国家取民财而民不知其用、其
效,必群相疑怨,可定例"以本地之财,济本地之用",与人心相适。⑥ 币制改
革与工商发展、财政措施密切相关,是康有为关注的金融整顿的重要方面。
日本通过纸币改革达致富强,中国推行纸币可从地丁钱粮、厘金等财政征收

　　① 康有为:《请立商政以开利源而杜漏折》,载姜义华、张荣华编校《康有为全集》
(四),中国人民大学出版社,2007,第 333 页。《知新报》第七十册刊录此折删削本,名作
《条陈商务折》。
　　② 康有为:《日本变政考》卷八,载姜义华、张荣华编校《康有为全集》(四),中国人
民大学出版社,2007,第 212 页。
　　③ 康有为:《请裁撤厘金片》,载姜义华、张荣华编校《康有为全集》(四),中国人民
大学出版社,2007,第 393—394 页。该折录自《知新报》第 80 册(1899 年 3 月 12 日),《万
木草堂遗稿外编》题作《请裁商折》。
　　④ 康有为:《日本变政考》卷六,载姜义华、张荣华编校《康有为全集》(四),中国人
民大学出版社,2007,第 182 页。
　　⑤ 康有为:《日本变政考》卷七,载姜义华、张荣华编校《康有为全集》(四),中国人
民大学出版社,2007,第 192—193 页。
　　⑥ 康有为:《日本变政考》卷七,载姜义华、张荣华编校《康有为全集》(四),中国人
民大学出版社,2007,第 203 页。

中收纸币推广。①

（四）智民、才民的文化制度改革思路

美国养兵不多"而诸国不敢正视者,以其为地球最富、最智之国,岁出新器、新书最多故也"。这必然要求开民智,"民之智与愚,国之贫与富,皆视其出新器之多寡觇之"。康有为对《易》"守位曰仁,聚人曰财"的解释是"其称诸圣,不过开物成务、利用前民而已"。② 日本定小学校,立法令男女六岁以上入学。诸国竞争,"务在爱护其民,务在智其民、才其民而用之",泰西之强不在于兵舰而在于童幼识字图算、粗通天文地理。③

在上者所好下必从焉,科举必须改革八股取士,方能维新。不过在同时期的《答人论议院书》中,康有为也申明了其保守主义变法观。康有为重申自己渐进改革的主张,废八股在"恶其禁人用后世书、后世事",改用策论"而肆其讲求中外古今之故"。遽废科举则童生、诸生、举人年长者不能入学堂而不能安置。以老旧之臣推行新政,历史有成例,王安石未能诰诚与优礼并施而败绩,已有前车之鉴。④ 这也可以理解康有为要在屡次奏议(代拟奏折)中请皇帝大誓群臣、明定赏罚:起用新党以行新政,优化旧党以维秩序,但须明禁旧党阻挠新政。

随后,康有为上奏《请改直省书院为中学堂乡邑淫祠为小学堂令小民六岁皆入学折》(1898 年 7 月 3 日至 9 日),提出开小学、中学。其指出西方"非独其为士者知学业,其农、工、商皆有专门之学","盖有一民,即得一民之用"。美国学堂多"故人才至盛","民智而国富以强","兵费不及学费十之一,而万国威畏之"。"泰西户口少,而才智之民多;吾户口多,而才智之民

---

① 康有为:《日本变政考》卷二,载姜义华、张荣华编校《康有为全集》(四),中国人民大学出版社,2007,第 130 页。

② 康有为:《请以爵赏奖励新艺新法新书新器新学设立特许专卖折》,载姜义华、张荣华编校《康有为全集》(四),中国人民大学出版社,2007,第 299 页。

③ 康有为:《日本变政考》卷五,载姜义华、张荣华编校《康有为全集》(四),中国人民大学出版社,2007,第 158 页。

④ 康有为:《答人论议院书》,载姜义华、张荣华编校《康有为全集》(四),中国人民大学出版社,2007,第 327 页。该篇录自 1898 年 7 月 9 日《国闻报》。

少"，欲富强，须教学"下逮于民"，"遍及于乡"。① 其不断强调开民智、求人才，所求人才不仅是治国人才，还有农工商各业人才，国家承担着动员社会力量广开四民之智的责任。

洋教会传教蛊惑人心而教案又几酿割地赔款事端，康有为上奏《请商定教案法律厘正科举文体听天下乡邑增设文庙谨写〈孔子改制考〉进呈御览以尊圣师而保大教折》(1898 年 6 月 19 日)，请确立尊孔制度。在康有为的设想中，教会应如西方，以衍圣公为总理，作为半官方机构。遇教会事与外国教会交涉，"同立两教和约，同定两教法律"，"有事会审，如上海租界会审之例"。希望借此绕开列强国家。其中对立法和司法作为主权问题的关注似乎还不清晰。康有为也提及"文明"问题，"西人谓吾为无教之国，降之为三等野番"，我备受欺凌"固由国弱所致"，而国弱之故则在民愚俗坏。孔教不立而道德风俗败坏、上下诈愚是国弱的根本。②

三、康有为代拟变法奏议与"康有为方案"的朝中呼应

康有为在自己不断上奏的同时，为有上奏权的官员代拟了大量奏折，将"康党"变法主张通过不同渠道上奏皇帝，使"康党"变法主张在朝臣讨论中渐成壮大之势。有些代拟奏折是纯粹外交方面合纵连横之道的条陈，具体内容在此不予详论，但一些奏折，如代拟李盛铎奏折提及"论外交，非洞明公法律例，无以为应变之方"③之论，仍不应忽视其中所反映的重建外交秩序的思考。

---

① 康有为：《请改直省书院为中学堂乡邑淫祠为小学堂令小民六岁皆入学折》，载姜义华、张荣华编校《康有为全集》(四)，中国人民大学出版社，2007，第 317 页。另有1898 年 8 月 27 日《知新报》录《请饬各省改书院淫祠为学堂折》，文字略有删改，基本没有变化。

② 康有为：《请商定教案法律厘正科举文体听天下乡邑增设文庙谨写〈孔子改制考〉进呈御览以尊圣师而保大教折》，载姜义华、张荣华编校《康有为全集》(四)，中国人民大学出版社，2007，第 92—94 页。

③ 康有为：《时务需才请开馆译书以宏造就折》(代李盛铎作)，载姜义华、张荣华编校《康有为全集》(四)，中国人民大学出版社，2007，第 71 页。康有为草拟该折或仅有部分为李盛铎所采用。参见茅海建：《从甲午到戊戌：康有为〈我史〉鉴注》，生活·读书·新知三联书店，2009，第 409 页。

（一）定国是的呼声与定国是诏颁布后的继续吁请

"康党"联系朝中人士上书吁求变法,并推动了定国是诏的下发,百日维新期间康有为联合"康党"朝臣提出了诸多推行新法的建言,如代徐致靖作《祈酌定各项考试策论文体折》(1898 年 7 月 6 日),对科考内容和考场安排问题作出建言,与康有为相关奏折形成呼应之势。另一方面,"康党"对诏书的保守主义改革倾向并不满意,康有为代拟奏折正反映着这一相互呼应过程。这些吁求通过"康党"的朝中活动不断在光绪帝和中枢机构议程中呈现,有力地推进着戊戌变法"康有为方案"的朝中影响力。

康有为代杨深秀作《请定国是明赏罚以正趋向而振国祚折》(1898 年 6 月 1 日)、代徐致靖作《请明定国是疏》(1898 年 6 月 8 日)①,促成了光绪帝随后下诏定国是的行动。《戊戌奏稿》所录《请告天祖誓群臣以变法定国是折》(1898 年 6 月)奏稿或为追述所代拟的杨深秀、徐致靖奏折之作②,与二折主旨相近而文字大有不同,又或康有为当时也上有类似的奏折而档案所存已经销毁。徐致靖折的主要内容前已述论,在此还可以杨深秀折再次证之。

杨深秀折奏请光绪帝用好赏罚这一"人主之大柄",掌操纵天下之权,借鉴古今中外新政的人主赏开新罢守旧之例,奖励甲午以来各项新政举行者、罢斥废格者,以求"速见实效"。③ 此折明显从中外经验出发,提议加强君主在变法中的作用,特别是守旧充盈朝野的情况下,唯有依赖皇帝的变法决心,强力推行,方可速效。从《清实录》所载皇帝屡次催促各地力行新政而成效不彰来看,新政确实需要君主强力推行。这再一次说明,康有为的思想转

---

① 第一章第二节中已述及,《请明定国是疏》一折应为康有为、梁启超诸人共同商酌。

② 茅海建:《从甲午到戊戌:康有为〈我史〉鉴注》,生活·读书·新知三联书店,2009,第 397 页。

③ 康有为:《请定国是明赏罚以正趋向而振国祚折》(代杨深秀作),载姜义华、张荣华编校《康有为全集》(四),中国人民大学出版社,2007,第 69—70 页。该折可能系康有为、梁启超等维新派人士共同商酌拟定而非康氏一人之力。见孔祥吉编著《康有为变法奏章辑考》,北京图书馆出版社,2008,第 203 页。

变，召对是一个因素①，与熟谙清廷运作逻辑的臣僚交往，可能也是一个因素。同时，也需要注意的是杨深秀并非官场老手，其入仕资历不深，为人也不圆滑，不过其作为乡绅与官方交往较密，入张之洞幕、入刑部，还是有一定的官场经验。

康有为代杨深秀作《请御门誓众折》（1898 年 6 月 28 日）谓皇帝虽明定国是，但守旧之徒迁谬指摘，原因则在于皇帝"未有大誓群臣之举，大施赏罚之事"②。另有《请惩阻挠新政片》（代杨深秀作，1898 年 6 月 28 日）随折同上，谓"饬刑部定律，凡有复言更易国是、规复八股折，科以莠言乱政之罪"③。"康党"多次上奏请定谣谤者罪，"泰西俗例，不得造无据之言，妄相是非，其罪极重"，守旧者无从攻击新政"则必造为谣谤"，须明定谣言之律以去谗间而变法。④

康有为本人上奏的《冗官既裁请酌置散卿以广登进折》（1898 年 9 月 5日）原折已不存，从零散史料中可以看出其"行政之官不可冗，议政之官不厌多"的主张，甚至提出翰林院定各品级卿不限员不支俸。⑤ 该折又或为康有为代徐致靖所拟奏折，徐折递上后孙家鼐议覆同意设立散卿，但慈禧阅览后军机大臣奉旨"应无庸议"，所请未见诸施行。⑥

（二）新政机构的呼声与"康党"新人的进用

如前所述，康有为上奏中反复请设新政机构以为集议、议政、顾问等责，甚至以制度局等新政机构为变法之要。康有为代奏则以不同新政机构设置

① 王照：《关于戊戌政变之新史料》，中国史学会主编《中国近代史资料丛刊·戊戌变法》（四），上海人民出版社，1957，第 331 页。

② 康有为：《请御门誓众折》（代杨深秀作），载姜义华、张荣华编校《康有为全集》（四），中国人民大学出版社，2007，第 303 页。

③ 康有为：《请惩阻挠新政片》（代杨深秀作），载姜义华、张荣华编校《康有为全集》（四），中国人民大学出版社，2007，第 305 页。

④ 康有为：《日本变政考》卷一，载姜义华、张荣华编校《康有为全集》（四），中国人民大学出版社，2007，第 116 页。

⑤ 康有为：《冗官既裁请酌置散卿以广登进折》，载姜义华、张荣华编校《康有为全集》（四），中国人民大学出版社，2007，第 431 页。

⑥ 孔祥吉编著：《康有为变法奏章辑考》，国家图书馆出版社，2008，第 361—362 页。

方案的形式为光绪帝和中枢机关采纳"康党"方案提供了选择,并通过"康党"在朝中的联系人不断推荐"康党"新人担当新政职责。

康有为代宋伯鲁作《请设立议政处疏》(1898 年 2 月 28 日)谓泰西上下议院深得《尚书》"询谋金同"义(陈炽《上清帝万言书》中论及议院也使用了该词①),是其富强之因。朝廷近年推广各省学校、改三场策问及设经济特科,不能解燃眉之急,奏请略师泰西议院之制,沿用清初议政名目,设议政处,与军机、军务两处并重。议政员由督抚和一品以上京官推举并出具考语咨送吏部,皇帝引见后充当。遇国家大政大疑,议政处限日议成,军机处复核,"此诚目前转祸为福、化危为安之第一关键枢纽也"。② 现有研究多将代拟奏折作为康有为所作,但考虑到上奏人的学问资历,其实上奏可能会有关键改动,特别是切合于朝廷改革可能性的改动。此折议政员产生办法,议政员只有三十人,引见后充任,其实可以不虑守旧势力问题,宋伯鲁议政处之议反倒可能更可行。

康有为另代宋伯鲁作《变法先后有序乞速奋乾断以救艰危折》(1898 年 6 月 17 日)谓"考泰西论政,有三权鼎立之义。三权者,有议政之官,有行政之官,有司法之官也"。其设议政官的理由与康有为以前上奏相同,不过改革道路仍然会沿着其传统的既定方向发展:经济科目"经礼官议行,即等于具文,无补海内人事,仍从事贴括,不肯讲求经济,此为旧例议新法已然之效也"。该折历陈古今中外变法经验,汉以三公位尊年耄立中书尚书;宋以旧制紊乱立三司条例使;清初以内阁官尊政敝而选翰林才敏之士及西人艺士入南书房;日本变法特立参议局于宫中。其奏请采汉、宋、日本之法,"特开立法院于内廷","草定章程、酌定宪法,如周人之悬象魏,如后世之修会典"。宪法更似施政大纲,"规模既定而条理出,纲领既举而节目张"。③ 该折与《戊

---

①　陈炽:《上清帝万言书》,载孔祥吉《晚清史探微》,巴蜀书社,2001,第 152 页。

②　康有为:《请设立议政处疏(代宋伯鲁作)》,载姜义华、张荣华编校《康有为全集》(四),中国人民大学出版社,2007,第 21 页。该折在档案中阙如,孔祥吉先生于《续修醴泉县志稿》卷十二《艺文类》发现此折。见孔祥吉编著《康有为变法奏章辑考》,国家图书馆出版社,2008,第 156 页。

③　康有为:《变法先后有序乞速奋乾断以救艰危折》(代宋伯鲁作),载姜义华、张荣华编校《康有为全集》(四),中国人民大学出版社,2007,第 86 页。

戊戌奏稿》收录的《请废八股试贴楷法试士改用策论折》（1898 年 6 月 17 日）
在内容上多有雷同。① 《戊戌奏稿》本或是根据回忆的稿本。

　　康有为代内阁学士阔普通武作《请定立宪开国会折》（1898 年 9 月）又
言及西方"三权鼎立之制"，"以国会立法，以法官司法，以政府行政，而人主
总之，立定宪法，同受治焉"，人主"不受责任，而政府代之"，人君与国民"合
为一体"而国强。② 该折还是典型的引西法入古礼，比附三代之治，发挥公羊
三世之说，论证立宪与国会的正当性。该折仅有《戊戌奏稿》存本，《不忍》杂
志第五期有刊载。《戊戌奏稿》既然录入此折，且《戊戌奏稿》出版时阔普通
武尚在世，则康有为代拟必不是空穴来风。这种主张看似激进却并非当时
的禁忌话题，且其中的主张倾向及行文逻辑与康有为其他奏议基本上是符
合的。在康有为改革蓝图中或可认为制度局与议院并不冲突，一个是短期
变法目标，一个是长远治国之道。

　　康有为代徐致靖作《国是既定用人宜先谨保维新救时之才请特旨破格
委任折》（1898 年 6 月 13 日）保举康有为、黄遵宪、谭嗣同、张元济、梁启超并
使其获得优遇的问题前已述及，③代宋伯鲁作《请将上海〈时务报〉改为官报
折》（1898 年 7 月 17 日）是新政中"康党"进用的又一例征。宋伯鲁折与此
前"康党"奏请开学堂、奖励新器相同，先列举各国该项事业的发达，然后言
及"大抵报馆愈多者其民愈智，其国愈富且强"。报馆之益有四，一是指陈时
事可备朝廷采择；二是"胪陈各省利弊，民隐得以上达"；三是"翻译万国近
事，藉鉴敌情"；四是"所载皆新政事"。其征引德相俾士（斯）麦言谓"奏疏
多避忌而报皆征实""书乃陈迹而报皆新事"，报馆实与民智国运密切相关。④
《时务报》虽在创办过程中存在内部矛盾，但基本上为"康党"所操持，后来上
谕改《时务报》为官报，派康有为督办其事。康有为上奏《恭谢天恩条陈办报

---

① 康有为：《请废八股试贴楷法试士改用策论折》，载姜义华、张荣华编校《康有为
全集》（四），中国人民大学出版社，2007，第 78 页。
② 康有为：《请定立宪开国会折》（代内阁学士阔普通武作），载姜义华、张荣华编校
《康有为全集》（四），中国人民大学出版社，2007，第 424 页。
③ 详细的讨论参见第一章第二节相关述论。
④ 康有为：《请将上海时务报改为官报折》（代宋伯鲁作），载姜义华、张荣华编校
《康有为全集》（四），中国人民大学出版社，2007，第 331 页。

事宜折》（1898 年 7 月 31 日）申请经费及报纸销路，另附片《请定报律片》，奏请翻译西国报律，将"报单中所载，如何为合例，如何为不合例，酌采外国通行之法，参以中国情形，定为中国报律"。① 康有为对此人事安排并不满意，这是后话。

其他保举"康党"利益相关人员的代奏还有康有为代徐致靖作《边患日亟宜练重兵密保统兵大员折》（1898 年 9 月 11 日），试图通过保举袁世凯对其予以拉拢，另有代杨深秀拟折斥责守旧官员、褒奖新政官员。这些都与"康党"新人或（"康党"认可的）能行新政之人有关。同时，代拟奏折或为康有为主动请托以受托人名义上奏自己的主张，或受上奏人之托代拟奏折，这些奏折不应完全被视为康有为的主张。如《统筹全局再向美国借款以相牵制而策富强折》（代陈其璋作，1898 年 3 月 8 日）和《请统筹全局派员往美集大公司折》（代宋伯鲁作，1898 年 3 月 9 日）两折都推荐容闳赴美办理，但一为借款，②一为募开一大公司准其开办各省路矿事务并以报效形式出资兴办学堂、银行、武器制造和购买等支持新政。③ 事实上，同时代拟的两份奏折，对于问题的解决办法迥异，所相同者只是为容闳一人游说。因此，代拟可能是带有各种立场的，康有为本人会很珍惜上书机会，但代拟的上奏人上奏机会很多，接受请托（甚至卖折）也不罕见。如果将所有代拟内容都归为康有为的观点，从思想史的角度是站不住脚的。从思想史的角度，不仅应该强调康有为的单向作用，还应考虑出奏人、请托人逐项关系间的纠葛，其立场的影响问题。④ 不过这些奏折所反映的时代议题，与康有为主张相契合。

另有一些或非代拟奏折，但基本上能反映康有为的新政机构设想或"康党"利益所在。如徐致靖《请开编书局折》所陈编书局设想，即康有为开制度

① 康有为：《请定报律片》，载姜义华、张荣华编校《康有为全集》（四），中国人民大学出版社，2007，第 343 页。

② 康有为：《统筹全局再向美国借款以相牵制而策富强折》（代陈其璋作），载姜义华、张荣华编校《康有为全集》（四），中国人民大学出版社，2007，第 22—23 页。

③ 康有为：《请统筹全局派员往美集大公司折》（代宋伯鲁作），载姜义华、张荣华编校《康有为全集》（四），中国人民大学出版社，2007，第 24—25 页。

④ 《康有为自编年谱》所记代陈其璋、宋伯鲁等人所拟折片就与清档所存上奏折片内容有出入。参见孔祥吉编著：《康有为变法奏章辑考》，国家图书馆出版社，2008，第 152、166 页。

局设想受挫并以督办《时务报》官报为由被排挤出京而期"得编书局以自寄"时提出的上奏。[1] 在建构这些制度时，当然会有一些个人恩怨及利益诉求，但这并不能掩盖其为实现国家富强献策的赤胆忠心。

　　对康有为的现有研究或希望找出其思想的连续性、逻辑的自洽性或批评其思想的多变。其实，康有为与梁启超的很大不同在于，康有为上奏（机会）多一些，在戊戌期间更多的时候是"策士"角色，梁启超上奏较少，其更多时候是"学者"角色。学者和策士的思路是不一样甚至完全相反的。学者关注社会问题，强调反思、批判、重建社会问题上的逻辑自洽和认知进步；策士需要考虑的是对策的"可采纳性"及对策作为公共政策的公正性。在康有为提出变法主张前的嘉庆时期，翰林院编修洪亮吉曾上奏《千言文》抨击皇帝赏罚不严明、言路不通、吏治未肃，而被重惩。[2] 对策的可采纳性特质，使策士完全有动力在不同场合、对不同人提出不同甚至截然相反的方案。这本身无可厚非也无须指责。

第二节　朝中其他奏议的"富强"方案

　　"康党"在晚清危亡之际四处游说，为"富强"之道开出国家治理新方，有其忧患意识乃至自身利益的纠葛。此时朝中除极为守旧者外，多有主张不同程度改良者。这些改良方案与"康党"变法方案虽有学术旨趣、实施路径等方面的差别，却共同代表着一个时代前进的大致方向。其中张之洞、孙家鼐及各类司员分别代表着地方督抚、中央重臣、底层官僚对国家治理的不同识见和相同旨归。

---

　　① 孔祥吉编著：《康有为变法奏章辑考》，国家图书馆出版社，2008，第338—339页。

　　② 洪亮吉先被判斩立决，后改流放，再以旱灾被放回籍。参见《清史稿》第356卷，中华书局，1977，第11 310—11 311页。

一、张之洞《劝学篇》中的官民关系平衡之道

《劝学篇》成书于 1898 年春,由张之洞幕中多人参与完成,是张之洞政治、经济、文化、军事活动的理论总结和再阐发。百日维新期间该书由张之洞门生、翰林院侍读学士黄绍箕送呈后,光绪帝下旨"广为刊布,实力劝导,以重名教而杜卮言"①。

张之洞是同治二年(1863 年)探花,早年历任翰林院编修、地方学政、内阁学士等职,侧身清流干将,在后来历任地方督抚时又成为推行洋务的得力疆臣。甲午战后张之洞曾列名赞助北京强学会,虽后因理念分歧与"康党"决裂,却与"康党"中人有着不同程度的联系。甲午战后地方督抚的人事格局发生明显改变,张之洞在地方实力派中的声望和影响力已无人能出其右。李鸿章在《马关条约》签订以后受到弹劾去职,后由王文韶继任直隶总督,但王文韶无李鸿章的魄力与胆识;淮系督抚李瀚章、刘秉璋先后请辞两广总督、四川总督;湘系刘坤一虽回任两江总督,但湘军在甲午之战中毫无作为,湘系总体亦呈衰落之势。张之洞联合王文韶、刘坤一、谭继洵、陈宝箴等督抚,成为地方实力派代表,安徽巡抚福润、江苏巡抚德寿等地方大员也因张之洞声势而对其呈依附、支持之势。张之洞的《劝学篇》经广为刊布,实已具有维新教科书意义。

《劝学篇》分《内篇》"务本以正人心"、《外篇》"务通以开风气"。《内篇》明保国、保教、保种为一义,阐发保国、保教、保种的具体措施;《外篇》主张广开士农工商四民之智、游历外国、广立学堂、改学制开学校、广译西书、重视报纸、变法制、变科举,讲求农工商学、兵学、矿学,重视铁路建设,谓之可连通士工农商兵五学,强调会通中西之学,在外交上反对弥兵会之议,在对待基督教上强调修明政教、反对攻击基督教等盲目排外行为。

在《劝学篇》中,张之洞明确主张重视西方"教养富强之实政",广开士农

---

① 该上谕原以红字刊于《劝学篇》首页,见张之洞:《劝学篇》,冯天瑜、姜海龙译注,中华书局,2016,第 2 页。

工商四民之智①，并在实践中强调"古之欲强国者，必视其民"，即"众其民""强其民""智其民"②。与"康党"所不同的是，其坚持认为愚民政策只是"暴秦之政"，中国历代"谓立法未善则可，谓之愚民则诬"③。张之洞主张学习西学、西艺而强调中西兼学。其谓学堂须新旧兼学，"四书""五经"、中国史事、政书、地图为旧学，西政、西艺、西史为新学，"旧学为体，新学为用"，不可偏废。其中的新学即西学，西政已扩及学校、舆地、度支、赋税、武备、律例、工商诸项措施④，但其对民权、议院等涉及政体的西政坚决批判。其所谓四民之学中，主要局限于儒学职业分工意义上的知识传播，其动员社会力量广开学堂以开启四民之智的主张则与维新派并无实质差别。

《劝学篇》重视商力但更强调官权的作用，主张工农商的发展要限制在官办和官督商办的规范内。其谓官权对惩罚招股欺骗、弹压仿冒牌名及工匠哄斗自有其实际必要⑤，但以官权为工商事业发展提供保护为由无视（至少是轻视）民间力量之于新政事业的可能贡献（虽然民间力量确实在晚清时期一定程度上导致了诸种混乱⑥），靠官权维持的洋务运动遗续已被证明是成效不彰的。

在《劝学篇》序中，张之洞批评了"旧者不知通，新者不知本"之弊，"不知通，则无应敌制变之术，不知本，则有非薄名教之心"。其所担忧者在外敌林立的国势下，中国"邪说暴行"，影响内部安定终致祸端。该序将全书二十四篇之义概括为五知：一知耻，耻不如日本、土耳其、暹罗、古巴；二知惧，惧

---

① 张之洞：《劝学篇》外篇·益智第一，冯天瑜、姜海龙译注，中华书局，2016，第169页。

② 张之洞：《〈戒缠足会章程〉叙》，载苑书义等主编《张之洞全集》（十二），河北人民出版社，1998，第10 061页。

③ 张之洞：《劝学篇》外篇·益智第一，冯天瑜、姜海龙译注，中华书局，2016，第172—173页。

④ 张之洞：《劝学篇》外篇·设学第三，冯天瑜、姜海龙译注，中华书局，2016，第195页。

⑤ 张之洞：《劝学篇》内篇·正权第六，冯天瑜、姜海龙译注，中华书局，2016，第108页。

⑥ 比如在铁路建设中，绅商的参与从筑路工程的实际推进来看确实有利有弊，详细的讨论可参见李耀跃：《晚清铁路对外借款法律问题研究》，法律出版社，2014，第190—203页。

沦落到印度、越南、缅甸、朝鲜、埃及、波兰地步;三知变,变习然后能变法,变法方能变器;四知要,中学以致用为要,西学以西政为要;五知本,"在海外不忘国,见异俗不忘亲,多智巧不忘圣"。① 张之洞虽与康有为在改革主张上有所区别,甚至个别问题上态度和主张截然相反,但全书的学习西学、西政、西艺措施及所举日本等国富强、印度等国衰落事例与康有为等人的主张仍多有相通之处。

在很多人看来,张之洞的政治改革和政策设计与康有为并无实质区别,以至于张之洞在戊戌政变后不得不主动予以澄清。② 张之洞主张在朝廷旧有权力结构中进行改良。中国本有"凡遇有大政事,诏旨交廷臣会议,外吏令绅局公议"等旧制。未及咨询者,则一省绅民"得以公呈达于院司道府,甚至联名公呈于都察院","但建议在下,裁择在上",又"何必袭议院之名哉"。③ 这种"民间可以发公论,达众情"的理由,维护了现有制度,但总体上并不构成国家治理方式的改变。"中学治身心,西学应世事"④,中学为本方是张之洞之于康有为的最主要区别,也是孙家鼐等朝中重臣与康有为的根本分歧。

二、孙家鼐推重的"冯桂芬方案"

孙家鼐是咸丰九年(1859 年)状元,曾与翁同龢同为光绪帝汉文师傅,光绪朝历任内阁学士、内阁协办大学士,工部、户部、兵部、吏部侍郎,都察院左都御史,工部、礼部、吏部尚书,兼顺天府尹。⑤ 翁同龢开缺后,其在帝党中地位举足轻重。孙家鼐为政为人温和,游走于帝后之间,能够重视西方文化,

① 张之洞:《劝学篇》序,载张之洞《劝学篇》,冯天瑜、姜海龙译注,中华书局,2016,第 6—7、15 页。

② 茅海建:《戊戌变法的另面:"张之洞档案"阅读笔记》,上海古籍出版社,2014,第 43—44 页。

③ 张之洞:《劝学篇》内篇·正权第六,冯天瑜、姜海龙译注,中华书局,2016,第 116—117 页。

④ 张之洞:《劝学篇》外篇·会通第十三,冯天瑜、姜海龙译注,中华书局,2016,第 317 页。

⑤ 参见罗明、杨益茂主编《清代人物传稿》(下编·第 10 卷),辽宁人民出版社,1990,第 114 页。

曾为光绪帝读李提摩太翻译的《泰西新史揽要》等书①，曾列名北京强学会并提供资助，是清末比较开明的高级官僚。

孙家鼐曾主持京师大学堂事务，在制定京师大学堂立学宗旨时提到所谓中西学关系颇具代表：

> 中学为主，西学为辅；中学为体，西学为用；中学为经，西学为纬；中学有未备者，以西学补之，中学有失传者，以西学还之，以中学包西学，不能以西学凌驾中学。②

中西学的关系是主辅、体用、经纬关系，中学是主，西学可以补中学不足，却不能凌驾于中学。这一"中体西用"的富强之道或发轫于冯桂芬。

与康有为等人力推"两考"相悖，孙家鼐曾进呈冯桂芬《校邠庐抗议》、汤寿潜《危言》、郑观应《盛世危言》等书③，并于百日维新之际请旨刷印《校邠庐抗议》发交各部院衙门签议④。其中反映了孙家鼐所推崇的冯桂芬、汤寿潜、郑观应改革旨趣，也对光绪皇帝产生极深影响。郑观应虽提出"国非富不足以致强，亦非强不足以保富"⑤，阐发"富与强固互为维系者也"的"富"

---

① ［英］李提摩太：《亲历晚清四十五年：李提摩太在华回忆录》，李宪堂、侯林莉译，天津人民出版社，2005，第239页。

② 《工部尚书孙家鼐议覆陈遵筹京师建立学堂情形折》，北京大学、中国第一历史档案馆编《京师大学堂档案选编》，北京大学出版社，2001，第8—13页。

③ 郑观应"富强"观的详细梳理可参见宋德华：《论郑观应学习西方富强之本的思想——以〈盛世危言〉为中心》，《广州大学学报（社会科学版）》2011年第2期。《盛世危言》现存版本分别有光绪二十年（1894年）的5卷本、光绪二十一年（1895年）的14卷本《盛世危言增订新编》和光绪二十六年（1900年）的8卷本《盛世危言增订新编》，夏东元编《郑观应集》（上海人民出版社，1982）当中《盛世危言》文本为其上三个版本的综合本（并分别标注篇章不同版本的区别），共115篇文章，而最早的《盛世危言》5卷本包括57篇文章。五卷本于光绪二十一年（1895年）首次由江苏布政使邓华熙进呈光绪帝，光绪令印制2000部，分发给各省高级官员，国内各书坊立即翻刻十余万部之多，并成为科举士子的必读参考书籍。

④ 《清实录》（第57册），《德宗实录（六）》卷420，中华书局，1987，第511页；德宗实录（六）·卷421，第516页。

⑤ 郑观应：《盛世危言后编》自序，夏东元编《郑观应集》（下册），上海人民出版社，1988，第10页。

"强"要义,但其所主张的"富强"之道主要还是局限于商战的"富国策"。①
较之更进一步的是冯桂芬从更广泛意义上的探讨实已具国家治理转型意
义。《校邠庐抗议》1861 年成书时并未公开发行,冯桂芬去世 9 年后的 1883
年始全刻本刊行,光绪帝对该书十分看重并反复诵读。孙家鼐奏请将该书
发交签议,兼有推行新政并对抗守旧派和康有为一派的双重用意。② 1898 年
7 月,谕令下发群臣讨论后该书再朝野引起巨大反响,交回签注的多数官员
赞成"中体西用"变法改革。

《校邠庐抗议》中冯桂芬反思其时的"人无弃才""地无遗利""君民不
隔""名实必符"四方面的"不如夷"③,并立基于此阐述了涉及官制、文化科
举制度、经济制度、金融货币制度等方面的一系列改革主张。冯桂芬主张改
革科举,如增加算学(一切西学皆出于算学)内容,增设特科,强化书院在人
才举荐中的作用("荐举之权用众不用独,用下不用上")④;推广西方养贫、
教贫之法,创设相关兼具社会保障和教育功能的机构⑤;鼓励开矿⑥;改革币
制、税制。针对君臣相隔之弊,冯桂芬提出官员进退以"公议"的"公黜陟"之
议,并以《尚书·尧典》《礼记正义》所载三代之道、孔孟之言证之⑦,提出汰
冗员以整顿旧衙门、重"公议"免回避、以才任官许士自陈(自求任事)⑧。另
外,冯桂芬也主张乡村治理的民主化,公举副董、正董,以选举的方式"择其

①　金观涛、刘青峰:《观念史研究:中国现代重要政治术语的形成》,法律出版社,
2009,第 299—300 页。

②　刘高:《北京戊戌变法史》,北京燕山出版社,2011,第 170—178 页。

③　冯桂芬:《制洋器议》,载冯桂芬《校邠庐抗议》,中州古籍出版社,1998,第
198 页。

④　冯桂芬:《采西学议》《制洋器议》《广取士议》,载冯桂芬:《校邠庐抗议》,中州古
籍出版社,1998,第 210 页,第 199 页,第 186 页。

⑤　冯桂芬:《收贫民议》,载冯桂芬:《校邠庐抗议》,中州古籍出版社,1998,第 154—
155 页。

⑥　冯桂芬:《筹国用议》,载冯桂芬:《校邠庐抗议》,中州古籍出版社,1998,第 148—
149 页。

⑦　冯桂芬:《公黜陟议》,载冯桂芬:《校邠庐抗议》,中州古籍出版社,1998,第
72 页。

⑧　冯桂芬:《免回避议》《许自陈议》,载冯桂芬:《校邠庐抗议》,中州古籍出版社,
1998,第 82—83 页,第 89 页。

得举最多者用之"。① 冯桂芬的这些主张及其所反映的现代国家观②，与康有为的秩序理想并无实质差别。在学习西法的取径上，冯桂芬也提出取法俄国、日本变法自强，③康有为与之多有相通之处。

　　冯桂芬与康有为都主张效法西方富强之道，其中主要区别在于对待中学的态度。冯桂芬强调富强之道在"鉴诸国"，而"以中国之伦常名教为原本，辅以诸国富强之术"。④《善驭夷议》自有其纵横捭阖论中的爱国鄙夷色彩，但其谓"诸夷不知三纲""非真能信也"，强调列强能"称理""守信"的同时，以三纲为"信"的基础，表现出冯桂芬在文化上对中国纲常名教的真挚认同。⑤ 西学是富强之道，中国能采者首在其能合中国古贤之义。

　　如前所述，翁同龢作为较为保守的高层官僚在甲午战后已表现出某些改革倾向，甚至在奏对中明确"西法不可不讲，圣贤义理之学尤不可忘"⑥。孙家鼐对冯桂芬著述的推重也同样表达着其对西学、西法的开放态度，甚至在康、孙两派围绕京师大学堂的权力之争所表现出的理念斗争中，斗争的核心在中学而非西学，在经学及其中引申出的政治思想。⑦ 在湘绅及梁鼎芬等人的批评中也可看出，反对康有为更多是反对其经学所可能导致的混乱⑧，采西学可行者行之可致富强，康学则是致乱之学⑨。

　　当然，哪些西学"可行"？中学的态度也决定着西学的引进范围和解释方法。《校邠庐抗议》称《诗经》为"民风升降之龟鉴，政治张弛之本原"，建

---

① 冯桂芬：《覆乡职议》，载冯桂芬：《校邠庐抗议》，中州古籍出版社，1998，第92 页。

② 朱栋荣、闫小波：《重审中国现代国家建构中的"冯桂芬方案"》，《天津社会科学》2020 年第 2 期。

③ 冯桂芬：《制洋器议》，载冯桂芬：《校邠庐抗议》，中州古籍出版社，1998，第199 页。

④ 冯桂芬：《采西学议》，载冯桂芬：《校邠庐抗议》，中州古籍出版社，1998，第211 页。

⑤ 冯桂芬：《善驭夷议》，载冯桂芬：《校邠庐抗议》，中州古籍出版社，1998，第205 页。

⑥ 翁同龢：《翁同龢日记》(六)，陈义杰整理，中华书局，2006，第 3132 页。

⑦ 芧海建：《戊戌变法史事考二集》，第 281 页。

⑧ 《湘绅公呈》，载苏舆编《翼教丛编》，上海书店出版社，2002，第 149—150 页。

⑨ 《读梁节庵太史驳版犯康有为逆书后》，《申报》1898 年 11 月 1 日，第 3 版。

言宜令郡县举贡生监作竹枝词、新乐府之类逐级递呈,以"微而显,婉而讽"的形式针砭时弊,使民间苦隐得以上闻,却反对"迳复有明举贡生监许上书故事",以杜绝"呼群引类,以启党援"之弊。① 这种"上下相通"的改革之道是保守的,几乎试图回避对皇权所构成的任何挑战,而皇帝本人在时局危急中似已顾不上这种所谓的潜在挑战。

三、司员上书中达致"富强"的制度构想

清朝实行代奏制度,无上奏权的人奏事须由有上奏权的机构和官员代其上奏。奏折制度始于康熙年间,雍正皇帝进一步将其发展成控制官僚系统的重要工具,后成定制。拥有上奏权的官员人数长期比较固定,主要包括中央各衙门堂官、高级驻守将领、言官、词臣等,以及地方各省督抚、学政、提督、八旗驻防长官等。无上奏权者条陈上书朝廷的基本途径有二:一是都察院为官民代奏,二是京内各衙门堂官为本衙门中下层官员代奏。根据惯例,各代奏条陈须相关衙门堂官公同"详阅","无违悖字样"。② 光绪二十四年二月初八(1898 年 2 月 28 日),光绪帝下诏许司员士民直接上书。至同年八月十一(9 月 26 日)废除司员士民直接上书制度,光绪皇帝收到了至少 457 人次的 567 件上书。③ 上奏制度的变化反映了治国理念上的社会动员转向,这些上书的内容涉及了政治、经济、文化、教育、外交、军事改革建策的方方面面,从其政治制度和经济制度改革论述中可窥得"富强"主张一斑。

(一)"上下相通"的政治秩序构想

政治制度改革是"富强"之道的重心,司员士民上书中对政治进行改革的目的几乎不约而同地聚焦于"上下相通",议院作为"上下相通"的得力措施多有论及,这些对议院的构想虽各有侧重却多有相通之处。

总理衙门章京、刑部候补主事张元济是相当激进的改革派,六月入新成

---

① 冯桂芬:《覆陈诗议》,载冯桂芬:《校邠庐抗议》,中州古籍出版社,1998,第 160—162 页。

② 由都察院代奏的民人上书还须由同乡京官作保。茅海建:《戊戌变法史事考》,生活·读书·新知三联书店,2005,第 225 页。

③ 茅海建:《戊戌变法史事考》,生活·读书·新知三联书店,2005,第 221 页。

立的铁路矿务总局,任官股章京。其上书中首推设"议政局"以握变法纲领,以为"泰西各国行政与议政判若两事,意至良法至美也",其构想的议政局设于内廷,以 20 人为额。其职责一是聚议皇帝交办要事,"条陈时事及请旨之件交该局核议,然后请旨施行";二是就新政规划拟定办法及详细章程,进呈钦定,新政具体办理各项,参酌中西拟具则例,钦定颁行;三是厘定新旧衙门所有官制,请旨施行。① 这与康有为制度局的构想基本相同。

　　也有意见认为议院未能骤开,议院的善政"公举执政"可以先期仿效,通过"议员"公举的方式推出贤才充任宰辅。大学堂提调、翰林院修撰骆成骧上书构想的具体方案中议员究竟如何产生语焉不详,不过其主要的出发点在"公其议于众庶,所以见集思广益,则天下之情通,然后定其议于圣明"②。其仍然是在通上下之情的意义上谈及议会。

　　其他开议院之议也多有相通之处,以议院为上下相通之道,以为"西国议院,其风近古"。镶白旗蒙古生员诚勤将之类比于轩辕明台之议、放勋衢室之问、虞帝告善之旌、夏后昌言之拜,及"洪范稽疑,谋及庶人,盘庚迁都,咨于有众"。开议院有利于筹款、尽地利、除虚靡之弊、改约、用人才。其所强调的也是君主之国"权偏于上";民主之国"权偏于下",唯有君民共主之国,"权得其平"。议院的功能不外乎"上下相通"。③ 候选郎中陈时政建策"改军机处为上议院",以现撤衙门一所为下议院,一切章程斟酌参照近译之德国议院章程办理,以便"下情悉通,民隐悉达"。④

　　户部堂主事恒年谓泰西议院"庶人得以议政"而"政柄操之于下",我国虽不必尽取而效之却可自六部议事程序为之变通。具体方法是改变"掌印""主稿"等司员把持要事的现状,集众司员意见后拟稿,再交众司员共同阅看

　　① 《总理各国事务衙门章京张元济折》(光绪二十四年七月二十日),国家档案局明清档案馆编《戊戌变法档案史料》,中华书局,1958,第 43—44 页。
　　② 《翰林院修撰骆成骧折》(光绪二十四年八月初四),国家档案局明清档案馆编《戊戌变法档案史料》,中华书局,1958,第 197—198 页。
　　③ 《镶白旗蒙古生员诚勤呈》(光绪二十四年七月),载国家档案局明清档案馆编《戊戌变法档案史料》,中华书局,1958,第 187 页。
　　④ 《候选郎中陈时政折》(光绪二十四年八月初四),载国家档案局明清档案馆编《戊戌变法档案史料》,中华书局,1958,第 196—197 页。

后由堂官作最后决定。这种在行政中仿行议院民主制的方法看似是得"举劾之道","似与西国之议院大同小异也"。① 事实上,西国民主制却主要存在于立法领域,行政权因侧重于强调执行力而恰恰是非民主式的,是首长负责制的。恒年的主张或能反映出低级官僚特别是不能"掌印""主稿"的低级官僚参与政事的呼声,但按其愿望却可能导致另一种形态的行政效率低下,这并非现代国家建设的方向。

如前所述,清廷曾有意依徐致靖上奏裁冗员、置散卿,但旋即被慈禧太后否决。在下旨议置散卿之际,分省试用府经历张宗庆依置散卿之议上书请设通议院。② 不过其所言通议院并不是议政权力机关,而是纯粹"专一讨论天下利病,及时政得失"的类似于春秋"乡校"的机构。③

（二）经济社会秩序重建的构想

工农商业的发展是"富强"之道的根本,康有为与司员士民上书都指向用西法的农学、农器及农学传播方式改造中国传统农业。此外,与之相关的举办博览会措施,也与康有为的主张多有契合之处。工部即补郎中潘盛年上书请开赛奇会(博览会),以为有开民智、固邦交、利商民、增税项、立会局以营利等利,并称"欲变新政,必先开民智;欲开民智,必先自京师开赛奇会始"。④ 赛奇会被视作开民智、变新政的重要依托。

币制改革是司员士民上书中关注的重要经济制度改革问题。清朝货币用银、铜。银的成色不同而在支付时须有"平余",各地没有统一的"平余"标准。银、铜比价因市场波动而不固定,且存在地区性的差别。中国的银、铜

---

① 《户部堂主事恒年折》(光绪二十四年七月二十八日),载国家档案局明清档案馆编《戊戌变法档案史料》,中华书局,1958,第106页。

② 《试用府经历张宗庆折》(光绪二十四年八月初五),载国家档案局明清档案馆编《戊戌变法档案史料》,中华书局,1958,第147页。

③ 《左传》襄公三十一年载:郑人游于乡校,以论执政。然明谓子产曰"毁乡校,何如?"子产曰:"何为? 夫人朝夕退而游焉,以议执政之善否。其所善者,吾则行之;其所恶者,吾则改之。是吾师也,若之何毁之? 我闻忠善以损怨,不闻作威以防怨。岂不遽止? 然犹防川,大决所犯,伤人必多,吾不克救也;不如小决使道,不如吾闻而药之也。"……仲尼闻是语也,曰:"以是观之,人谓子产不仁,吾不信也。"

④ 《工部即补郎中潘盛年折》(光绪二十四年七月二十九日),载国家档案局明清档案馆编《戊戌变法档案史料》,中华书局,1958,第411—412页。

都大量依赖进口。当时的票号、钱庄等金融从业者进行货币投机交易以获利，因各级官府是钱庄、票号的重要服务对象，打击这类交易无异于将清末货币不统一的市场风险转嫁于各级官府。翰林院编修罗长裿提出变钱法、造华镑，提议对内用机器铸铜钱"光绪通宝"，以新钱取代旧钱流通；对外铸金币"华镑"。[①] 不过其以旧钱过重"一经销镕打造器具，一钱可获数钱之利"为由，试图以轻钱取代重钱解决市场钱荒，可行性是可疑的。币制改革的最大问题是不同贵金属货币间的价值统一问题。盐运使衔道员用候补知府、总理衙门章京刘庆汾提出机器铸造当五、当十、当二十的铜币，并规定铜钱与银币龙洋之比"永遵定价"[②]，户部候补主事陶福履亦奏称金银钱三品并用而"不许三品价值有涨落"[③]。这些不同货币间的价值统一主张实际上并不具有实践的可行性。

　　捐税整顿是司员士民上书中的另一个重要问题，大量建策指向旧税整顿和新税开征。清代财政监督的缺位，使各种财政改革都无济于事，但与财政监督相关联的一个问题是清代各级政府赖以运转的吏目、役仆均无合法收入，除弊之策不能治本。裁厘卡、改厘章之议外[④]，许多上书建策为关吏巡丁酌加薪水、常额之外奖励多缴等各类方法减少瞒报[⑤]，但当时的信息沟通机制显然并不能支持征收中的舞弊。开征新捐税充裕财政也是上书热议问题。其中包括营业税"铺捐"，鸦片捐在上书中也纷纷被提及。广东潮州曾设膏厘局，上书中多提及其寓禁于征开办或推广鸦片捐。其他捐税还有置

　　① 罗长裿：《呈请代奏应诏陈言疏》（光绪二十四年七月初三），载中国史学会主编《中国近代史资料丛刊·戊戌变法》（二），上海人民出版社，1957，第369—370页。

　　② 《总理各国事务衙门章京刘庆汾呈》（光绪二十四年七月十四日），载国家档案局明清档案馆编《戊戌变法档案史料》，中华书局，1958，第427—428页。

　　③ 《户部候补主事陶福履片》（光绪二十四年七月二十日），载国家档案局明清档案馆编《戊戌变法档案史料》，中华书局，1958，第40页。

　　④ 《户部候补主事陶福履片》（光绪二十四年七月二十日），载国家档案局明清档案馆编《戊戌变法档案史料》，中华书局，1958，第38页。

　　⑤ 《户部候补主事聂兴圻折》（光绪二十四年七月二十六日），载国家档案局明清档案馆编《戊戌变法档案史料》，中华书局，1958，第71—74页。

业税契、结婚税、戏班捐等各类杂捐,以及设立各类针对执行新政不力的罚款。① 其中甚至山西拔贡生延嵩寿还提及在各大城市征收"出入人税",出入都市、要塞城门按章抽厘。② 新式公共服务实业准备开办之际,有人提议将汕头将来开办的自来水厂、电灯厂在水价、电价中每元加收银三分。③ 这些捐税如果真的开征,确实称得上是苛捐杂税。正如刘光第等人对司员士民上书的内容识见评价不高,这些所谓新捐税并不会得到朝廷采纳。不过,大多数上书言及的捐税用途都是学堂、铁路、矿务等各项新政事业,却也反映出时人对于新政的接受与热情。

第三节 戊戌变法时期围绕"富强"论争聚焦的几个问题

康有为变法方案通过上奏、代拟奏折等方式在朝廷运动各方势力的同时,"康党"的主张也引发了不少论争。总体上看,"富强"之道作为国家治理的目标,对国家治理内容和规模予以扩张等问题没有大的争议,论争的焦点主要集中在民主、民权、议院、国民等话语传播中国家治理模式上的观念分歧。

一、民权与民主之别

"民主"一词最早见于《书经·多方》,本义为"民之主",由"天"或"民"择之。④ 康有为《孔子改制考》中"尧舜为民主""惟尧典特发民主义""辟四

① 茅海建:《戊戌变法史事考》,生活·读书·新知三联书店,2005,第310—312页。
② 《军机处录副·补遗·戊戌变法项》,3-168-9542-13。原件日期八月初二日。
③ 《军机处录副·补遗·戊戌变法项》,3-168-9543-12。原件日期八月初二日。
④ 蔡沈《书经集传》注:"言天惟是为民求主耳,桀既不能为民之主,天乃大降显休命于成汤,使为民主。"

门以开议院"等语①，所言"民主"当指"尧舜禅让，与汤武文武之传子有别"。②《日本书目志》对民主的理解是"众立为民主"，正合《春秋》卫人立晋美得众、《孟子》"得乎丘民，为天子"之义。③ 这些说法中应有《书经》"民之主"义。④ 1875 年，《万国公报》刊文释"民主国"谓："其中最关紧要而为不拔之基者"，在"治国之权属之于民""治国之法亦当出之于民"，而"公举国王"则是民主国治理的形式。⑤ 从这个意义上说，作为制度的民主是与君主相悖的治理方式。因此，时人多张民权而非倡民主。薛福成、郑观应、王韬、梁启超均称赞"君民共主"之国⑥，以之作为泰西致强之途，"洋之所以能强者，为其独重民权，深得联络之力"⑦。陈炽甚至明确提出"民主之制，犯上作乱之滥觞"⑧。

戊戌维新思想家要求改变自秦以后的"贫民""愚民""弱民"等专制之术，施行"教民养民"政策，"鼓民力""开民智""新民德"。⑨ 梁启超提出"权"与"智"相倚，"昔之欲抑民权，必以塞民智为第一义；今日欲伸民权，必以广民智为第一义"。⑩ "自秦政以愚黔首，私天下，视国为君之私业"，君孤立于上，"民之死其心也"。⑪ 刑名法术都不过是督责钳制的愚民手段。梁启

---

① 康有为:《孔子改制考》，载姜义华、张荣华编校《康有为全集》(三)，中国人民大学出版社，2007，第 333、338 页。

② 黄彰健:《戊戌变法史研究》，上海书店出版社，2007，第 31 页。

③ 康有为:《日本书目志》，载姜义华、张荣华编校《康有为全集》(三)，中国人民大学出版社，2007，第 328 页。

④ 谢放:《张之洞与戊戌政制改革》，《历史研究》1997 年第 6 期。

⑤ 《译民主国与各国章程及公议堂解》，《万国公报》第 340 卷，1875 年 6 月 12 日，可参见台北华文书局影印本(二)，第 1083—1084 页。

⑥ 薛福成:《出使四国日记》，湖南人民出版社，1981，第 225 页；王韬:《重民下》，《弢园文录外编》卷一；梁启超在《古议院考》等篇的议论详见本章后面的述论。

⑦ 何启、胡礼垣著:《新政真诠》，郑大华点校，辽宁人民出版社，1994，第 33 页。

⑧ 郑观应:《盛世危言》序，载夏东元编《郑观应集》(上册)，上海人民出版社，1982，第 231 页。

⑨ 严复:《原强修订稿》，载王栻主编《严复集》(一)，中华书局，1986，第 27 页。

⑩ 梁启超:《论湖南应办之事》，载汤志钧、汤仁泽编《梁启超全集》(一)，中国人民大学出版社，2018，第 433 页。该文 1898 年 4 月初发表在《湘报》。

⑪ 《书保国会题名记后》，载中国史学会主编《中国近代史资料丛刊·戊戌变法》(四)，上海人民出版社，1957，第 406 页。

超所称据乱世至升平世再至太平世的三世进化中分别对应"多君为政""一君为政""民为政"。"多君"有封建与世卿两种,希腊、罗马系贵族政体不过如春秋战国时期"其权恒不在君而在得政之人",其中实无"民权"。此"多君"之世,"去民主尚隔两层","既有民权以后,不应改有君权","故民主之局,乃地球万国古来所未有","君主者何? 私而已矣,民主者何? 公而已矣",但"民智极塞、民情极涣"之时"无宁先藉君权以转移之"。① 维新派所领导的开民智是兴民权进而改革救亡的准备。

越来越多民权宣传中所涵射的"主民权"而"散君权"指向引起了张之洞等人的警惕。张之洞认为"民权"之说,不外乎"国有议院"、"民间可以发公论,达众情"、君民皆不得违其法,"非欲民揽其权",更非"人人有自主之权"。② 张之洞反对的是"民揽其权"(权力),至于作为"与义务对待之名词"的"民权"(权利),张氏并不反对。张之洞 1903 年主持制订的《奏定学堂章程·学务纲要》称:"外国所谓民权者,与义务对待之名词也;所谓自由者,与法律对待之名词也。"张之洞多年倡导的采纳西方法制而兴学校修律例,包含了作为权利的"民权"。

梁启超谓中国与西方"其实只有先后,并无低昂","而此先后之差,自地球视之,犹旦暮也"。③ 其民权说与单线进化论有着一定的关联,是据乱世至升平世至太平世的进化。中国积弱因权集于一人而政事务在防弊。"权也者,兼事与利言之也","先王之为天下也公,故务治事,后世之为天下也私,故务防弊"。"人人有自主之权"中的权包括"事与利",因后世以天下为私,"欲以一人而夺众人之权",以求"一人独享天下人所当得之利",故天下治理

① 梁启超:《与严幼陵先生书》,载汤志钧、汤仁泽编《梁启超全集》(十九),中国人民大学出版社,2018,第533—535页。

② 参见张之洞:《劝学篇》内篇·正权第六,冯天瑜、姜海龙译注,中华书局,2016,第111页。

③ 梁启超:《与严幼陵先生书》,载汤志钧、汤仁泽编《梁启超全集》(十九),中国人民大学出版社,2018,第533—534页。梁启超对张之洞《劝学篇》有着多角度持续性批评,1899年仍谓张之洞不懂西学、《劝学篇》压制民智,参见梁启超:《自由书》"地球第一守旧党",载汤志钧、汤仁泽编《梁启超全集》(二),中国人民大学出版社,2018,第50—51页。《地球第一守旧党》一文录自《清议报》第二十六册,光绪二十五年八月初一日(1899年9月5日)出版,署名"任公"。

务在"防弊"，使国人无法"各行其固有之权"，"然众权之繁之大，非一人之智与力所能任也"，最终"其权将糜散堕落，而终不能以自有"，导致各自无权。① 1896 年的梁启超主张仍不脱黄宗羲、顾炎武等人的公私之分视野，但其与张之洞等人不同者，则在于批判权握于一人却无一人有权。

戊戌政变后逃亡日本的梁启超仍不断重申、解释维新派的主张。梁启超设问自答谓民权与君权并不对立："今以民权号召天下，将置皇上于何地矣？答之曰：子言何其狂悖之甚。子未尝一读西国之书，一审西国之事，并名义而不知之"，"夫民权与民主二者，其训诂绝异"。英国"民权发达最早"，英女王"安富尊荣，为天下第一有福人"；"日本，东方民权之先进国也"，"国民于其天皇，戴之如天，奉之如神，宪法中定为神圣不可犯之条，传于无穷"；"法王路易务防其民，自尊无限，卒激成革命"，"伏尸市曹"；"俄皇亚历山·尼古剌坚持专制政体，不许开设议院，卒至父子相继陷于匕首，或忧忡以致死亡"。② "君主之立宪"与"民主之立宪"同为"民权"③，其所主张的则是尊重现有治理状态的君主立宪，君主立宪与尊君权并不矛盾。梁启超 1899 年评论意大利宰相梅特涅时，指出其待人民也，不许有参与政事之权，以为民者唯当供纳租税以奉其上耳，舍此更无他权利。其所禁外国学问非禁形式上之学问，而禁精神上之学问也，"民权自由是也"。"民权自由者，天下之公理也"，欲学梅特涅愚民武断、模棱两可之术，"吾益不知其所终极

① 梁启超：《论中国积弱由于防弊》，载汤志钧、汤仁泽编《梁启超全集》（一），中国人民大学出版社，2018，第 121—124 页。本文录自《时务报》第九册，光绪二十二年九月二十一日（1896 年 10 月 27 日）出版，署"新会梁启超撰"。

② 梁启超：《爱国论》"爱国论三·论民权"，载汤志钧、汤仁泽编《梁启超全集》（一），中国人民大学出版社，2018，第 700 页。《爱国论》原载《清议报》第六册、第七册、第二十二册，光绪二十五年年正月十一日、正月二十一日、六月二十一日（1899 年 2 月 20 日、3 月 2 日、7 月 28 日）出版。

③ "凡国之变民主也，必有迫之使不得已者也"，这也可以理解梁启超在共和之后由君主立宪转而支持共和。梁启超：《立宪法议》，载汤志钧、汤仁泽编《梁启超全集》（二），中国人民大学出版社，2018，第 278 页。本篇录自《清议报》第八十一册，光绪二十七年四月二十一日（1901 年 6 月 7 日）出版，署名"爱国者草议"。

矣"。① 在梁启超收录的日人深山虎太郎撰《草茅危言》(载《亚东时报》)中,作者提出"举自强维新之政,则必自恢复民权始",所谓恢复,在于"民受生于天,天赋之以能力"。

有意思的是,这种类似于西方"天赋民权"说中,恰恰并没有直接引用西方学说,而是从类似于西周"天视自我民视,天听自我民听"(《尚书·泰誓中》)的立论中展开。至于民权与君权不相容的质疑,作者以英国重民权而不侵王权与突厥(奥斯曼)崇君权而"寇乱数起,上下解体"相对比,认为历代能"权不旁落"者极少,大部分君主"皆以政柄委其臣下,有君权之名而无君权之实",权或归宰辅,或归外戚,或归宦寺,或归藩镇。共治之体不过是"以所选于寡者选于众,以所分于宰辅、外戚、宦寺、藩镇者分于亿兆,与之共治天下,何患其不治也"。②

维新派坚持认为,民权之说是世界大势,符合中国传统圣人的理想秩序图景,又是西方各国达致"富强"之道。民权之说并不妨碍尊君权的最终目的又可以较好兼顾民本传统。历史上所谓的尊君权及其制度保障事实上并未实现先贤教导,也未能达到君权独尊的治理状态。这是维新派在指导思想上与张之洞等人的区别,也是维新对后世产生深远影响的重要标志。

二、开议院与尊君权之通

在康有为变法蓝图中,议院及诸如此类的机关设置,是其官制改革的一环。其目的在破除君臣阻隔,将国家重大决策付诸变法者数人,而非由一二守旧督抚为之。立宪法、开议院的主张至戊戌变法时期,已经调整为改革步骤更为缓和、改革措施更为保守的"制度局"构想。一方面是朝廷上下并不接纳这种挑战"君权"的改革方案,另一方面是这一挑战"君权"的"立宪法"主张也并无多少社会基础(至少未能获得知识界的广泛共识)。梁启超《古

---

① 梁启超:《自由书》"地球第一守旧党",载汤志钧、汤仁泽编《梁启超全集》(二),中国人民大学出版社,2018,第49—50页。《地球第一守旧党》一文录自《清议报》第二十六册,光绪二十五年八月初一日(1899年9月5日)出版,署名"任公"。

② 梁启超:《自由书》"草茅危言",载汤志钧、汤仁泽编《梁启超全集》(二),中国人民大学出版社,2018,第57—59页。《草茅危言》一文录自《清议报》第二十七册,光绪二十五年八月十一日(1899年9月15日)出版,署名"任公"。

议院考》开篇即设问自答："问：泰西各国何以强？曰：议院哉！议院哉！""君权与民权合，则情易通，议法与行法分，则事易就，二者斯强矣。"①戊戌变法时期对于议院的讨论事实上都是在证明其是合中国古义而不损君权的"富强"之道。

（一）议院的西法与古义

洋务运动后期，有官员注意到西方政体与中国传统用人行政的重要区别。文祥在光绪帝即位之初即密疏外国上下议院虽"势有难行，而义可采取"，不过开出的方子仍不出传统行政用人的藩篱，"纳谏铮以开言路，下情籍以上通"②。

当郭嵩焘以议院为"英国立国之本"③并大加赞扬时，君权观念已经受到了挑战。不过总体上说其主张仍是传统意义上的制度改良。陈炽、薛福成都以议院为强兵、致治、富强根源④，王韬推崇君民共治并盛赞其"有中国三代以上之遗意"⑤，郑观应提出"上效三代之遗风，下仿泰西之良法，体察民情，博采众议"⑥，"顺民情，达民隐"非"设议院"不可⑦。这种议院的上通下达功能并未涉及西方议院制度所指向的权力分立和立宪政体。⑧ 江苏布政使邓华熙将广学校、设议院、经营商务、讲求游历视为泰西立国之本，"无议院之设，则上下之情隔，粉饰之弊多"。其与郑观应主张一致，并将郑观应

---

① 梁启超：《古议院考》，载汤志钧、汤仁泽编《梁启超全集》（一），中国人民大学出版社，2018，第 125 页。本篇原载《时务报》第十册，光绪二十二年十月初一日（1896 年 11 月 5 日）出版，署"新会梁启超撰"。

② 赵尔巽等撰《清史稿》卷 386，《文祥传》，中华书局，1977，第 11691 页。

③ 郭嵩焘：《郭嵩焘日记》（三），湖南人民出版社，1982，第 37 页。

④ 薛福成：《筹洋刍议》，徐素华选注，辽宁人民出版社，1994，第 147 页。

⑤ 王韬：《弢园文录外编》，楚流、书进、风雷选注，辽宁人民出版社，1994，第 34—35 页。

⑥ 郑观应：《易言三十六篇本·论议政》，夏东元编《郑观应集》（上册），上海人民出版社，1982，第 103 页。

⑦ 郑观应：《盛世危言·议院上》，载《郑观应集》上册，上海人民出版社，1982，第 314 页。

⑧ 饶传平：《从设议院到立宪法——晚清"Constitution"汉译与立宪思潮形成考论》，《现代法学》2011 年第 5 期。

《盛世危言》随折进呈。① 虽然甲午战后地方官上奏改革措施中言及开议院者寥寥,却可以在江苏布政使邓华熙、直隶布政使王廉上奏中窥见其时西方议会制并非一开始就是挑战君权方案而能够直达天听。②

康有为在论及西国议院之制时多次强调治理天下"与民共之"是西法更是古义。"昔先王治天下,无不与民共之",三代以下,"天下之事日众,愈私则愈难办矣;天下之人亦日众,愈疏远则愈离矣","其君日尊,其民日卑,上下不交",乃至"天下多乱而少治,难存而易亡","皆古义不明"。国事以公不可私,国人不可疏,君保民民爱君,君民相爱相保。"此民选议院之良制,泰西各国之成法,而日本维新之始基"。③ "中国古固有议院","通天下之气,会天下之心,合天下之才,政未有善于议院者","泰西之强基于此"。④

《日本变政考》引伊藤博文演说宪法之义,议会有议定法律权、预决算权,此二权众谋而定,为宪法两大主旨。立法、行政、司法三权分立无损君权,主权在天皇,立法属议院,行政属内阁政府,天皇、官吏、人民皆在宪法范围内,各享利权。⑤ 康有为将列国自大变小、自强而弱、自存而亡归因于"守旧不变,君自尊,与民隔绝";将列国自亡而存、自小而大、自弱而强归因于

① 《时事艰难亟宜补救谨陈管见并录郑观应所著原书恭进折》(光绪二十一年三月二十六日),军机处录副奏折,档号03-7174-0009;军机处随手登记档,光绪二十一年四月十四日,档号03-0284-2-1221-102;参见张海荣:《思变与应变:甲午战后清政府的实政改革(1895—1899)》,社会科学文献出版社,2020,第82页。

② 王廉是在核户口建言中将"改民兵、复选举、设议院"作为未来改革方向提及,《敬拟自强各条减额科举开特科新书并定西书准传教等密陈折》(光绪二十二年二月初六)军机处录副奏折,档号03-5614-008;军机处随手登记档,档号03-0288-1-1222-040;参见张海荣:《思变与应变:甲午战后清政府的实政改革(1895—1899)》,社会科学文献出版社,2020,第84页。

③ 康有为:《日本变政考》卷六,载姜义华、张荣华编校《康有为全集》(四),中国人民大学出版社,2007,第173页。"与民共之"似取《孟子·梁惠王上》"与民偕乐""与民同乐"义。

④ 康有为:《日本书目志》,载姜义华、张荣华编校《康有为全集》(三),中国人民大学出版社,2007,第330页。

⑤ 康有为:《日本变政考》卷十一,载姜义华、张荣华编校《康有为全集》(四),中国人民大学出版社,2007,第252页。

"变法开新,君主能与民通"。① 议会的一个重要功能是"聚其民"。"列国竞立之世,得民尤急",春秋战国时秦"同袍偕作"而《春秋》书梁亡,民心民力所向高下立现;普鲁士设良民会然后民群起而抗拿破仑扰乱,俄灭波兰先解散其议会以笼络其民、离间其爱国心以达分割目的。② 光绪二十三年(1897年)冬,康有为代御史陈其璋草拟未递呈的奏折中也言及"议院之情,可先时而防患",并以法国、日本兵败复振为例,赞其改制而政亲,情谊既联,则缓急可倚。③ 聚民心民力方可在列国竞争中立于不败之地。

梁启超在《论湖南应办之事》论及定权限以防舞弊:"西人议事与行事分而为二,议事之人,有定章之权,而无办理之权;行事之人,有办理之权,而无定章之权,将办一事,则议员集而议其可否","章程草定","有司不能擅易",有窒碍者"议而改之",然"每改一次,则其法益密,而其于民益便","盖以议事者为民间所举之人也"。④ 因此西方法的优势不仅在其条文内容上的完善,更在其令行禁止。"议法与行法,分任其人,法之既定,付所司行之",不容毫厘之差,其法也非一成不易,"克日付议而更张之",因时制宜则又"无时而不行"。⑤ 中国并非不知公举议事者集议这种西方议会制度模式,而是仅以之治一乡治一街未能推广耳,⑥但总体上对己作《古议院考》中"引中国古事以证西政,谓彼之所长,皆我所有"的"游戏之作"已"恶之"。⑦ 不过,其

---

　　① 康有为:《日本变政考》序,载姜义华、张荣华编校《康有为全集》(四),中国人民大学出版社,2007,第103页。

　　② 康有为:《日本变政考》卷八,载姜义华、张荣华编校《康有为全集》(四),中国人民大学出版社,2007,第206页。

　　③ 康有为:《详审国势善全邦交以纾后患而维危局折》,载孔祥吉编著《康有为变法奏章辑考》,国家图书馆出版社,2008,第119页。

　　④ 梁启超:《论湖南应办之事》,载汤志钧、汤仁泽编《梁启超全集》(一),中国人民大学出版社,2018,第435—436页。

　　⑤ 梁启超:《变法通议》三之七·论学校七·论译书(1897年5月22日—7月20日),载汤志钧、汤仁泽编《梁启超全集》(一),中国人民大学出版社,2018,第80页。

　　⑥ 梁启超:《论湖南应办之事》,载汤志钧、汤仁泽编《梁启超全集》(一),中国人民大学出版社,2018,第436页。

　　⑦ 梁启超:《与严幼陵先生书》,载汤志钧、汤仁泽编《梁启超全集》(十九),中国人民大学出版社,2018,第533页。但从构建儒学普遍主义的角度,则此种附会或许仍是有意义的。

对严复等人所持中国历古无民主而西国有之的论断也"颇不谓然"。

时人以中国经籍要旨精义附会西方政制,以"礼失求诸野"的姿态实现采纳西法的文化认同,已逐渐成为常态化的话语模式。开议院之议不损君主之尊,更不是为了挑战君主权威,而是学习西法富强之道,践行君民相通古义,即使其已经在实质上触动了现有君权体制的改革议题。梁启超出任湖南时务学堂中文总教习期间,自称教学法的两面旗帜:"一是陆王派的修养论;一是借《公羊》《孟子》发挥民权的政治论。"①在给学生札记的批语更能反映梁启超其时主张。"今日欲求变法,必自天子降尊始,不先变去拜跪之礼,上下仍习虚文,所以动为外国讪笑也";"议院虽创于泰西,实吾五经、诸子、传记随举一义,多有其意者,惜君统太长,无人敢言耳";"臣也者,与君同办民事者也。如开一铺子,君则其辅之总管,臣则其辅之掌柜等也,有何不可以去国之义?""美国总统有违例,下议院告之上议院,上议院得以审问,例能夺其权而褫其职。英国虽君臣共主之国,其议院亦曾废君。可见舜亦由民公举,非尧能私授也。"②在梁启超的主张里,议院的功能绝不是仅限于舆情上通下达,其是传统君主与士大夫共治天下,为生民请命的盛世追求,议院是与尊君名合实离的制度安排。梁启超强调以时事解经,其在学生札记批语中的议院、君臣关系、英美政制乃至舜位公举等,实际上是已具有现代宪法意义的政治主张。

(二)议院与制度局:变法的愿景与措施

康有为的系列改革举措主张中,从对开议院的强调到制度局的设计,是变法愿景与变法措施的细化。如本章第一节所述,其上清帝"第一书"指出州县"兵、刑、赋、税、教、养合责于一人"所导致的各项弊政,"第二书"和"第三书"正式提出改官制、开言路、设议郎,"议郎"由"约十万户举一人"任期1年,作为皇帝顾问随时请对,"第四书"提出"设馆顾问",并托徐致靖保荐康

---

①　梁启超:《蔡松坡遗事》,载丁文江、赵丰田编《梁启超年谱长编》,上海人民出版社,1983,第 84 页。

②　《宾凤阳等上王益吾院长书》(光绪二十四年)中引用了总教习梁启超在时务学堂中的批语并加以逐条批驳,苏舆编:《翼教丛编》,上海书店出版社,2002,第 144—149 页。

有为等人留为顾问①，"第六书"将"设馆顾问"一策改为开"制度局"。康有为在所上奏折及上呈的《日本变政考》中已经认识到西方论政"有三权鼎立之义"，"三权者，有议政之官，有行政之官，有司法之官"，制度局是"议政之司"，正契合传统议政处集体讨论旧制，其设计思路则可能更多来自日本立宪前制度局的立法、行政、司法统揽样本。② 变政全在定典章宪法，推行天下，③"制度局"实为总揽变法全局的最高决策机构，康有为或想成为这个机构的主导者和精神领袖，进而主导变法运动，④只是最终并没有被光绪帝采纳。

　　康有为在戊戌年受到光绪帝召见后"即变其说，谓非尊君权不可"⑤，从主张开设议院到反对开设议院，逐渐调适着"议院"与君主的关系。有关议郎（议员）由民选而改为钦定，从"士民公举"到士民推举"至会议之士，仍取上裁"⑥。以《上清帝第六书》为分界点，此后的议院之说更是让位于"制度局""议政处"等内阁型机构。⑦ 这种制度构想取法日本明治维新后的政制改革，成为康有为变法维新期间的重要改革构想。孔祥吉先生即认为康有为虽在《日本变政考》中肯定了国会（议院）乃泰西第一要政但其基本主张是不开国会，开国会"根本不是康有为戊戌变法时期的政治主张"。⑧

---

　　① 茅海建：《从甲午到戊戌：康有为〈我史〉鉴注》，生活·读书·新知三联书店，2009，第 415 页。

　　② 马洪林：《戊戌维新与中国近代化》，《上海师范大学学报》1989 年第 1 期；[韩]李春馥：《戊戌时期康有为议会思想研究》，人民出版社，2010，第 198 页。

　　③ 康有为：《日本变政考》卷九，载姜义华、张荣华编校《康有为全集》（四），中国人民大学出版社，2007，第 223 页。

　　④ 茅海建：《"醇亲王府档案"中的鸡零狗碎》，《南方周末》2013 年 6 月 7 日。事实上，制度局可能不是一个典型的决策机构。

　　⑤ 王照：《关于戊戌政变之新史料》，载中国史学会主编《中国近代史资料丛刊·戊戌变法》（四），上海人民出版社，1957，第 331 页。对此说的分析可参见第二章第一节。

　　⑥ 孔祥吉编著：《康有为变法奏章辑考》，国家图书馆出版社，2008，第 39 页，第 83 页，第 85 页。

　　⑦ 制度局、议政处"十数人"或"三十员为限"。参见陈新宇：《戊戌时期康有为法政思想的嬗变——以〈变法自强亦仿泰西设议院折〉的著作权争议切入》，《法学家》2016 年第 4 期；Young—Tsu Wong, *Revisionism Reconsidered*：*Kang Youwei and the Reform Movement of* 1898, The Journal of Asian Studies, Vol. 51, Issue 3(1992):527.

　　⑧ 孔祥吉：《〈戊戌奏稿〉的改纂及其原因》，《晋阳学刊》1982 年第 2 期，第 4 页。

　　不过《上清帝第六书》后的 1898 年 4 月 17 日京师保国会第一次集会演说中,康有为仍倡议院之说。其提出"泰西立国之有本末,重学校,讲保民、养民、教民之道,议院以通下情,君不甚贵,民不甚贱,制器利用以前民,皆与吾经义相合,故其致强也有由"。① 保国会的机构和运行也是公选议员,总理以议员多寡决定事件推行。② 张朋园先生即认为康有为从开国会到设制度局的转变,似乎是感到开国会缓不济急,只有作为决策机构的制度局可以立竿见影,依靠皇权来改造中国。③

　　清朝权力结构中,中央层面,内阁、六部、诸院、诸寺等机构及后来取代内阁总揽全国行政大权的军机处都直接向皇帝负责;地方层面,各行省和京畿顺天府等特别行政辖区的总督或巡抚均不受内阁、军机处或六部的节制,各省布政使、按察使等主要官员也大多以皇帝名义直接委派。这种权力结构使中央大臣很难以自身权力推行全国性改革。康有为的制度局或是这种权力结构下的考虑,使某一职位本身具有中枢职能,推进变法。在康有为的认识里,明治维新后的日本立宪历程即与伊藤博文密切相关。1883 年,伊藤博文完成欧洲调查回国后开始制度改革;1884 年,日本设立由伊藤博文担任长官的制度取调局,创制了各项行政制度及皇室和华族制度;1885 年,日本建立内阁制,伊藤博文出任首任内阁总理大臣,内阁中设法制局取代制度取调局;1886 年,伊藤博文组织秘密起草宪法;1888 年,宪法草案上奏天皇,并成立枢密院,伊藤博文任议长,审议宪法等法案;1889 年,天皇发布钦定宪法、议院法等法令。明治宪法第 55 条则明确了内阁的天皇行政权辅弼机关权限,法制局下设行政、法制、司法三部,内阁统揽行政、立法、司法职能。康有为同样推崇的富强楷模俄国彼得大帝"立新议事会,国之大事,合诸臣公

<hr />

　　① 康有为:《京师保国会第一次集会演说》,载姜义华、张荣华编校《康有为全集》(四),中国人民大学出版社,2007,第 58 页。

　　② 《保国会章程》,载姜义华、张荣华编校《康有为全集》(四),中国人民大学出版社,2007,第 54 页。

　　③ 张朋园:《中国民主政治的困境(1909—1949):晚清以来历届议会选举述论》,吉林出版集团有限责任公司,2008,第 27—28 页。

义,以多者为定,其权则自上操之"。①

从这个意义上看,康有为在戊戌期间有着从主张开议院到反对开议院的思想变化,但这种变化是变法前侧重于改革愿景到变法时更注重改革措施的变化。1898 年 7 月 9 日《答人论议院书》中,康有为称"议院之义,为古者辟门明目达聪之典,泰西尤盛行之,乃至国权全界于议院而行之有效",中国国势、民情、地利均不可行。较之泰西如春秋诸侯"君不尊而民皆智",中国则"以君权治天下"。较之皇帝定国是、废八股、开学堂、赏新书新器、易书院、毁淫祠而采取一系列改革措施,中国上自九卿下至士子多守旧之人。"故今日之言议院、言民权者,是助守旧者以自亡其国者也。"更何况,"中国之民,皆如童幼婴孩",不能自主,而圣君在上,当以君权推变法致富强。② 不过较之于传统治理上的愚民、弱民,康有为主张开民智的思想从来没有任何松动。"自古君民之间,有相亲爱之道,无可疑忌之理。《书》曰:'民可近,不可下。'《记》曰:'在亲民'。"先王亲民之政以开民智,"民智愈开者,则其国势愈强"。学校开民智、议会验民智,学校与议会"相联络、相始终"。因此,"学校未成、智识未开,遽兴议会者,取乱之道也;学校既成、智识既开,而犹禁议会者,害治之势也"。君者爱民如子女,开学校是父母为子"延师就塾",最终则必不愿其终身不能作一书、办一事。③ 日本骤强"由学之极盛",学制、书器、译书、游学、学会"智其民",缺一不可。④ 在康有为的富强方案中,"由学之极盛"之后议会"终不能禁"。

在康有为的主张里,民选议院是变法的结果而非措施,议院可从地方始。"日本变法二十四年,而后宪法大成,民气大和,人士知学,上下情通,而

---

① 康有为:《俄彼得变政记》,载姜义华、张荣华编校《康有为全集》(四),中国人民大学出版社,2007,第 37 页。

② 康有为:《答人论议院书》,载姜义华、张荣华编校《康有为全集》(四),中国人民大学出版社,2007,第 326 页。

③ 康有为:《日本变政考》卷七,载姜义华、张荣华编校《康有为全集》(四),中国人民大学出版社,2007,第 202—203 页。

④ 康有为:《日本变政考》卷五,载姜义华、张荣华编校《康有为全集》(四),中国人民大学出版社,2007,第 169 页。

后议院立,礼乐莘莘,其君亦日益尊,其国日益安。"①人主为民治国,以民选议院议国政、治人民,"其事至公,其理至顺"。日本变法"以民选议院为大纲领",予国人选官之权,使民知国与己相维系,卫国则万民一志,"其势自强"。日本变法二十余年始开议院,中国开国会"尚非其时"。其时中国民智未开,不通古今中外,"遽使之议政,适增其阻挠而已",府、州、县开议会"通达下情则可"。② 因此,"国议院未可先开",州县村乡地方议会则"诚不可不开",以达民情。"其于兴农商、筹饷需,实治本也。"③选富民为州县各省议局,"取其富则不贪私也"④。1888 年,康有为笔记中即认为中国"绅士入局及集明伦堂,已有下采民言之意,近欧洲议院矣",朝廷"每有大事,下王公九卿、翰詹科道议,此则欧洲所谓上议院者也"。只是中国"素尚国体,若朝廷设议院,则国体不尊",而郡县可设议院以达民情。其方案是省州县各级均设二议院。上院各以在朝一定品级以上京官外官充任;下院(省立法院)以财产数额确定选举人资格,再由选举人公举被选人,被选人根据人口确定数额,任期一年且不得连任,三年后可再举。如此则"民情不致下壅""督抚不致专权",贵、贤、富三者天下权力,三者用,"天下可运诸掌"。⑤

康有为中央机构架构的主张从议院到制度局的转变,或恰恰是对西方议会制度理解深化的表现。其最初意义上的议会是皇帝顾问,到制度局而不直言议会,正是认识到民选议会对君权的冲击,而希望以制度局这种与皇权合作的方式推动改革。如此则能明晰为什么康有为的思想会有变化。虽然"康党"在政争中四面树敌,逐渐被孤立,但从康有为戊戌期间的"策士"角色看,其立场也是很明显的,即所有对策都一定是可以使"康党"受益的,是

① 康有为:《日本变政考》卷十二,载姜义华、张荣华编校《康有为全集》(四),中国人民大学出版社,2007,第 274 页。

② 康有为:《日本变政考》卷六,载姜义华、张荣华编校《康有为全集》(四),中国人民大学出版社,2007,第 170 页。

③ 康有为:《日本变政考》卷八,载姜义华、张荣华编校《康有为全集》(四),中国人民大学出版社,2007,第 210 页。

④ 康有为:《日本变政考》卷十一,载姜义华、张荣华编校《康有为全集》(四),中国人民大学出版社,2007,第 249 页。

⑤ 康有为:《笔记》,载姜义华、张荣华编校《康有为全集》(一),中国人民大学出版社,2007,第 205—206 页。

可以让"康党"团结可以团结的力量。

三、"国家"重建与儒学普世主义阐发的限度

面对西方海洋贸易与军事扩张背后的强有力国家及其政治体制,康有为试图复制西方"富强"逻辑,重构以君权为中心、以孔子及儒学为依据、以变法改制为号召、以工业化和军事现代化为手段的强大"中国"。[①] 取法泰西与"经义之可行"并行不悖,中国历秦、元所存掌故已非"先圣经义之旧","礼失求野","外国乃用吾经义之精"。[②]《上清帝第三书》中,康有为强调"列国并争,无日不训讨军实,戒惧不怠,国乃可立"[③]。如果说国家军事现代化是制度改革的主要推动力之一[④],则以儒学普世主义调和西方国家竞争中的军国主义倾向,是康有为国家"自强""自立"的正当性基础。在上清帝第一书的同年,康有为致信潘文勤时盛赞中国"二帝、三王所传礼治之美,列祖、列宗缔构人心之固,君权之尊,四洲所未有也",认为"使翻然图治,此真欧洲大国之所望而畏也"。[⑤] 在传统儒家思想中,理想社会仅存于不可追溯的三代,而严复等人则通过进化论从西方发现了实现儒家理想的途径。[⑥]

作为传统治理模式,帝制中国的实践与官方、文人的宣传存在着某种脱节,乃至于在甲午战后的语境下,清代现存的治理模式因悖离于先圣倡导的治理理想而引起反思和批判。祖宗之法不可尽守,"既知万国并立,则不得谓人为夷,而交际宜讲,当用彼此流通之法",旧法须随时势尽除,"否则新旧

---

① 汪晖:《现代中国思想的兴起》,生活·读书·新知三联书店,2008,第744页。

② 康有为:《日本书目志》,载姜义华、张荣华编校《康有为全集》(三),中国人民大学出版社,2007,第329页。

③ 康有为:《上清帝第三书》,载姜义华、张荣华编校《康有为全集》(二),中国人民大学出版社,2007,第76页。

④ 汪晖:《现代中国思想的兴起》,生活·读书·新知三联书店,2008,第735页。

⑤ 康有为:《与潘文勤书》,载姜义华、张荣华编校《康有为全集》(一),中国人民大学出版社,2007,第169页。

⑥ 李强:《严复与中国近代思想的转型》,载许纪霖、宋宏编《史华慈论中国》,新星出版社,2006,第413页。

并存,骑墙不下,其终法必不变,而国亦不能自强"①。自强是"万国竞立之世"的必然,要么进取要么落后,"无可中立"。"故改革者所以谋自强,必自强乃可言进取。""泰西各国皆有进步党,进步者,天下之公理也","进步者,将尺寸比较,并驱争先"。②

　　康有为上呈光绪帝的《日本变政考》中提出,"购船制械"是"变器","设邮便、开矿务"是"变事","改官制,变选举"是"变政","日本改定国宪,变法之全体也"。③ 其对"国宪"的定位是提纲挈领以总摄政事条理、范围臣民心志;着为国制,"以为天下后世法";因民情风俗以为因革损益。虽然"国宪"定位是传统的,但因时代变化,不同于古代承继修改旧法可治。其时中外"通开互市",内外情性风俗相互影响,必"大有改易"。孔子所谓"周监于二代",可以"承前朝之余",其时则五洲共处,"当监欧墨",此是时势变化所必然。④ 梁启超谓泰西法家之学延续不断,"主持天下之是非,使数十百暴主,戢戢受绳墨,不敢恣所欲","而举国君民上下,权限划然"。《春秋》所谓"有礼义者谓之中国,无礼义者谓之夷狄","礼者何? 公理而已"("以理释礼,乃汉儒训诂",清代"焦黑堂、凌次仲大阐此说"),"义者何? 权限而已"("番禺韩孔安先生有义说专明此理")。此等法律之学与政体密切相关,"法者,天下之公器也"。法本与道相连,"变者,天下之公理也",变法则"需知本原"。同时,变法又并不局限于政治秩序而关涉"变动科举""工艺专利"等举措的展开,是从观念与经济秩序两个层面讨论法律秩序的重构。⑤《春秋》"有治据乱世之律法,有治升平世之律法,有治太平世之律法",孔子作《春秋》"所以示法之当变,变而日进也"。可惜"秦汉以来,此学中绝","事理日

---

①　康有为:《日本变政考》卷一,载姜义华、张荣华编校《康有为全集》(四),中国人民大学出版社,2007,第110页。

②　康有为:《日本变政考》卷六,载姜义华、张荣华编校《康有为全集》(四),中国人民大学出版社,2007,第177页。

③　康有为:《日本变政考》卷七,载姜义华、张荣华编校《康有为全集》(四),中国人民大学出版社,2007,第190页。

④　康有为:《日本变政考》卷七,载姜义华、张荣华编校《康有为全集》(四),中国人民大学出版社,2007,第198页。

⑤　梁启超《变法通议》谓"法者,天下之公器也;变者,天下之公理也"。

变，而法律一成不易，守之无可守，因相率视法律如无物"。①

"《传》谓：国不竞亦陵，何国之为。"②《孔子改制考》中，诸侯并立与诸子纷争、诸教并起有着历史联系和隐喻关系，诸子并起的思想局面是诸侯分裂的时代表达，孔子创教改制与文王制礼作乐、一统天下的实践一致，儒教一统是诸家并起之教归于一统的结果。孔子之制是普遍的制度，太平世是超越中国和夷夏范畴的概念，普遍主义儒学所倡导的制度也必然不是某个朝代、地域的制度。变法改革所学习的西方制度是普遍制度，因此并非西方独有的，其归根到底还是孔子之制。③

康有为阐发的"孔子改制"理论，本是借孔子论证布衣变法改制正当性，但《孔子改制考》抨击刘歆、郑玄等"作伪乱圣"者的所谓"铁证"却往往无所依凭。康有为证明"六经"未毁的原因仅仅是司马迁"去圣不远"却未言及④，《汉书·刘歆传》不可靠的原因仅仅是"班固浮华之士，经术本浅，其修《汉书》，全用歆书，不取者仅二万许言，其陷溺于歆学久矣。此为《歆传》，大率本歆之自言也"⑤。这些所谓考证或倒因为果或诉诸臆断。⑥"所谓微言大义，大都口传，难以证实，康氏不过是要托孔子以改制，间接发挥政见，学以致用，原不在学术的精确。"⑦其结果是未能成功立论"变法"的正当性，却成功地激起了社会的普遍抵制。该说除有康门若干弟子宣传呐喊外，反对者众多，即使陈宝箴等赞同变法的官员也强烈反对。梁启超后来也反思此

---

① 梁启超：《论中国宜讲求法律之学》，载汤志钧、汤仁泽编《梁启超全集》（一），中国人民大学出版社，2018，第425—426页。该篇录自《湘报》第五号，光绪二十四年二月十九日（1898年3月11日）。

② 康有为：《恭谢天恩并陈编纂群书以助变法请及时发愤速筹全局折》，载孔祥吉编著《康有为变法奏章辑考》，国家图书馆出版社，2008，第431页。

③ 汪晖：《现代中国思想的兴起》，生活·读书·新知三联书店，2008，第818页。

④ 康有为：《新学伪经考》，中国人民大学出版社，2010，第15页。

⑤ 康有为：《新学伪经考》，中国人民大学出版社，2010，第135页。

⑥ 陈煜：《晚清公羊学与变法维新》，《暨南学报（哲学社会科学版）》2015年第10期。

⑦ 汪荣祖：《论戊戌变法失败的思想因素》，载王荣祖：《晚清变法思想论丛》，新星出版社，2008，第105页。

"好依傍"与"名实混淆"病根不拔,则"思想终无独立自由之望"。①

三纲是传统政治合法性的根基,塑造着中国传统伦理道德、精神文化乃至社会秩序。在朱熹的道统建构中,儒家传世有其道统,孔孟、周敦颐、二程、朱熹道统相承。在维新派看来,程朱理学援法入儒,失去儒学本来宗旨,是荀学"小康"之道,而春秋公羊学所传"大同"之道才是孔学本旨。"孟子多言仁,少言礼,大同也;荀子多言礼,少言仁,小康也"②,《孟子》为孔门之政事科,日日以救天下为心,实孔学孔教之正派③。两千年来,只能谓之为荀学世界,不能谓之为孔学世界,荀学"小康"一派尊君权,荀子之徒李斯传而行之于秦定为法制得行两千年;排异说,专以攘斥异说为事;谨礼仪,不讲大义而惟以礼仪为重,宋儒蹈袭之;重考据,专以名物制度训诂为重。正统的孔学孔教乃进化主义,"一切典章制度皆因时而异";平等主义,"大同派以尊君权为主义",主张"平等之政"非"专制之政";兼善主义,"当学其舍身弃名以救天下明矣"而非如宋以后儒者"流为乡愿一派,坐视国家之危亡、生民之疾苦,而不以动其心";强立主义,与平等主义相伴,以扭转"压制服从之念多,而平等自立之气减"的文弱主义;博包主义(相容无碍主义),崇尚思想自由为"文明发达之根原",汉以后定孔子为一尊而人人思想不能自由实背孔子之意甚。④

如果以政治事件为中心,则《孔子改制考》《新学伪经考》作为戊戌变法的一个思想工具容易被理解,但康梁主张的维新改革措施总体上不算空想激进且应和者众,"两考"却激起普遍而强烈反对。《孔子改制考》上呈皇帝的并非全本,一经上奏即受到张之洞、陈宝箴、孙家鼐、翁同龢的一致攻击。这不得不引导我们从儒家教化制度转型这一更为整体的法政制度改革框架

---

① 梁启超:《清代学术概论(1920年11月29日)》,载王荣祖、汤志钧、汤仁泽编《梁启超全集》(十),中国人民大学出版社,2018,第280页。

② 康有为:《万木草堂口说》,载姜义华、张荣华编校《康有为全集》(二),中国人民大学出版社,2007,第160页。

③ 梁启超:《读〈孟子〉界说(1897年冬)》,该篇言孔教,《中西学门径书七种》言孔学,载汤志钧、汤仁泽编《梁启超全集》(一),中国人民大学出版社,2018,第299页。

④ 梁启超:《论支那宗教改革(1899年6月28日、7月8日)》,载汤志钧、汤仁泽编《梁启超全集》(二),中国人民大学出版社,2018,第12—15页。

中作进一步的思考。事实上，康有为在经学、孔教、国家关系上可能更为复杂，并且其中的庶民之教所指为何，是传统还是新民，以及其中所涉共和、君主制、国教等问题并无明晰的答案。[①] 康有为对儒家德化并不强调，其谓"孔子治鲁三月，道不拾遗"，虽由德化，抑亦政事之明肃也。因之，其强调制度上的改革，编户籍、设巡捕与警钟、电报、德律风（电话）等现代通信技术相辅而行，民众"皆知其立法之必不能欺，则奸盗不禁而自息"，商贾、行旅皆有保障，则"圣治"可复。[②]

鸦片战争以后，儒家思想的传统治理范式无法解释、应付列强入侵下的民族与社会危机。甲午战后的亡国危机下，儒家思想进一步受到怀疑、挑战乃至根本否定。戊戌前后，许多有识知识分子开始从西方文化中寻求新的国家治理范式，即使仍以儒家为名，却已不具儒家之实。如果这种新范式仅仅是西方范式，又可能是空中楼阁。严复、梁启超等思想家认识西方后又试图回归儒家，以儒家改造西方新范式。这个过程，某种程度上与周秦之际的否定之否定或有异曲同工之妙。

小　结

康有为所提出的变法主张代表了当时重建国家—社会关系以求"富强"的最全面认识，但也存在缺乏可行的制度措施诸问题，更多是制度设计规划而已；通过康有为等人代拟奏折的呈递，"康党"活动在朝中形成呼应之势，为知识上的"富强"之道上升为国家治道提供了契机；戊戌变法时期的洋务

---

① 今文经学派相信历史的阶段性发展的，每一个历史时期都需要一些独特的制度，制度改革（改制）为儒家所认可。明确的社会政治取向和对制度改革思想的模糊态度是今文经学中固有的，但所改之制更多是西汉今文经学文献中的礼仪而非各种制度，因而今文经学文献中对制度改革文化上的认可含义模糊，尚有疑问。参见张灏：《思想与时代》，上海文艺出版社，2002，第79—81页。

② 康有为：《日本变政考》卷七，载姜义华、张荣华编校《康有为全集》（四），中国人民大学出版社，2007，第193页。

派在承继和反思洋务运动思潮及实践的基础上,发展出以西法练兵、惠商惠工、智以救亡、政艺兼学为主要内容的"洋务变法"主张,与维新思潮共同构成戊戌"富强"思潮的主体①;司员士民在上书中所提出的各种"富强"措施虽缺少统筹协调甚至不乏空谈怪论,却在声势上支持了"富强"之于时代的急迫性和必要性。不同人物在"富强"的具体之策上或各执一词甚至互相攻讦,却在呈现的"方案"冲突和叠加中共同建构出国家治理转型的时代"知识"图景。借助商力、发挥民智以"富强"的共识已具重塑国家—社会关系的思想趋势。

虽然有学者提出戊戌变法时期维新思想家有关宪法的表述并不同于西方宪法概念,其仍然是在中国传统框架内理解宪法②,但其时康有为已经从宪法对于国家和变法的意义、宪法的功能,以及宪法与章程、律例、成文法间的关系等方面有所讨论③,且在相关著述、奏折中使用。正如梁启超已经理解宪法是国本,康有为将其与族谱并用,其论述中已留意到重建"富强"之道所导致的治理内容和治理规模的扩张,效法西方的现代国家建设需要不同以往的总章程。这个章程旨在实现国家与社会的有效互动。康有为在流亡期间的多个场合称光绪帝"欲大与民权,共参政事"④、欲"开议院""使国民咸操选举之权"⑤。这些对光绪帝的宣传有多少是可信的无法得知。历史的

①　梁义群、宫玉振:《试论甲午战后的洋务变法思潮》,《中州学刊》1996 年第 3 期。

②　饶传平:《从设议院到立宪法——晚清"Constitution"汉译与立宪思潮形成考论》,《现代法学》2011 年第 5 期;陈新宇:《戊戌时期康有为法政思想的嬗变》,《法学家》2016 年第 4 期。

③　周威认为此时康有为所使用的"宪法"一词,"内涵确定,外延明确"(周威:《论康有为于戊戌变法前的宪法观及其宪法史地位》,《法学家》2018 年第 6 期)。正如周文指出的,相关争论在此前也存在。

④　《布告百七十余埠会众丁未新年元旦举行大庆典告藏保皇会改为国民宪政会文》,载汤志钧编《康有为政论集》上册,中华书局,1981,第 597 页。

⑤　《答南北美洲诸华商论中国只可行立宪不可行革命书》,载汤志钧编《康有为政论集》上册,中华书局,1981,第 477 页。

发展无法假设,康有为的政治主张随着政治机缘、地位的变化而不断修正和调整①,究竟能否如梁启超 1906 年谓"今日当以开明专制为立宪制之预备",并不十分确定。不过其至少必然反对"以专制之主体的利益为标准"的"野蛮专制"②。从这一点说,这种治理方式所重构的法秩序或不是今人所更为全面、深刻理解的西方法秩序,但又必然是不同于传统中国的治理秩序状态。

　　梁启超将维新派与洋务派的温和改革者作了区别,认为自同治后曾国藩、文祥、沈葆桢、李鸿章、张之洞等所谓变法者,是"不变其本,不易其俗,不定其规模,不筹其全局",康梁的变法主张则是"别构新厦,别出新制"。③ 事实上,传统向现代的转型过程中,在开新和守旧冲突之外,必然还存在新旧各派的趋同。维新派中,保守的陈宝箴、黄遵宪与张之洞、李鸿章等自强主张并无二致,激进的严复、谭嗣同与革命派很难区别。④ 面对甲午战后的财政危机,翁同龢主持的户部于光绪二十一年五月二十六日(1895 年 6 月 18日)上奏条陈改革以筹国用。⑤ 事实上,连翁同龢这种早期反对修筑铁路并处处掣肘海军、工矿事业的保守派都致力于获取高度权力价值的东西。⑥ 今人不能一概而论地将反对某些革新措施即判定为是守旧的,更不应以各自

---

① "随着康有为身份地位的变化和光绪帝对康氏历次上书的态度与反应不同,康有为议会思想的表现形式也发生一些微妙的变化。"参见[韩]李春馥:《戊戌时期康有为议会思想研究》,人民出版社,2010,第 108 页。不过李春馥对康有为该时期议会思想的研究论断有一些是值得推敲的。

② 梁启超:《开明专制论》,载汤志钧、汤仁泽编《梁启超全集》(五),中国人民大学出版社,2018,第 297 页以下。该篇原刊《新民丛报》第七十三号、七十四号、七十五号、七十七号,出版时间在光绪三十二年正月初一日(1906 年 1 月 25 日)—光绪三十二年三月初一日(1906 年 3 月 25 日)。

③ 梁启超:《戊戌政变记》,载汤志钧、汤仁泽编《梁启超全集》(一),中国人民大学出版社,2018,第 557 页。

④ 当然,严复思想中也有保守的成分。严复翻译的作品作为戊戌时期最有价值的作品之一,梁启超称其时把 19 世纪主要思潮的一部分介绍进来,"可惜国里的人能够领略的太少了"。梁启超:《五十年中国进化概论》(1922 年 10 月),载汤志钧、汤仁泽编《梁启超全集》(十一),中国人民大学出版社,2018,第 405—406 页。

⑤ 户部:《和议已成偿款太巨沥陈万难筹措情形折》,辽宁省档案馆编《中日甲午战争档案汇编》,辽宁人民出版社,2014,第 498—500 页。

⑥ 萧公权:《翁同龢与戊戌维新》,中国人民大学出版社,2014,第 111—243 页。

所坚持的"本""原"作为唯一判断标准。纵览戊戌前后的时人言说,虽然具体改革的方法有些具有现代国家构建意义,有些是传统国家治理模式内的调整,但其立足的"本""原"在不同场域中意义并不唯一。其时各派主张中都包含着重建国家—社会关系以应对时局危机的问题意识,改革主张都以增强国家应对危机的能力为出发点。扩大政治参与旨在增强国家渗透于社会的能力,西方现代政治所追求的权力制衡诸问题并不在其视野之内。晚清需要一种能够使国家渗透入更广泛社会领域的新机制,通过直接或间接控制(自治)形式,形成既能有效动员又能有效控制的社会动员效果,为"富强"提供国家与社会关系上的支撑。

如果从掌握或影响国家权力、主导变法改革的角度,康梁后来的自我评价无疑是自我拔高了的,但也不能据此说康梁在变法中是无足轻重的。康有为们的许多上奏和代拟奏折起到了重要作用。比如代拟孙家鼐条陈办报事宜所拟筹措官报经费办法等即得到实施;又如代杨深秀拟《请申谕诸臣力除积习折》(光绪二十四年六月二十三日)上奏后,皇帝随即谕旨激励讲求时务、训斥墨守旧章者。① 同时,"康有为方案"作为一个时代议题,与诸多方案有着相通之处,是一个时代性的代表方案。其中关于"富强"之道的总体构想,及这一构想下的国家治理目标、内容、规模乃至结构调整,作为一个时代呼声受到朝野重视并产生了相当影响力。

与之形成对比的是陈炽在甲午战后条陈《上清帝万言书》。该条陈如前所述,明确提出了设议院的主张,就治理结构的调整而言较之康有为更为"先进",但就其思想传播意义上来说则逊于康梁。该条陈在坊间没有完整传本,光绪戊戌年三月宝文书局石印的《皇朝经世文三编》中收录了《上善后事宜疏》,应是《上清帝万言书》的同一条陈,但坊间传本只摘录了上奏条陈所提七项改革中的三项并作了大量删减,有关政治改革的内容更是几乎全部删掉了。② 强学会被封禁后,陈炽已不敢再言议院,百日维新期间罹患心病,庚子年即去世。陈炽没有等到清末立宪言说设议院的政治正确时代,有

---

① 对康有为变法奏议的朝廷采纳情况,详细的考证参见孔祥吉编著《康有为变法奏章辑考》,国家图书馆出版社,2008,第318、319—320页。

② 孔祥吉:《晚清史探微》,巴蜀书社,2001,第128—129页。

其个人际遇的因素,但时代的确给了康有为、梁启超更多的重写思想史的机会。

思想史意义上的伟大转折如不转化为社会思潮、不获得社会认同效果,对社会的影响力将是有限的。从康有为、梁启超为代表的戊戌变法时期维新派,通过广泛的社会宣传,使重建国家—社会关系的根本性"变法"思潮根植社会。有些主张受限于当时局势变化有其效用上的或隐或显,但从历史趋势角度,则无疑对知识上的"富强"之道上升为国策上的"富强"治道的过程具有推动作用。康有为、梁启超们是造就形势的人,尽管最后并不可能左右形势。①

从甲午战后的社会运动到百日维新时期的国家治理改革,戊戌变法运动缺乏深厚的思想基础。时人的变法认识主要基于对外患的隐忧,德占胶澳(今青岛)、俄占旅顺和大连、英占威海和新界、法占广州湾所导致的各国瓜分危机促成了朝野的变法共识。中国有识之士希望效仿俄国彼得大帝、日本明治天皇的"富强"措施,但对于变法的基本思路并不清晰。洋务派、维新派的改革主张都建立在一个前提之上,即只有建立统一的内部政治权威才能有效地获取国际承认。② 不过就改革的历史经验看,在改革初期,人们只明确大致的方向而在改革深入后不断调整具体措施本就是历史常态。

---

① 茅海建:《戊戌变法史事考二集》,生活·读书·新知三联书店,2011,第 191 页。
② 汪晖:《现代中国思想的兴起》,生活·读书·新知三联书店,2008,第 679 页。

第三章
戊戌变法时期清政府"富强"话语转捩中的制度构建

全面改革的呼声在戊戌变法时期持续高涨,已形成具有广泛影响力的社会思潮。其时改制议题已广泛涉及兴学校、开议院、立商部、集商会、改订刑律和税厘章程、仿行印花税、兴办银行和交通实业以及改官制而设乡官、废书吏而用士人等方方面面。这些建议是在甲午战败冲击下的自发议论和上书,虽各有侧重但已初步形成立基商力、民智重建"富强"之道的共识。在此背景下,清政府从甲午到戊戌开启了改革进程。百日维新的激进改革虽因引发朝政震荡而终止,但从一系列改革理念和措施中已然形成国家—社会关系的重塑趋势。戊戌政变没有抹杀立基商力、民智的"富强"之道之于国家治理的正当性意义。同时,其时的法秩序重构过程也反映着戊戌维新推动国家治理转型的限度。

第一节 清廷诏谕立基商力、民智重建"富强" 话语的历史转捩意义

诏谕是皇权政治模式下政务处理的主要依据,反映着最高统治者对相关事务的处理办法、态度和原则,其中关于总揽全局性问题的阐发更是决定

着国家的走向。"谕旨为法令源泉"①，多数法令因谕旨而拟定和颁布。专制政体下，行政与立法的一切决定权均操之于皇帝，法律与命令在效力位阶上无明显区别。谕旨虽"不足为法规也"，却是"各官厅设定法规、施行处分之条件"，实可视为成文法而归入法的渊源。②

一、诏谕立基商力、民智的"富强"话语重建

检索《清实录》有关上谕，"自强""富强"并非在戊戌变法时期首次提出，但其所指向的国家治理目标、内容和规模在该时期有着较之以往的不同。甲午战前，诏谕"自强"所指事宜的扩容为戊戌变法时期的"富强"话语重建提供了话语实践基础。

（一）传统国家——社会关系中上谕所指"自强"事宜的扩容

"自强"一词在《清实录》出现较多，同治朝以前的使用多取《周易》"天行健，君子以自强不息"义指"自强不息"精神或勉励某人（某藩国属地、朝贡国属国）"自强振作"；或取自然而然所成（兵力、水流的）强力。同治元年（1862年）正月十四日，"自强"之语开始在上谕中用于对地方督抚镇压地方叛乱不力的训斥：

> 谕议政王军机大臣等，有人奏，捻匪肆逆，窥伺山陕，山西巡抚英桂、陕西巡抚瑛棨先后曾任河南巡抚，勤办捻匪，毫无成效，深恐威望既损，再三贻误，请另简兼有才望之大员委任等语。原奏各情，良非过虑。惟该抚等受皇考知遇之恩，简任封圻有年，朕亦岂肯遽予罢斥。英桂、瑛棨惟当振刷精神，力图报称，于各该省防堵事宜实心讲求，遴选员弁，分赴各要隘认真防守，毋令匪徒阑入，方为不负委任。陕西兵尚可用，训练不容稍缓，山西兵素不得力，英桂惟当简练整顿，力求自强，岂可苟安姑待。倘阳奉阴违，或委用

---

① 上海商务印书馆编译所编纂《大清新法令1901—1911：点校本》（第1卷），李秀清、孟祥沛、汪世荣点校，商务印书馆，2010，凡例。
② ［日］织田万：《清国行政法》，李秀清、王沛点校，中国政法大学出版社，2002，第65—66页。

非人，视防堵为奉行故事，一经逆氛扰及，毫无布置，任贼纵横旁
窜，朕惟知执法从事，非仅予罢斥所能了事也，懔之。将此由四百
里各谕令知之。①

在上谕中，"自强"仍指地方练兵，但已不局限于"兵力"之强，而是对练
兵、用兵、"剿匪"等问题上的系统筹措。此后的同治元年（1862 年）九月二
十六日、十月二十七日上谕，同治二年（1863 年）正月二十七日、二月初一、六
月二十四日、十月初六，同治三年（1864 年）七月初三、十二月十一日上谕又
多次在这一意义上以"自强"等语要求地方办事官员认真操办练兵、用兵、
"剿匪"及中外（主要是中俄）小规模军事冲突诸事宜。

同治三年（1864 年）十二月二十五日上谕的"自强之计"较之前有所
扩展：

> 谕议政王、军机大臣等，林鸿年奏，筹办迤西，请拨军饷，并请
> 拨湖北湖南厘金、调员差委、马荣就擒各折片。本日已谕令湖南、
> 广东各督抚，令其设法接济，并照林鸿年所请，于湖北、湖南，令各
> 拨厘金月一万两解滇。该抚得此兵力、饷力，务当随时与骆秉章、
> 劳崇光会筹妥办，认真进剿，不得徒托空言，致负委任。盐井、铜
> 矿，为天地自然之利，滇省饷源所自出。该抚入滇后，即可就地设
> 法兴办，为自强之计，将土夷各匪，次第廓清。将此由六百里各谕
> 令知之。②

厘金、盐井铜矿等作为筹饷问题列入用兵、"剿匪"事宜，归入"自强之
计"，由地方督抚根据上谕指令就地设法兴办。此后同治四年（1865 年）正
月二十五日、三月二十四日、闰五月初一日，同治五年（1866 年）二月十四日

---

① 《清实录》（第 45 册），《穆宗实录（二）》·卷 16，中华书局，1987，第 438—
439 页。
② 《清实录》（第 47 册），《穆宗实录（三）》·卷 125，中华书局，1987，第 755—
756 页。

等上谕皆以"自强"为目标筹办兵、饷两方面事宜。

同治五年（1866年）二月二十日上谕的"自强"范围进一步扩展：

又谕，总理各国事务衙门奏，据总税务司呈递《局外旁观论》，英国使臣呈递《新议论略》，于中外情形，深有关系，请饬交沿海沿江通商口岸地方各督抚大臣妥议一折，并将总税务司及英国使臣所递论议照会各件，一并进呈。披览之余，有不能不豫为筹画者。

中国军务未平，帑项未裕，洋人即因此以生觊觎。详阅总税务司赫德所陈《局外旁观论》，大旨有二：曰内情，曰外情。英国使臣威妥玛所陈《新议论略》，大旨有二：曰借法自强，曰缓不济急，其词与《局外旁观论》大意相同，而措词更加激切。其所以挟制中国者，则以地方多故，不能保护洋商为狧狧。

现据总理各国事务衙门奏称，窥洋人之立意，似目前无可寻衅，特先发此议论，为日后借端生事地步，若不先事通筹，恐将来设有决裂，仓卒更难措置等语。因思外国之生事与否，总视中国之能否自强为定准。该使臣等所论，如中国文治武备财用等事之利弊，并借用外国铸钱造船军火兵法各条，亦间有谈言微中之时，总在地方大吏实力讲求，随时整顿，日有起色，俾不至为外国人所轻视，方可消患未萌，杜其窥伺之渐。

至所论外交各情，如中国遣使分驻各国，亦系应办之事。此外所论各节，反覆（复）申明，总以将来中国不能守信为疑。所陈轮车电机等事，虽多窒碍难行，然有为各国处心积虑所必欲力争之事，尤恐将来以保护洋商为词，即由通商口岸而起。江苏、江西、浙江、湖、广、闽、粤各省及三口通商地方，均系沿江沿海。与该洋人日相交涉。该督抚等俱应熟悉中外情形，应如何设法自强，使中国日后有备无患，并如何设法预防，俾各国目前不致生疑之处，着官文、曾国藩、左宗棠、瑞麟、李鸿章、刘坤一、马新贻、郑敦谨、郭嵩焘、崇厚各就该处情形，亟早筹维，仍合通盘大局，或目前即可设施，或陆续斟酌办理，或各处均属阻滞，断不可行，务条分缕析，悉心妥议。专

折速行密奏……①

该上谕将"自强"用于抵制外国侵略角度,"自强"之策以扩展至"中国文治武备财用等事之利弊,并借用外国铸钱造船军火兵法各条"及外交遣使诸事宜。不过,该上谕认为"轮车电机等事",仍"多窒碍难行"。上谕将上述所有自强之策都委诸"地方大吏实力讲求,随时整顿",及各关中外交涉督抚等俱应熟悉中外情形、就如何设法自强情形奏报等情况来看,其时的"自强"之策仍委诸地方采择施行。

此后上谕仍从练兵筹饷诸事宜谓之"自强"之策。同治五年(1866 年)十一月二十四日上谕谓"创立船政,实为自强之计"②,同治六年七月十日也谓船政"用以自强"③。不过此时期自强主要还是指向军务、武备、防务等事宜,对船政器械局的支持也多从兵船、兵器的角度展开。

光绪六年(1880 年)十一月初二日上谕将铁路、电线事宜与船政局、机器局、招商局及海防建设诸项纳入"自强"之计:

> 谕军机大臣等,梅启照奏整顿水师,拟定各条,开单呈鉴,刘铭传奏请筹造铁路各一折。梅启照所称请饬船政局及江南机器局仿造铁甲船,预筹购买外洋铁甲船及枪炮等件,推广招商局船赴东西洋各国贸易,添设海运总督,设立外海水师提督,裁改海疆各种笨船,严防东洋海疆,练习水战,长江水师添拨中号轮船各节;刘铭传所请筹款试办铁路,先由清江至京一带兴办,与本年李鸿章请设之电线相为表里等语,所奏系为自强起见。着李鸿章、刘坤一、按照各折内所陈,悉心筹商,妥议具奏。原折单均着抄给阅看,将此各密谕知之。寻李鸿章奏,铁路为富强要图,刘铭传请先办清江至京一带,与臣本年拟设之电线相辅而行,庶看守易而递信弥捷,洵两

---

① 《清实录》(第 49 册),《穆宗实录(五)》卷 169,中华书局,1987,第 72—73 页。
② 《清实录》(第 49 册),《穆宗实录(五)》卷 190,中华书局,1987,第 400 页。
③ 《清实录》(第 49 册),《穆宗实录(五)》卷 207,中华书局,1987,第 685 页。

得之道，报闻。①

这里虽谓"铁路为富强要图"，但系引李鸿章寻奏，而非谕旨本文。光绪十年（1884 年）五月十七日上谕将铁路的矿产转运之便列入"自强"事宜：

> 谕军机大臣等，左中允崔国因奏，建设铁路，则调兵转饷运漕，均可迅速，且通商惠工，可夺外洋之利等语。铁路一事，前经谕令李鸿章等会议，以需费至巨，未即兴办。惟此等创举之事，或可因地制宜，酌量试办。现在云南广开矿务，山西采运铁斤，转运艰难，旷时糜费，如果各就开采之地，量为创造，以省运费而裕利源，亦属自强之一策。是否可行，着总理各国事务衙门会商李鸿章详加酌核，妥筹具奏。原折均着摘抄给与阅看。将此谕知总理各国事务衙门，并谕令李鸿章知之。②

不过，该上谕对铁路政策仍坚持"试办"，对某处是否可行仍持谨慎态度。这一情况在 5 年以后有了实质性转变。光绪十五年（1889 年）四月初八上谕肯定修筑铁路为"自强要策"，宣布"但冀有利于国，无损于民，定一至当不易之策，即可毅然兴办，毋庸筑室道谋"③。光绪十五年八月初二日上谕再次肯定修筑芦汉铁路的奏请，谓铁路"实为自强要图"④。

不过，此一时期"自强"之政确有扩展之势，光绪十年（1884 年）七月初三日上谕申饬督抚认真厘剔饬吏整军治民诸政，实心实力，妥为筹办总期风清弊绝，日臻上理，以立自强根本⑤，"饬吏整军治民诸政"已为立"自强根本"。光绪十五年（1889 年）十一月初六上谕又将西学纳入"自强"事宜，所谓"西学确有实用，宜旁收博采，以济时需。除算学外，尚有矿学、化学、电

---

① 《清实录》（第 53 册），《德宗实录（二）》卷 123，中华书局，1987，第 768—769 页。
② 《清实录》（第 54 册），《德宗实录（三）》卷 184，中华书局，1987，第 566 页
③ 《清实录》（第 55 册），《德宗实录（四）》卷 269，中华书局，1987，第 599 页。
④ 《清实录》（第 55 册），《德宗实录（四）》卷 273，中华书局，1987，第 644 页。
⑤ 《清实录》（第 54 册），《德宗实录（三）》卷 189，中华书局，1987，第 644 页。

学、植物学、公法学 5 种,皆足以资自强而裨交涉"。①

　　到了光绪二十一年(1895 年)"力行实政"谕,"自强"事宜已扩展至修铁路、铸钞币、造机器、开各矿、折南漕、减兵额、创邮政、练陆军、整海军、立学堂、整顿厘金、严核关税、稽查荒田、汰除冗员各项。随着谕旨中"自强"事宜的扩容,至此已不局限于练兵相关事宜,而实与"富强"属一事。

(二)戊戌变法时期的"富强"话语重建

　　据《清实录》所载,皇太极在天聪六年(1632 年)八月初一上谕中曾言及"国家富强"②。除此之外,《清实录》所见光绪朝以前上谕中的"富强"一语,一般指称人的"年力富强"或地方上的富裕豪强之人,也有指称满、蒙等部的兵强马壮。光绪二年(1876 年)十月二十四日上谕引太常寺卿陈兰彬奏语谓招商局为"富强之本"③。光绪六年(1880 年)正月二十一日上谕则从中俄争端语境中申饬边疆驻兵屯垦"冀臻富强"④。光绪九年(1883 年)七月初十上谕也称云南矿务"实为裕国筹边至计",并引署左副都御史张佩纶奏称"招集商股,开采滇矿,为富强本计"⑤。光绪十一年(1885 年)五月二十二日,上谕:

　　　　云南矿务,曾于上年五月间谕令该督抚广集商力、及时开采。业据张凯嵩将筹画采办情形于上年闰五月、本年正月两次覆奏。所称绅民寻获旧硐新礛四十余处,若何开办? 牛泥塘一处矿苗最旺,曾否办有成效? 胡家桢等招集商股,已否集有巨款? 目下军务已定,亟应扩充矿务,认真开采,以期规复旧额。着岑毓英、张凯嵩督饬所属实心筹办,并催令在沪委员赶紧集股赴滇。务须事事核实,取信商民,以期有裨时局。一面将现办情形,迅速覆奏。将此由五百里各谕令知之。⑥

────────────

①　《清实录》(第 55 册),《德宗实录(四)》卷 276,中华书局,1987,第 689 页。
②　《清实录》(第 2 册),太宗实录(二)·卷 12,中华书局,1987。
③　《清实录》(第 52 册),《德宗实录(一)》卷 41,中华书局,1987,第 591 页。
④　《清实录》(第 53 册),《德宗实录(二)》卷 108,中华书局,1987,第 590 页。
⑤　《清实录》(第 54 册),《德宗实录(三)》卷 166,中华书局,1987,第 331 页。
⑥　《清实录》(第 55 册),《德宗实录(四)》卷 280,中华书局,1987。

　　光绪二十一年(1895 年)十一月十八日上谕令张之洞回湖广总督本任则谓铁厂、枪炮厂、铁路、铸银元诸事"均当加意举办，以立富强之本"①。光绪二十三年(1897 年)三月二十九日上谕谓"银行之设，固属富强要图"②。

　　"定国是"诏后，"富强"一词在上谕中更是频繁出现，富强事宜所强调各端也逐渐扩展，鼓励和支持社会力量参与国家建设的现代化模式已初现端倪。光绪二十四年(1898 年)四月二十四日上谕谓"商务为富强要图，自应及时举办"③。光绪二十四年五月十七日上谕谓"现在振兴庶务，富强之计，首在鼓励人才"，这里的人才主要是不"囿于旧习"能出新书、新法、新器的西学人才。④ 光绪二十四年五月二十六日上谕谓"振兴商务，为富强至计，必须讲求工艺，设厂制造，始足以保我利权"⑤。光绪二十四年六月初七上谕谓商务局、商学、商报、商会各端应切实讲求，"务使利源日辟，不令货弃于地，以期逐渐推广，驯致富强"⑥。光绪二十四年六月十五上谕在重申"通商惠工、务材训农"的同时，强调"图治之法，以农为体，以工商为用"，新法、新器兼及农学。⑦ 光绪二十四年七月初五日上谕命设农工商总局，"以植富强之基"⑧。

　　戊戌政变后"富强"仍然是执政合法性的重要话语。光绪二十四年(1898 年)八月十一日上谕虽否定了"百日维新"期间的一系列新政措施，但光绪帝推行改革的初衷"为国家图富强"当然没有问题，"康党"乱政但仍应"次第推广所有一切自强新政"⑨。不过光绪二十四年(1898 年)九月二十五

---

　　① 《清实录》(第 56 册)，《德宗实录(五)》卷 380，中华书局，1987，第 969 页。

　　② 《清实录》(第 57 册)，《德宗实录(六)》卷 403，中华书局，1987，第 267 页。

　　③ 《清实录》(第 57 册)，《德宗实录(六)》卷 418，中华书局，1987，第 483 页。

　　④ 《清实录》(第 57 册)，《德宗实录(六)》卷 420，中华书局，1987，第 499—500 页。

　　⑤ 《清实录》(第 57 册)，《德宗实录(六)》卷 420，中华书局，1987，第 509 页。

　　⑥ 《清实录》(第 57 册)，《德宗实录(六)》卷 421，中华书局，1987，第 517 页。该上谕关于具体是商务局之设问题，第四章予以解析。

　　⑦ 《清实录》(第 57 册)，《德宗实录(六)》卷 421，中华书局，1987，第 525 页。

　　⑧ 《清实录》(第 57 册)，《德宗实录(六)》卷 423，中华书局，1987，第 539—540 页。该上谕关于农工商总局的设立问题，第四章予以解析。

　　⑨ 《清实录》(第 57 册)，《德宗实录(六)》卷 427，中华书局，1987，第 602—603 页。

日慈禧太后懿旨"为海宇策富强"则强调的是"训练兵勇、劝课水利蚕桑、兴办保甲团练积谷各事宜"①。光绪二十四年十月初三慈禧太后懿旨更是空谈"无时不以力图自强为念"：

> 慈禧端佑康颐昭豫庄诚寿恭钦献崇熙皇太后懿旨,从来致治之道,首在破除成见,力戒因循。自古有治人,无治法。盖立法之初,未尝不善。积久弊深,不得不改弦更张,以为救时之计。然或徒务虚名,不求实际,则立一法又生一弊,于国事仍无裨益。故弊去其太甚,法期于可行。必须慎始图终,实事求是,乃能有济。深宫宵旰焦劳,勤求治理,无时不以力图自强为念,而内外大臣,大率畏难苟安,不知振作。国家所赖以宏济艰难补救时局者,果安在耶？即如泰西各国,风俗政令,与中国虽有不同,而其兵农工商诸务,类能力致富强,确有明效,苟能择善而从,次第举办,致可日期有功。第恐浅识之徒,妄生揣测,或疑朝廷蹈常习故,不复为久远之谋,实与励精图治之心,大相刺谬。总之,兴利除弊,责在疆臣,指陈得失,责成言路。嗣后内外臣工,及有言事之责者,务当各抒己见,凡有益国计民生者,切实陈奏,以备采择施行,毋得徒以空言塞责,致负殷殷求治之意。将此通谕知之。②

谓泰西"兵农工商诸务,类能力致富强"者当采择施行,不过"确有明效"的标准确实不是臣工所能把握。并且从该谕旨来看,训斥臣工谬误者多,切实讲求治理课者少。不过,这种空谈却正说明其时"富强"正作为治道成为国家治理的正当性基础。

"自强""富强"词语在《清实录》上谕中出现频次也在增加。"自强"一词同治元年(1862年)至光绪二十一年(1895年)"力行实政"谕发布前34年间共使用79次(共检索到81件文献,其中1条为湖北自强学堂、1条为策试题),此后至1911年清亡16年间则使用了56次(共检索到69条文献,其中

① 《清实录》(第57册),《德宗实录(六)》卷430,中华书局,1987,第648页。
② 《清实录》(第57册),《德宗实录(六)》卷431,中华书局,1987,第659页。

13 条为自强军、自强股票事宜）。光绪二年（1876 年）至光绪二十一年（1895年）"力行实政"谕前 20 年间共使用"富强"一词 5 次（共检索到 6 次，1 次在"年力富强"意义上使用），"力行实政"谕至"定国是"诏期间 3 年使用 2 次，"定国是"诏后开始比较频繁使用该词，至清亡共计使用 30 次（共检索到 34条，其中 4 次在"年力富强"意义上使用）。"富强"在戊戌变法时期成为国家治理正当性的主流话语，对变法的反对也须局限在"富强"之道的正当性话语之下，而反映为达致"富强"的措施之争。

二、戊戌变法时期作为"传统—现代"国家治理逻辑转换的转捩点

诏谕分为明发和廷寄。明发上谕下之内阁、刊于邸报，臣民可共见；廷寄又称交片，下之军机处直接发给差遣大臣。① 光绪二十一年（1895 年）"力行实政"谕系廷寄各直省将军督抚，光绪二十四年（1898 年）下诏定国是为明发上谕，这里将要引用的戊戌政变后谕旨也是明发上谕。如果说"力行实政"谕作为廷寄还主要是变革措施的行政传达（但不可忽视该谕廷寄范围的广泛性及其国家治理转型意义），则诏定国是及戊戌政变后的谕旨实向臣民明确设定了国家治理转型和法秩序重构的可能范围和限度。

（一）"力行实政"谕对商力、民智的强调

光绪二十一年（1895 年）闰五月二十七日，光绪帝在甲午战争结束后立即向各直省将军督抚下发了"力行实政"谕②，提出"因时制宜""力行实政"，"以筹饷练兵为急务"，"以恤商惠工为本源"：

　　谕军机大臣等，自来求治之道，必当因时制宜，况当国事艰难，

---

① 清代诏书分为两类，一类是明谕，"下之于内阁、刊之于邸报，臣民共见者也"，一类是廷寄（交片），"下之于军机处，不刊于邸报"。梁启超：《戊戌政变记》，载汤志钧、汤仁泽编《梁启超全集》（一），中国人民大学出版社，2018，第 498 页。
② 该上谕多被研究者命名为"因时制宜"谕，张海荣将其称为"力行实政"谕，该表述取自该谕原文并能全面概括谕旨主旨，张海荣：《思变与应变：甲午战后清政府的实政改革（1895—1899）》，社会科学文献出版社，2020，第 2 页。

尤应上下一心，图自强而弭隐患。朕宵旰忧勤，惩前毖后，惟以蠲除痼疾、力行实政为先。叠据中外臣工条陈时务，详加披览，采择施行，如修铁路、铸钞币、造机器、开矿产、折南漕、减兵额、创邮政、练陆军、整海军、立学堂，大抵以筹饷练兵为急务，以恤商惠工为本源，皆应及时举办。至整顿厘金、严核关税、稽查荒田、汰除冗员各节，但能破除情面，实力讲求，必于国计民生两有裨益。着各直省将军督抚将以上诸条，各就本省情形，与藩、臬两司暨各地方官悉心筹画，酌度办法，限文到一月内分晰覆奏。当此创巨痛深之日，正我君臣卧薪尝胆之时，各将军督抚受恩深重，具有天良，谅不至畏难苟安，空言塞责。原折片均着抄给阅看，将此由四百里各谕令知之。①

谕旨所列 14 条政令"采择施行"的事项内容与洋务运动的改革框架一脉相承又有所突破，为甲午战后的改革提供了合乎时代的目标和立法参照系。

在此之前的光绪二十一年（1895 年）四月十七日，《马关条约》生效后第 4 天，光绪帝朱谕大学士、六部、九卿、翰詹、科道等，号召君臣上下"痛除积弊"，就练兵、筹饷"尽力研求，详筹兴革"，"以收自强之效"。② 光绪二十一年（1895 年）闰五月十三日又下诏求贤，命内外臣工保举洋务、西学人才。③ "力行实政"谕各项问题之中虽然财政问题仍是最急迫和关键所在，但整体而言其已超越此前诏谕练兵、筹饷范围，在经济、军事、教育诸领域要求向西方学习自强之道。光绪二十二年（1896 年）正月三十日，光绪帝再次发布诏谕督促各地督抚"实力访查"金银矿地④，光绪二十二年（1896 年）二月初九

---

① 《清实录》（第 56 册），《德宗实录（五）》，中华书局，1987，第 837—838 页。

② 《清实录》（第 56 册），《德宗实录（五）》，中华书局，1987，第 780—781 页。

③ 中国第一历史档案馆编：《光绪宣统两朝上谕档》第 21 册，广西师范大学出版社，1996，第 208 页。

④ 史念祖：《开矿办有端倪折》（光绪二十二年六月初三），载中国第一历史档案馆编《光绪朝朱批奏折》第 101 辑，中华书局，1996，第 1087 页。

日又连发 4 道谕旨重申"开矿为方今最要之图"，督促相关督抚分别办理①。

　　与"力行实政"谕一同下发的还有各臣工条陈折片九件（见表 1）。其中，康有为条陈多切中时弊而涉及全面。胡燏棻的上奏被置首，其主张的经济改革广开利源、军事改革仿西法练兵、教育改革普及新学、政治改革不触动根本制度前提下稍作整顿，符合帝党意向，"力行实政"谕采纳了胡燏棻的上奏提纲。②

表 1　随"力行实政"谕下发的折片九件及要点

时间	署名	名称	主旨	改革措施	备注
光绪二十一年五月初六日（1895 年 5 月 29 日）	陈炽（军机章京、户部员外郎）	《请一意振作变法自强呈》（《上清帝万言书》）	学习西方、变法图强	统筹全局以筹国用、罗人才为始事，以练民兵、开议院为成功	
光绪二十一年五月十一日（6 月 3 日）	康有为（广东进士）	《为安危大计乞及时变法而图自强呈》（《上清帝第三书》）	学习西方、变法图强	统筹全局改革国朝法度，全面改革	都察院代奏
光绪二十一年五月十七日（6 月 9 日）	胡燏棻（广西按察使，此时奉命在天津小站练兵）	《因时变法力图自强条陈善后事宜折》（《变法自强疏》）	学习西方、变法图强	统筹全局筹饷、练兵、工商、学校，政治主张未超出洋务派范畴	

---

　　① 中国第一历史档案馆编《光绪宣统两朝上谕档》第 22 册，广西师范大学出版社，1996，第 40—42 页。
　　② 胡燏棻折或由王修植、邵作舟代作，相关分析参见张海荣：《思变与应变：甲午战后清政府的实政改革（1895—1899）》，社会科学文献出版社，2020，第 79 页。

续表1

时间	署名	名称	主旨	改革措施	备注
光绪二十一年闰五月初七日（6月29日）	张百熙（南书房翰林）	《和议虽成应急图自强并陈管见折》		统筹全局 集中于用人行政，反对"苟且因循"，主张皇帝恭取圣训、祖述宪章	
光绪二十一年闰五月初七日（6月29日）	信恪（委散佚大臣）	《时事艰难请开办矿务以裕利源而图经久折》		具体政策，未涉及政治改革	
光绪二十一年闰五月初九日（7月1日）	易俊（御史）	《厘金积弊太深请饬妥定章程折》		具体政策，未涉及政治改革	
光绪二十一年闰五月十六日（7月8日）	准良（翰林院侍读学士）	《奏为富强之策铁路为先敬陈管见事》		具体政策，未涉及政治改革	
光绪二十一年闰五月十九日（7月11日）	徐桐（协办大学士、吏部尚书）	《奏为遵筹偿款兴利裁费并抽洋货加税等八条敬陈管见折》	固守中法	具体政策 提倡"俭德"，"剔除中饱，节省糜费，尽以归公"	
光绪二十一年闰五月十九日（7月11日）	徐桐（协办大学士、吏部尚节）	《枪炮宜制造一律片》		针对军事失利的技术性反思	

注：参考张荣海：《关于引发甲午战后改革大讨论的九件折片》，《广东社会科学》2009年第5期；张海荣：《思变与应变：甲午战后清政府的实政改革（1895—1899）》，社会科学文献出版社，2020，第72—80页。

　　“变法”本是中国历代屡见不鲜的传统命题，近代以来随着西学的传入而具有超越传统国家—社会框架的现代转型意义。胡燏棻以“富强”“仿行西法”为唯一治国之道和致富之术，筹饷、练兵为目前之急，其本源“尤在敦劝工商、广兴学校”。① 张之洞、陶模、刘坤一等督抚要臣在变法举措上与胡燏棻基本一致。张之洞未针对上谕覆奏而是随后另奏《吁请修备储才折》，其中九条改革建议虽不外乎练兵等洋务运动时期的措施，基本未出胡燏棻上奏范围，但“速讲商务”“讲求工政”等措施也反映出其时对商务、工政等富强之策的新认识。② 康有为奏折较之上述方案更进一步，提出设报馆以通风气、公举“议郎”以君民共治天下等主张。陈炽更是提出“西人之长技”仅是“西法之皮毛”，“西人之本原”在养民、教民，中国应效法西方，设立新型教育、经济等行政机构及变刑律、设议院。虽然陈炽以为设议院的时机须在“十年之后，学校大成”，但其在上书中已明确提出公举下院，“政归公论，人有定评；上下相准，永永不敝”。③

　　准良请筑铁路、信恪请开矿务二折本无新意，但准良以“库款支绌”为由所提出的“借资商力”“招集公司”的筑路之策④，及信恪主张鼓励并规范民间采矿，并提出“自古富国之道首在富民，但使利源日开，自不患于公家无益”⑤的理念，都试图动员社会力量发展路矿，具有治理现代化意义。

　　总体而言，随光绪帝上谕下发的九件折片，既包含了以胡燏棻为代表的洋务派“新”变法要求，也包含了以康有为、陈炽为代表的维新派变法要求，同时也有以徐桐为代表守旧派针对战争失利所作技术性反思后的有限军事改革要求。上谕基本采纳了胡燏棻的具体措施，但未用“变法”一词，对维新

　　① 胡燏棻：《变法自强疏》，中国史学会主编《中国近代史资料丛刊·戊戌变法》（二），上海人民出版社，1957，第277—290页。

　　② 苑书义等主编《张之洞全集》（二），河北人民出版社，1998，第989—1001页。

　　③ 陈炽：《上清帝万言书》，载孔祥吉：《晚清史探微》，巴蜀书社，2001，第149—152页。

　　④ 准良：《奏为富强之策铁路为先敬陈管见事》，光绪二十一年闰五月十六日，《军机处录副·光绪朝·内政》，档号：03-5611-009。

　　⑤ 信恪：《时事艰难请开办矿务以裕利源而图经久折》（光绪二十一年闰五月初七日），《军机处录副·光绪朝补遗·矿务》，档号：3-168-643-23。

派和守旧派的一些主张并未完全采纳。维新派的政治主张能够被作为上谕附件下发,本身已说明皇帝对政治改革议题的默许(虽然改革的范围和程度仍然是需要臣下进言所谨慎把握的),维新派在甲午战后已开始作为一支独立力量进入朝廷变法舆论场。①

(二)"定国是"诏对维新派重整国家——社会关系主张的肯定

甲午战后光绪帝已决心大行改革、力行实政,并获得许多朝廷重臣的支持。正如后面章节将要分析到的,甲午战争之后相对稳健的实政改革较之百日维新取得了一些积极效果,但循序渐进的改革并不能有效扭转甲午战败所导致的中央政府政治权威弱化及国家动员社会资源能力局限诸问题。

光绪二十四年四月二十三日(1898 年 6 月 11 日)光绪帝下诏定国是,肯定了甲午战后"中外臣工,讲求时务,多主变法自强",强调了变法的重要性,其宗旨以"圣贤义理之学"为本而以"博采西学之切于时务者"为用:

> 谕内阁,数年以来,中外臣工,讲求时务,多主变法自强。迩者诏书数下,如开特科,裁冗兵,改武科制度,立大小学堂,皆经再三审定,筹之至熟,甫议施行。惟是风气尚未大开,论说莫衷一是,或托于老成尤(忧)国,以为旧章必应墨守,新法必当摈除,众喙哓哓,空言无补。试问今日时局如此,国势如此,若仍以不练之兵、有限之饷、士无实学、工无良师,强弱相形,贫富悬绝,岂真能制梃以挞坚甲利兵乎?朕惟国是不定,则号令不行,极其流弊,必至门户纷争,互相水火,徒蹈宋明积习,于时政毫无裨益。即以中国大经大法而论,五帝三王不相沿袭,譬之冬裘夏葛,势不两存。用特明白宣示,嗣后中外大小诸臣,自王公以及士庶,各宜努力向上,发愤为雄,以圣贤义理之学,植其根本,又须博采西学之切于时务者,实力讲求,以救空疏迂谬之弊。专心致志,精益求精,毋徒袭其皮毛,毋

---

① 李元鹏:《晚清督抚与社会变革——以 1895—1898 年初督抚的自强活动为中心》,河北师范大学博士学位论文,第 34 页。

竞腾其口说，总期化无用为有用，以成通经济变之才。京师大学堂
为各行省之倡，尤应首先举办，着军机大臣、总理各国事务王大臣
会同妥速议奏，所有翰林院编检、各部院司员、大内侍卫、候补候选
道府州县以下官、大员子弟、八旗世职、各省武职后裔，其愿入学堂
者，均准入学肄业，以期人才辈出，共济时艰，不得敷衍因循，徇私
援引，致负朝廷谆谆告诫之至意。将此通谕知之。①

就变法的具体措施而言，该上谕除了已经开展的练兵和兴学外，并无过
多阐发。一定意义上，该诏书是确立变法合法地位的宣言书。其"宣示天
下，斥墨守旧章之非""以变法为号令之宗旨，以西学为臣民之讲求，着为国
是，以定众向，然后变法之事乃决，人心乃一，趋向乃定"，百日维新正"基于
此诏""新政之行，开于此日"。②

该谕旨表明了光绪帝大刀阔斧进行变法的态度，在下发之前光绪帝根
据慈禧太后旨意作了人事调整。荣禄补大学士管理户部，刚毅升协办大学
士，崇礼任刑部尚书，如此则帝师翁同龢地位降低。翁同龢时任协办大学
士、军机大臣、总理各国事务衙门大臣、户部尚书。荣禄以大学士身份管理
户部，地位在翁同龢之上。刚毅同为协办大学士、军机大臣，调兵部尚书，地
位与翁同龢持平。刚毅空出的刑部尚书由总理各国事务衙门大臣崇礼接
任，在总理衙门事务上与翁同龢地位持平，比张荫桓高。③ 随后，经慈禧太后
同意下诏"定国是"。

百日维新是戊戌变法运动的高潮，维新派作为以改革为主题的时代的
前沿代表，获得了光绪皇帝的充分认可。慈禧太后进行人事调整的同时，光
绪帝也在积极进行人事安排。具体的改革理念和改革措施将在后面详论，
现举两例说明光绪帝主持下清廷对维新派人物的积极吸纳态度，及其反映

---

① 《清实录》(第 57 册)，《德宗实录(六)》卷 418，中华书局，1987，第 482 页。
② 梁启超：《戊戌政变记》，载汤志钧、汤仁泽编《梁启超全集》(一)，中国人民大学
出版社，2018，第 498 页。
③ 茅海建：《从甲午到戊戌：康有为〈我史〉鉴注》，生活·读书·新知三联书店，
2009，第 395 页。

出的政治合法性重建意义。

　　一个例子是康有为在戊戌变法期间的上奏特权。康有为曾说自己获得专折奏事的特权，虽不足全信却也不是完全的无中生有。《戊戌奏稿》本《应诏统筹全局折》《请废八股试贴楷法试士改用策论折》和《敬谢天恩并统筹全局折》都提及"专折奏事"。《应诏统筹全局折》与宫中档所藏原件对比，在起首语中在原作"准其专折递奏"之前又增添"准予专折奏事"①；《请废八股试贴楷法试士改用策论折》也谓皇帝"令随时上陈，特许专折奏事"②；《敬谢天恩并统筹全局折》与军机档原件对比添加"宽其礼数，复令有所条陈，准其专折递奏"等语③。《康有为自订年谱》中也谓皇帝命曰"何必代递，此后康有为有折，可令其直递来"④。就档案实际来看，其许多奏折还是通过总理衙门代奏，不过在代奏之外应该也有其他上奏渠道。

　　康有为的官、差分别是工部主事和总理衙门章京（未就任，清代官差不一、任而不就者很普遍）。其上奏须通过其主管衙门即总理衙门或工部代奏。在今天能够查到的档案显示，康有为上奏的代奏渠道都是总理衙门，这可能跟时任总理衙门大臣张荫桓等人对其的信任有关。⑤　不过，康有为在总理衙门有差，由隶属的总理衙门代奏符合清代上奏体制。另有 10 件折片没有代奏记录，有一些可能是军机大臣上学习行走、总理衙门大臣、刑部尚书廖寿恒奉皇帝旨意代递。⑥　代递不同于代奏，代奏有着严格的阅看、签署、作保、登记程序。代递则更具有私密性，代递者更多是转交，甚至不能拆阅查看。

---

　　①　茅海建：《从甲午到戊戌：康有为〈我史〉鉴注》，生活·读书·新知三联书店，2009，第 445 页。

　　②　康有为：《请废八股试贴楷法试士改用策论折》，载姜义华、张荣华编校《康有为全集》（四），中国人民大学出版社，2007，第 78 页。

　　③　康有为：《敬谢天恩并统筹全局折》，载姜义华、张荣华编校《康有为全集》（四），中国人民大学出版社，2007，第 90 页。

　　④　《康南海自订年谱》，载中国史学会主编《中国近代史资料丛刊·戊戌变法》（四），上海人民出版社，1957，第 148 页。

　　⑤　马忠文：《张荫桓、翁同龢与戊戌年康有为进用之关系》，《近代史研究》2012 年第 1 期。

　　⑥　茅海建：《戊戌变法史事考》，生活·读书·新知三联书店，2005，第 21—22 页。

　　第二个例子是"康党"人事安排上的"优例"。翰林院侍读学士徐致靖①在光绪帝诏"定国是"前后分别上奏《请明定国是疏》（1898 年 6 月 8 日）、《国是既定用人宜先谨保维新救时之才请特旨破格委任折》（1898 年 6 月 13 日），此二折或均为康有为代拟。前折与此前康有为奏折或代拟奏折思路一致，即明定国是然后划一朝政，上奏三日后光绪帝颁布明定国是上谕。② 后折强调"非变法则不能自强，而非得其人亦不能变法"，并举日本例，称其维新特拔下僚及草茅之士二十人，入宪法局以备顾问，"新法皆数人所定"。③此折虽是康有为代拟，但徐致靖保荐人的措辞必是其反复斟酌。其中将变法委之维新数人之说，与康有为前述以议院、制度局充实维新人士有延续性，但此处更为务实，甚至不提如何使用此数人，只说请皇帝重用。应该说，从康有为在该时期与其女书信中可以看出④，其确实是一直在等待时机获得召见起用，这与其维新思想及救国之义并不矛盾。从国家角度来说，自利与利国利民并不冲突。

　　后折举荐维新人才康有为、黄遵宪、谭嗣同、张元济、梁启超五人。随即，谕旨命康有为、张元济预备召见，黄遵宪、谭嗣同由各该督抚送部引见，梁启超由总理衙门察看具奏。光绪帝下令召见康有为、张元济是前所未有的特例。康有为获召见后，当日光绪帝发下交片谕旨令康有为在总理各国事务衙门章京上行走。总理衙门章京是当时炙手可热的差使，章京多须经考试或候补、"额外章京"阶段。康有为作为工部候补主事，分部仅三年又未当差，由光绪帝特旨派差，又是一特例，虽然这与康有为所期望的"置诸左右，以备顾问"有相当差距。"康党"其他人也多获特例安置优遇，如梁启超获召见后赏给六品衔，办理译书局事务，后又办理上海译书局及京师大学堂

　　① 　徐致靖，江苏宜兴人，光绪二年进士，入翰林院，累迁至翰林院侍读学士，翰林院散馆后授编修。

　　② 　《请明定国是折》应为康有为、梁启超诸人共同商酌，参见孔祥吉编著《康有为变法奏章辑考》，国家图书馆出版社，2008，第 229 页。

　　③ 　康有为：《国是既定用人宜先谨保维新救时之才请特旨破格委任折（代徐致靖作）》，载姜义华、张荣华编校《康有为全集》（四），中国人民大学出版社，2007，第 75 页。

　　④ 　康有为：《与同薇女书》，载姜义华、张荣华编校《康有为全集》（四），中国人民大学出版社，2007，第 74 页。

编译局;黄遵宪以三品京堂候补,充出使日本国大臣;张元济原为刑部候补主事、总理衙门章京,召见后虽未立即安排新职,但随后被京师大学堂管学大臣孙家鼐任命为大学堂总办,矿务铁路总局成立后又派为官股章京。① 谭嗣同获召见和杨锐、刘光第、林旭均赏四品卿衔,在军机章京上行走,参与新政事宜,可以算得上是超擢。②

通过起用代表时代前沿改革议题的"康党",光绪帝试图通过激进改革确立个人在权力体系中的权威地位。就历史意义而言,百日维新则是通过激进改革为糜费的清廷政治注入些许生机,为甲午战败后弱化的政治合法性寻求新的出路。以康有为为代表的维新派所提出的一系列改革措施中,有许多"激进"的改革主张并不一定切合实际,但一心求"速强"的光绪帝已无法通盘考虑改革的弊与利、机与危了。

光绪帝《定国是诏》的出台则与维新派杨深秀、徐致靖的奏折有较直接的关系,拟旨"定国是"的翁同龢在日记中有比较清楚的记录。③ 杨深秀、徐致靖二折由康有为、梁启超等代拟④,"康党"主旨在谕旨中已有较充分体现。上谕所论并不符合康有为的政治改革愿景,康有为在上谕颁行后上奏的《请御门誓众开制度局以统筹大局折》(1898 年 6 月 19 日)中认为,虽有上谕明定国是,但国是仍未定。其原因在于旧说、积习、守旧之人心未易,需要强有力的手段改易风气。康有为所主张的变法自强,其下手之端在开制度局,然后重新谋划一切庶政;兼采万国良法;明国民一体、上下同心。⑤ 康有为主张的变法是从国家治理转型意义上的法秩序重建,而非上谕所谓以"圣贤义理之学"为本而以"博采西学之切于时务者"为用。

不过,其时西学已超越洋务时期对西方技艺的追求,而上升到"为民立

---

① 茅海建:《戊戌变法史事考二集》,生活·读书·新知三联书店,2011,第 154—158 页。

② 茅海建:《戊戌变法史事考二集》,生活·读书·新知三联书店,2011,第 174—175 页。

③ 翁同龢:《翁同龢日记》(六),陈义杰整理,中华书局,2006,第 3132 页。

④ 康有为代拟二折事前已述及,据梁启超致夏曾佑信称,梁启超等人也参与其中。参见丁文江、赵丰田编《梁启超年谱长编》,上海人民出版社,1983,第 122 页。

⑤ 康有为:《请御门誓众开制度局以统筹大局折》,载姜义华、张荣华编校《康有为全集》(四),中国人民大学出版社,2007,第 87—88 页。

政"的政法各项。光绪帝上谕"国家振兴庶政,兼采西法,诚以为民立政,中西所同,而西人考究较勤,故可以补我所未及",批评"今士大夫昧于域外之观者""不知西国政法之学千端万绪"。[①]

(三)戊戌政变后诏书对维新"富强"话语的延续及守旧话语的合法性危机

光绪帝议设懋勤殿、议政官以重用"康党",并以阻碍新政之由罢免礼部六堂官,引起其与慈禧太后的权力冲突。维新仅持续百余日即遭到慈禧太后的残酷镇压。"康党"被视为逆党在朝野内外遭到逮捕、杀戮,与"康党"有关的官僚受到降职、罢免、流放等处罚,光绪帝被软禁。

戊戌政变后,慈禧太后曾咨以新旧法利病如何,刚毅对之,谓康有为欲"倾我大清天下",新法皆其臆造。光绪帝辩解说"法穷当变,历代名臣名儒论之已详",刚毅对曰:"皇上所览书籍,皆有为所进,即其自著之妖言,古人安有是论?"慈禧太后谓刚毅所说"痛切"。[②] 近年来,有学者认为慈禧太后也主张改革,只是因权力斗争而打断戊戌维新。事实上,慈禧太后所支持的改革,是荣禄等亲信所主持的洋务运动式的改革。"祖宗之法不能变",其反对戊戌变法基于国家与社会关系重建的法秩序重构。虽几年以后慈禧太后即主导了清末新政,但这是时势发展所然,并不能倒推出曾经的慈禧太后也一样支持国家治理模式的改革。

戊戌政变后,慈禧太后以光绪帝名义发布谕旨,虽未从根本上否定变法富强的改革道路,但随着一些具体改革措施的取消,清廷的"富强"措施趋于保守。戊戌政变使百日维新戛然而止,政变是以打击"逆党"的名义发起,其中当然掺杂着帝后权力之争及帝后两党的党争。就历史意义而言,其中也凸显着传统政治合法性路径出现危机之时,清廷对于新式政治合法性路径尝试风险的顾虑。这种顾虑的表达又以支持变法但打击"逆党"的形式,维护了新政的可能道路。虽然新政的具体措施随后也被取消或者调整,但新

---

① 　中国第一历史档案馆编《光绪宣统两朝上谕档》第24册,广西师范大学出版社,1996,第384页。

② 　费行简:《慈禧传信录》,载中国史学会主编《中国近代史资料丛刊·戊戌变法》(一),上海人民出版社,1957,第468页。

政的基本论调已具有国家层面上的正当性。

戊戌政变后,光绪二十四年八月十一日(1898年9月26日)上谕对百日维新的利弊进行总结。上谕仍以光绪帝名义发布:

谕内阁,朝廷振兴庶务,一切新政,原为当此时局,冀为国家图富强,为吾民筹生计,并非好为变法,弃旧如遗,此朕不得已之苦衷,当为天下臣民所共谅。乃体察近日民情,颇觉惶惑。总缘有司奉行不善,未能仰体朕意。以致无识之徒,妄为揣测,议论纷腾。即如裁并官缺一事,本为淘汰冗员,而外间不察,遂有以大更制度为请者。举此类推,将以讹传讹。伊于胡底,若不开诚宣示,诚恐胥动浮言,民气因之不靖,殊失朕力图自强之本意。所有现行新政中裁撤之詹事府等衙门,原议将应办之事,分别归并,以省繁冗。现在详察情形,此减彼增,转多周折,不若悉仍其旧。着将詹事府、通政司、大理寺、光禄寺、太仆寺、鸿胪寺等衙门,照常设立,毋庸裁并。其各省应行裁并局所冗员,仍着各督抚认真裁汰。至开办时务官报及准令士民上书,原以寓明目达聪之用。惟现在朝廷广开言路,内外臣工,条陈时政者,言苟可采,无不立见施行,而疏章竞进,转多掩饰浮词,雷同附和,甚至语涉荒诞,殊多厖杂。嗣后凡有言责之员,自当各抒谠论,以达民隐而宣国是。其余不应奏事人员,概不准擅递封章,以符定制。时务官报,无裨治体,徒惑人心,并着即行裁撤。大学堂为培植人才之地,除京师及各省会,业已次第兴办外,其余各府州县议设之小学堂,着该地方官斟酌情形,听民自便。其各省祠庙不在祀典者,苟非淫祠,着一仍其旧,毋庸改为学堂,致于民情不便。此外业经议行及现在交议各事,如通商惠工、重农育才以及修武备、浚利源,实系有关国计民生者,即当切实次第举行。其无裨时政而有碍治体者,均毋庸置议。着六部及总理各国事务衙门详加核议,拟实奏明,分别办理。方今时事艰难,一切兴革事宜,总须斟酌尽善,期于毫无流弊。朕执两用中,不存成见,尔大小臣工等,务当善体朕心,共矢公忠,实事求是,以副朝廷励精图治、不厌求详之至意。将此通谕知之。①

上谕痛斥康有为等"乘变法之机,阴行乱法之谋",恢复了科举制度,禁止士民上书言事,恢复已决定裁并的詹事府等闲散衙门,否定了这次变法某些改革措施的合法性。不过,国家危机迫在眉睫,改革是救亡图存的出路,该谕并未对维新政策彻底否定,仍强调"次第推广所有一切自强新政"。

光绪二十四年(1898年)九月谕旨对此作了进一步解释：

> 谕内阁……前因中外积弊过深,不得不因时制宜,力加整顿,而宵小之徒,窃变法之说,为煽乱之谋,业经严拿惩治,以遏横流。至一切政治,有关国计民生者,无论新旧,均须次第推行,不得因噎废食。②

结合两个谕旨,"有关国计民生"者,如"通商惠工、重农育才以及修武备、浚利源"等"富强"之道,仍应依次开办;官制、时务官报、士民上书等政治改革和观念改革措施则被归入"无裨时政而有碍治体者"。前者是包括"康党"在内的朝野各方(特别顽固者在甲午战后已不占朝政主流)的共识,后者从国家治理结构和治理观念上的全面调整是"康党"所力主的。这种说辞事实上压缩着"民智"的发展方向和范围,国家政策的通商惠工、重农育才、浚利源等在何种程度上是动员和倚重"商力"的则具有不确定性。

虽然戊戌政变后上谕仍谓所惩不过"煽乱""宵小",一切改革因时制宜"无论新旧",但在"有裨时政"和"有碍治体"之间并没有明晰的界定。上谕谓除京师及各省会已兴办学堂外,"其余各府州县议设之小学堂,着该地方官斟酌情形,听民自便"。京师大学堂及各省已办学堂按上谕应属"有裨时政"者,但事实上京师大学堂在戊戌政变后也仅是维持而毫无生机。光绪二

---

① 《清实录》第57册,《德宗实录(六)》,中华书局,1987,第602—603页。
② 《清实录》第57册,《德宗实录(六)》,中华书局,1987,第627页。

十四年(1898 年)八月二十日上谕提出办学原则为"官为提倡""就地筹款"①,朝廷不再支持办学经费。随后上谕虽不断重申各省书院讲求"经世之务""有用之学",②但也逐渐转向对中学的强调。光绪二十五年(1899 年)依河南学政朱福诜请旨,各书院恢复程朱之学,禁止以"释老之书,及一切时说,阑入四书文字"③。

甲午战后的"因时制宜"上谕是变法的总体规划,"诏定国是"上谕则重申臣工执行变法,二者具有联系和统一性。④ 戊戌政变后的诏书虽否定了"康党"的合法性,却不能不面对"积弊过深"的现实而继续维持变法口号。多数官员出于自保,只能选择观望和不作为。最终,在改革的旗号下清廷的政策越来越趋于保守。直至义和团起而又庚子之乱,在顽固守旧所导致的民族灾难里,清政府再次确立革新国策。应该说,从甲午战败到戊戌变法再由庚子之乱到清末新政,清政府事实上走出了趋新、混乱、因循、危亡、再趋新的现代化道路,但在话语表达上,"变法"和"改革"从来都是官方主基调,这也是后来清末新政能够顺利推进的前提。至少在官方话语里,从来没有否定变法本身,那么随时祭出变法大旗也具有了正当性。

总体上看,百日维新期间虽日发数道谕旨,但各级官僚实力行动者寥寥,甲午至戊戌年间(百日维新前)改革的政策法令较之于此则成效较著。甲午战争后三年变法布新多于除旧,百日维新则除旧多于布新。⑤ 从这个意义上,百日维新前的改革更多是温和的,百日维新则是激进的,这或是其艰难与受挫的原因之一。将甲午战争至百日维新作为一个整体来看,戊戌变

---

① 中国第一历史档案馆编《光绪宣统两朝上谕档》第 24 册,广西师范大学出版社,1996,第 441 页。

② 中国第一历史档案馆编《光绪宣统两朝上谕档》第 24 册,广西师范大学出版社,1996,第 511—512 页、第 548—549 页;《光绪宣统两朝上谕档》第 26 册,第 25、78 页。

③ "拟请饬下各直省,令书院士子崇尚程朱之学,并刊刻朱子小学近思录,颁发各书院,令朝夕讲贯,如有用释老之书,及一切时说,阑入四书文字者,予以严议,用杜奇衺而崇雅正。下部知之。"《清实录》,第 57 册,《德宗实录》,光绪二十五年八月,中华书局,1987,第 919 页。朱福诜历任河南学政、翰林院侍讲学士(提督贵州学政)、后充经筵讲官,从清实录所载历次奏呈来看似乎多随时势而发并无固定政见。

④ 闾小波:《论"百日维新"前的变法及其历史地位》,《学术月刊》1993 年第 3 期。

⑤ 闾小波:《论"百日维新"前的变法及其历史地位》,《学术月刊》1993 年第 3 期。

法时期传统的法秩序已经开始解体。该时期彻底改革旧制度的呼声一直存在，樊锥提出中国应将"一切繁礼细故""恶例劣范""铨选档册""大政鸿法""普宪均律"乃至"四民学校，风情土俗""一革从前"，"惟泰西者是效"①，易鼎也认为中国欲独立于世界"必改正朔，易服色，一切制度，悉从泰西"②。这是时人的不自信，也是时局迫切中的无奈选择。

第二节　整顿旧制和颁行新法的制度转型意义

甲午战后，在"力行实政"谕和诏"定国是"谕所规划的"富强"目标指引下，晚清中央和地方一度试图整顿旧法体系，摒除积弊，新定了一些法令章程。这些制度性改革虽"枝枝节节"却对制度转型不乏示范意义。

一、"例""案"删改中的变法命题

律典更多体现着宣示是非、证成统治正当性的功能，但律例结构和内容的稳定性又限制着其在法律适用上的与时俱进。③ 掌律例的刑部需要则例、成案外，其他各衙门公务处理中的问题也需要因时制宜的成例与成案补充。清代"例"包括了条例、事例、则例，"案"主要是通行、成案。许多学者从法律渊源角度对其中的联系与区别及其在法律体系中的地位作了富有启发性的讨论。④ 其研究路径更多是"建构"性的，即从纷繁复杂的"例""案"中梳理出今人能够理解的法律体系。不过在阅读史料中也可以发现，这一研究路

①　樊锥：《开诚篇三》，载方行编《樊锥集》，中华书局，1984，第11—12页。
②　易鼎：《中国宜以弱为强说》，《湘报》第20号，第77页。
③　李耀跃：《律典对传统统治正当性的依附与证成——以〈大清律例〉为中心的分析》，《中南大学学报（社会科学版）》2012年第5期。
④　相关的讨论可参见织田万：《清代行政法》，中国政法大学出版社，2003，第二编相关内容；苏亦工：《明清律典与条例》，中国政法大学出版社，1999，第二章、第三章相关内容；张晋藩、林乾：《〈户部则例〉与清代民事法律探源》，《比较法研究》2001年第1期；何勤华：《清代法律渊源考》，《中国社会科学》2001年第2期；关志国：《清代行政成案初探》，《苏州大学学报（法学版）》2017年第2期。

径值得推敲的是,在并没有"法治"和"行政法"理念的传统政法体系中,这些刑事之外的"例""案"究竟在什么意义上具有"法律效力",通过繁杂"例""案"所形成的制度性实践又在何种意义上具有法律意义上的实效,进而又在何种意义上符合立法初衷?① 传统政法机制中,"律垂邦法为不易之常经,例准民情因时以制宜"②。有学者指出,清代中后期"例"的编纂逐渐规范化③,但不可否认的是随着清代中后期"例""案"的增多,这种法律实践中的补丁机制历经沉淀已经有些积重难返④。

(一)传统政法补丁机制下的"例""案"积弊

户部相关政事所涉"例""案"繁多且多关系到人民生计,其中所关涉的税厘问题更是国家富强之道的财政支撑。捐纳例、商税例、厘金例的开办都经历了一个新例确立、援例(案)推广过程,也是传统政法补丁机制从调整到积弊的累积过程。

捐输与捐纳本为二事。捐输是士民甘愿报效而朝廷事后予以褒奖,捐纳是捐买官职(资格)。以赏赐官爵封典向官吏或民间吸纳钱粟有着长期传统,汉代纳捐拜爵后,历代皆行。在清人叙述中往往掩饰卖官鬻爵之名而谓捐纳为"援例捐输""报效议叙"⑤,因此在广义上捐输也包括了捐纳。

狭义上的捐输与报效并不存在正当性上的瑕疵,许多清代捐输具有社会公益筹款性质,与国家财政关系并不紧密,但在现代公共财政意义上当属

---

① 相关的反思目前来看还是初步的,参见杨一凡:《质疑成说,重述法史——四种法史成说修正及法理理论创新之我见》,《西北大学学报(哲学社会科学版)》2019 年第 6 期。其他研究中也略有涉及相关观念的厘正,如柏桦、于雁:《清代律例成案的适用——以"强盗"律例为中心》,《政治与法律》2009 年第 8 期;王若时:《清代成案非"司法判例"辩》,《华东政法大学学报》2020 年第 1 期;李凤鸣:《清代重案中的成案适用——以〈刑案汇览〉为中心》,《北京大学学报(哲学社会科学版)》2020 年第 2 期。

② 祝庆祺等:《刑案汇览》序,北京古籍出版社,2000。

③ 苏亦工:《明清律典与条例》,中国政法大学出版社,1999,第 46 页。

④ 到了清末修律时期,也面临着从最初的删改旧律例和后来的订立新法律的转变。相关的分析可参见陈煜:《清末新政中的修订法律馆:中国法律近代化的一段往事》,中国政法大学出版社,2009,第 38—47 页。

⑤ 许大龄:《清代捐纳制度》,《燕京学报》专号之 22,燕京大学哈佛燕京学社,1950 年,第 94—96 页。

财政措施。另外,捐输和报效在执行中可能存在强制或半强制的现象,其财政收入之利能否抵消政府摊派勒索和商民贿赂政府之弊颇有异议。

捐纳作为本不具有道德正当性的制度安排,更是饱受争议。顺治六年(1649年)五月户部奏请开监生、吏典、承差等援纳,给内外僧道度牒(于顺治八年废止),并准徒杖等罪折赎。① 此后开始有常例捐纳,文武生员得输赀捐纳贡生监生职衔,内外官员得捐加级,记录,及请封典,又平人捐职衔者,亦得请捐封典。这些捐输款项除上谕留贮本省外皆须汇解户部捐纳房,为户部提供了较为稳定的经常性财政收入。康熙朝为平定三藩之乱又开捐纳实官例。雍正朝捐纳银较少,乾隆朝虽有增多但在户部收入中占比不大。嘉庆以后,常年所收捐纳银常为户部收入的一半以上,特开事例的年份甚至占到七成以上。道光朝略低,除开特捐年份外,大多年份约占三成。连年开捐,导致有捐纳资格且有捐纳能力和意向的人逐年减少,最后难收大效。② 太平天国运动中,清廷军费支出骤增,却在富裕省份连续丧失控制权而课税骤减。咸丰朝谕令推广劝捐,乃至各省设立捐局可不经户部自行办理,最高峰时期一年收入1000万两左右,③虽能一定程度缓解清政府战时财政危机,但不惜冒着加剧腐败和勒索的风险的财政措施带来的是更为严重的政治和社会危机。

在常税旧例之外开新税例也是缓解财政压力的一个方法。清代税制征商税包括市征、关征等。杂赋内如牙贴税、当税、落地税和牲畜税,以及征收商人贸易税之市征,汉算缗钱、唐除陌钱、宋经制钱,历代皆有,清代《会典事例》《户部则例》落地税包括斗税、木税、竹税、海税、河税等。关征即通过税,如钞关关税,征商仅指关市之征,盐铁茶课不在此列。以前各朝,凡货皆税,清代征商税较之宋代少很多。咸丰以前,在贸易方面课征商品不普遍,乃至于道光末年及咸丰初年,许多人认为清廷征收商税过轻,厘金制度逐渐确

---

① 《清实录》(第3册),《世宗实录》卷44,顺治六年五月癸未,中华书局,1985,第354页。

② 罗玉东:《中国厘金史》,"第二表 历朝户部银库收入表",商务印书馆,2010,第7—10页。

③ 薛瑞录、郝艳红:《清廷镇压太平天国期间中央官员的捐输活动》,《清史研究》1996年第2期。

立。道光二十三年(1843年)，宗室禧恩奏请征收商税，认为清代仅有关征而无市征，致使富商大贾较之农业赋税过轻，提议对坐商征收营业税，未经议行。咸丰三年(1853年)正月十一日，伊犁参赞大臣布泰彦上书请征商税协济军饷，户部定为"每月上户征银二钱，中户征银一钱，先由京城试行"，同治四年(1865年)校刊《户部则例》及光绪《会典事例》中无此税，应未定为常例。① 这些奏请都针对坐商征收营业税，未涉及商品通过税。

道光朝财政尚能支付鸦片战争失败的赔款，直到太平天国运动初兴，咸丰朝通过劝捐等方式充裕财政仍能勉强应付庞大支出，皇帝都能遵守祖训不加税赋。咸丰四年(1854年)，开征厘金，仅抽千分之十二，税率较轻而试办有成效。厘金最初称为捐厘，在创行时仅被视为捐输。副都御史雷以诚以刑部侍郎在扬州帮办军务、兼保东路，奏请于里下河设局劝捐，劝谕米行捐厘助饷，试办有成效后，以裕军储的名义推广照办。② 此后，劝厘从一地临时筹饷的方法渐变为全国通行筹饷制度最终取得经常正税地位。③

最初，户部对各省试办厘金订章立制并不过问，草创之际弊端即现。虽屡有禁例，私征渔利等情形却禁而不止。咸丰四年(1854年)十二月十八日，王茂荫奏称捐局过多，苛敛行商过客，假公济私，包送违禁货物，甚至普安、薛家港等局互图并吞大肆争斗，商民深受其害。④ 咸丰五年(1855年)三月二十三日，上谕引御史宗稷辰奏称捐厘"出入总数，毫无稽核"，甚至在江滨距圌山关附近有散勇与土豪私设关卡。⑤ 咸丰六年(1856年)十一月十八日，上谕引胡林翼奏称，湖北署汉阳县事应升知县伍继勋，经手厘金延不造报；代理汉川县事候补县丞曹福增私设抽厘小局，"实属贪鄙"。⑥ 咸丰九年(1859年)，御史蒋志章奏请将各省委办劝捐抽厘各官绅职名造册报部，御史吴焯奏请严定厘卡稽查章程。随后，清廷开始注意整理各省厘务。咸丰十

---

① 罗玉东:《中国厘金史》，商务印书馆，2010，第14—15页。

② 《钦定大清会典事例(光绪朝)》(三)·卷241·户部90·厘税·直省厘局。

③ 罗玉东:《中国厘金史》，商务印书馆，2010，第16—27页。

④ 《清实录》(第42册)，《文宗实录(三)》卷154，中华书局，1987，第676页。

⑤ 《钦定大清会典事例(光绪朝)》(三)卷241·户部90·厘税·禁例。相关上谕参见《清实录》(第42册)，《文宗实录(三)》卷163，中华书局，1987，第789页。

⑥ 《清实录》(第43册)，《文宗实录(四)》卷212，中华书局，1987，第345页。

年(1860年)六月二十八日,陕西道监察御史高士廉奏请明定各省抽厘章程并将所定章程"出示晓谕"使商贾"咸知税有定则"。户部议覆请饬下各省遵行,但问题并无改观。咸丰八年(1858年),中英商约实行后,受子口半税影响,咸丰十年(1860年)十二月江苏巡抚薛焕片奏将上海税厘大减,户部奏定厘金章程八条。章程实为具文,此后户部并未颁行新章程,而致力于原有征收具体措施上的除弊。厘金之弊源于二端。一是设立卡局不能固定。水陆二路并不一定有特别关隘,设卡则商人绕道而行,须另设子卡,如此反复,必致卡局林立,乃至无法杜绝私设小卡。二是征收数额无定额可循,货物销售有淡旺季,陆运要道设卡在水落期可以绕行干旱河道导致征收减少,水运要道设卡也受河道水涨落影响,每月征收数额多有参差,极易导致经办人中饱私囊。考成困难则不得不转而寻求可靠人选。骆秉章在湖南仿行抽厘后采用士人帮办厘金的办法,胡翼林在湖北也延公正绅士承办,不再许丁胥经手。随后各地试办厘金多采此法。[①] 在这种重征收结果而不问过程的税赋实践中,进一步导致各地卡局林立,重扰商民,而中饱私囊层出不穷。

　　太平天国失败后,清廷即有奏议裁撤厘金卡局,但此类奏议并未被采纳。最终,同治三年(1864年)八月二十五日谕准官文奏议,除直隶、山东、山西、河南、山西、甘肃、云南、贵州等省及广西壮族自治区厘金收入不多无济于事可议裁撤外,其余留为国家经常正税。同治八年(1869年),户部为筹拨西征军饷甚至要求各省"毋因博取虚誉,率意裁减"。同治初年以前各省厘金几乎全部用于军费。[②] 战乱期间在为筹饷而征收多多益善追求下私设卡局屡禁不止,随着军务平息,经清廷屡次严命裁并厘卡,问题逐渐减少,但中饱问题却毫无改观甚至有加重的趋势。虽几经改革却无所进展。

　　光绪元年(1875年)正月初四日,根据御史王立清奏请,上谕命各省厘盐各局不准绅士经管,并将各局所用委员职名、籍贯年终报部查核,定为事例。[③] 实际上,湖南等地并未遵循。此后裁并厘局、裁撤冗员的奏议不断。

---

① 罗玉东:《中国厘金史》,商务印书馆,2010,第36—37页。

② 罗玉东:《中国厘金史》,商务印书馆,2010,第42页。

③ 《钦定大清会典事例(光绪朝)》(三)·卷231·户部80·盐法·禁例。相关上谕参见《清实录》(第52册),《德宗实录(一)》卷3,中华书局,1987,第106页。

私设(不报部)现象虽有收敛,不照章的"私征"却仍普遍,光绪十六年(1890年)四月十五日、七月三十日等上谕即多次重申整顿"私征"厘金问题。① 厘局无法度可守,厘局支销无统一办法,各省厘局提取经费并无定章。

战争筹款导致了民怨沸腾,户部于光绪二十一年(1895年)四月奏称"数月以来,道路传闻,苛派抑勒之风,迄未尽绝。推原其故,非由立法之未周,实因奉行之不善"。捐助军饷不同于正常税赋,"只宜婉劝,不应勒追"。军兴以来,户部已就"预缴盐厘、典当及土药行店捐输,并茶叶、糖斤加厘,取之于民,数已不少"。各地又在户部所议之外新加各项厘捐,如浙江加抽烟、酒、酱缸等捐,江苏、湖南等省开办铺店房捐,江苏于漕米项下加收钱文。"中国富户殷商,非业钱当丝茶,即以田产房租为生计","生产只有此数,而征输迄无穷期",况且"吏胥之婪索,暮夜之追呼,捐借不分,影射难免"。"种种扰累情形,皆与劝捐之意相背"。户部重申嗣后捐输"务须遵照奏章,只准向绅富剀切劝谕,不准按州县勒索派捐"。② 后来的事实表明,这种重申变成了一再重申。

各地税厘虽都自称援引从前例案开办却长期并无统一办法。光绪二十四年(1898年)铁路矿务总局成立后,"奏明煤铁出井税值百抽五,出口税值百抽五,若五金之矿则不足以尽之,通行各省在案。后复奏定盈余归公章程,矿务应按十成之二五通行亦在案。所谓盈余一项,系已先提出井出口税而言"。③ 其虽对矿税明定章程和援引成案,但各地厘金、船钞仍多无一定章程。④ 湖南作为矿产大省曾多次与湖北交涉两湖间矿产资源流通的厘捐问

---

　　① 相关上谕参见《清实录》(第55册),《德宗实录(四)》卷284,《德宗实录(四)》卷287,中华书局,1987。

　　② 《户部奏地方官藉机苛派勒索折》(光绪二十一年四月乙巳),载千家驹编《旧中国公债史资料(1894—1949)》,中华书局,1984,第4—5页。

　　③ 《统辖铁路矿务总局为吉林将军延茂奏三姓矿局所得盈余银两一片的咨文》(光绪二十五年九月初二日),载吉林省档案馆编《清代吉林档案史料选编·工业》上册,1984,第196页。

　　④ 《总署收湖广总督张之洞文》(光绪二十二年九月二十九日),载台北"中研院"近代研究史所编《矿务档》(四),台北"中研院"近代史研究所,1960,第2313页。

题,最终湖北暂免湖南矿砂、焦炭税厘,官煤减厘一半,商煤则照旧完厘。① 商煤流通中课税较之官煤更重,自然更无竞争力。至光绪三十年(1904年), 面对加税免厘的压力,户部奏请百货统捐,多数省并未执行。②

(二)"例""案"删改作为变法问题

清朝中后期,各种"例""案"冗杂泛滥问题凸显,嘉庆十六年(1811年) 曾发布上谕清查例案③,却未能杜绝成案的错误引用④。道光十四年(1834 年)再次颁发上谕命各部院堂官清理旧案⑤,仍未能有效解决问题。洋务运 动以来,则例及其所带来的吏胥任例自重的弊端被不断讨论。⑥ 通过删定则 例,尽去胥吏,责之司员、堂官认真办事,成为多位官员上书的主要出发点。⑦ 恽毓鼎曾从轻胥吏之权角度说明删并则例的必要性,正所谓"文法之密,至 今已极","一应公事,既有一定之例,复有无定之例"。其结果是堂官、司官 不能尽行掌握,胥吏欲准欲驳都可从头绪繁多的成例中找到依据,堂官行事 全凭胥吏上下其间,进而要求"将则例详细校核","取最后议行之例,着为定

---

① 《咨南抚院湘省矿局官煤并铁料、硝、磺仍请分别完厘》(光绪二十五年十二月初 三日),载苑书义等主编《张之洞全集》(五),河北人民出版社,1998,第3927—3929页。

② 罗玉东:《中国厘金史》,商务印书馆,2010,第58页。

③ "部院衙门,为政事总汇之区,慎守纪纲,必以定例为凭,其吏胥高下其手,堂司 意见参差,总由于舍例言案。盖例有一定,而案多歧出也","交部院各衙门堂官,各率所 属,将现行定例详加查核。如有例所未备而案应遵照者,即检明汇齐纂入则例。其案与 例不符者,造册注明事由,将原稿即行销毁。若有例案不符而稿件仍有关查核者,著另册 登记,钤印贮库,办稿时不得再行援引。该堂官等务督饬司员加意清厘,同矢公慎,以杜 弊源而归画一"。《清实录》第31册,仁宗实录·嘉庆十六年九月甲辰,中华书局,1986, 第356页。

④ 关志国:《清代行政成案初探》,《苏州大学学报》(法学版)2017年第2期。

⑤ "各部院堂官饬令各司员将办理成案,逐一详查。其有引例未协,及例文不载 者,细心考核,分别如何当存,如何当销,注明缘由,签贴稿面,俟各该堂官校阅已定,即将 当销之稿全行涂抹,仍将堂行簿大书"销"字,则所销之案,确凿易见,自不致朦混引用。 至于存稿,向只钤盖司印。著于司印之上,加盖堂印。另立一簿,开载事由,每页亦钤盖 堂印。遇有例所不载,援引成案办理事件,承办司员持稿及簿,呈堂阅看,现办之案与旧 案是否对,该堂官自可一目了然。书吏自不得以近似之案,牵混比喻,致启弊端。"载 《清实录》第36册,宣宗实录·道光十四年九月戊寅,中华书局,1986,第914页。

⑥ 参见胡林翼:《致左季高书》,载胡林翼:《胡林翼集》,岳麓书社,2008,第74页; 徐珂编撰《清稗类钞》第三十九册(胥役盗贼),商务印书馆,1928,第81—82页。

⑦ 舒习龙:《晚清则例纂修特点与政治变迁》,《兰州学刊》2015年第8期。

章",以期"纲举目张,一览可悉,则内外皆易遵守,胥吏自难鬻其权"。① 但不得不承认,旧的立法与行政体制不改变,所谓"定章"也很快又被新的成例、成案补阙其"不足"。

百日维新后,李端棻奏请"御门誓群臣""开懋勤殿议制度""改定六部之则例""派朝士归办学校"四事。② 前两事另有"康党"联合诸臣前后上陈,或名开新政局,或名开变法局,为枢臣所忌,皆未能行。因各方反对,最后避重就轻择其小者,只有则例和学堂二事得以下交执行。③ 光绪帝于光绪二十四年(1898 年)六月发布上谕准李端棻奏请删改则例,要求各衙门"另定简明则例,奏准施行",尤其重申了不得借口"无例可援"而"滥引成案":

> 又谕,李端棻奏请删改则例等语。各衙门咸有例案,勒为成书,觇若画一,不特易于遵行,兼可杜吏胥任意准驳之弊,法至善也。乃阅时既久,各衙门例案太繁,堂司各官,不能尽记,吏胥因缘为奸,舞文弄法,无所不至。时或舍例引案,尤多牵混附会,无论或准或驳,皆恃例案为藏身之固,是非大加删订,使之归于简易不可。着各部院堂官,督饬司员,各将该衙门旧例,细心绅绎。其有语涉两歧,易滋弊混,或貌似详细,揆之情理,实多窒碍者,概行删去,另定简明则例,奏准施行。尤不得藉口无例可援,滥引成案,致启弊端。如有事属创办,不能以成例相绳者,准该衙门随案据实声明,请旨办理。仍按衙门繁简,立定限期,督饬司员,迅速办竣具奏。将此通谕知之。④

---

① 恽毓鼎:《恽毓鼎澄斋奏稿》,浙江古籍出版社,2007,第 21—22 页。

② 李端棻是"康党"中官阶最高的成员,曾保荐"康党"多人参加"经济特科"。

③ 该折或为梁启超代拟,学堂事虽总体上为朝野认可,但奉命议覆该折的奕劻、孙家鼐对折中所谓派京官绅士回籍办学堂之议持反对意见,而是主张由地方官选择本地绅士开办学堂。只有删改则例一事,奕劻认为可"稍从删减",孙家鼐提出"应行照办"。茅海建:《从甲午到戊戌:康有为〈我史〉鉴注》,生活·读书·新知三联书店,2009,第 581—585 页。

④ 《清实录》(第 57 册),《德宗实录(六)》卷 421,中华书局,1987,第 521 页。

该谕在整顿旧例成案之外，还特别强调"如有事属创办，不能以成例相绳者，准该衙门随案据实声明，请旨办理"。其后又谕令各衙门仿照史表例删订则例，正如梁启超所言，"例事至大，非日请宸断，谁敢删定"。① 删并则例与政治基础和人才基础密切相关，除了吏部、礼部分别上奏采取了一些象征性的行动外，最后直至戊戌政变，删并则例的谕旨并未得到有效执行。

例是成例，新政需要新例。甲午战后则例纂修与司法行政上的弊端被联系起来，维新派从开制度局的角度阐释修改则例的必要性。康有为甚至将六部则例列为败亡中国的罪魁祸首，"若不亟改，不能为治"。康有为将故事、成例的守与变放在时势的变法需要的框架内，认为"汉臣魏相专主奉行故事"，"此宜于治平之世也"；而"孙叔敖改纪，管仲制国，苏绰立法，此宜于敌国并立之世也"。② 成例者，"承平之事也"。③ 当时之大变局中，文书虽每日数尺，"而例案繁琐，遂无事之能行"。④ 成例、成案束缚了制度运行框架，成为变法的绊脚石。日本变法之本在开制度局、重修会典、大改律例，盖因执旧例以行新政，任旧人以行新法，必不可得当。⑤ 闭关旧国六部则例必不可行于诸国竞长维新之时，"早改一日，则政事疏通而易行；迟废一日，则政事丛脞而紊坏"。⑥ "议政别设专官，为泰西各国行政之根本。日本仿之设集议院，此真善于学西法者也"。此院总持一切当举之政，倘若将枝枝节节委诸守旧之部臣，"按例而议之，则虽有良法美意，必不能奉行有效也"。⑦ 在康

---

① 梁启超：《戊戌政变记》，载汤志钧、汤仁泽编《梁启超全集》（一），中国人民大学出版社，2018，第519—520页。

② 康有为：《上清帝第一书》，载姜义华、张荣华编校《康有为全集》（一），中国人民大学出版社，2007，第183页。

③ 康有为：《与潘文勤书》，载姜义华、张荣华编校《康有为全集》（一），中国人民大学出版社，2007，第169页。

④ 康有为：《上清帝第三书》，载姜义华、张荣华编校《康有为全集》（二），中国人民大学出版社，2007，第68页。

⑤ 康有为：《日本变政考》卷二，载姜义华、张荣华编校《康有为全集》（四），中国人民大学出版社，2007，第137页。

⑥ 康有为：《日本变政考》卷四，载姜义华、张荣华编校《康有为全集》（四），中国人民大学出版社，2007，第152页。

⑦ 康有为：《日本变政考》卷二，载姜义华、张荣华编校《康有为全集》（四），中国人民大学出版社，2007，第137页。

有为变法蓝图中,例案的删订、该废仅是其中一环,而非最终目的。"官者,所以行其法也","日本变法即大变官制",我国变法却不变官制,"以旧人任旧官,据旧例而行新法"。① "部臣以守例为职,而以新政与之议,事既违例,势必反驳而已。"②

光绪二十七年(1901年),清廷上谕谓"非尽去蠹吏,扫除案卷,专用司员办公不可"。③ 御史陈璧到户部清查例案要求"择其要存之"时,书吏"悉列诸案塞大堂,高与檐齐"并谓陈璧其中"无非要者","倘误毁要者"则陈公"任其责","陈不得已,一以付吏,使择毁其残缺者,用以复命焉"。④ 终清一代,例案及其所伴生的书吏舞弊问题未能了结。

"例""案"删改背后实则存在着政府分工专业化的诉求。各部司员长于文字却缺乏处理业务的专业知识,"司员之入署办公,亦不过照例行事",补缺按之"例"、行文考之"例","但求无违于例",实则默守成规不能办事。⑤司员不知兵刑钱谷,"国有大小政事,胥吏议之,司员承之,堂官为之画诺,而事毕矣"。⑥ 户部主事齐令辰甚至将变法推行不力归咎于此,谓"皇上毅然变法,三令五申,乃竟迟至多日,办理不勇。皆由大员奉旨,即问属官,属官又问书办,书办曰不合例,大小各官皆皇然矣"。⑦ 大量似是而非、相互矛盾、纷繁复杂的"例""案"成为变法的阻力。

从这个意义上说,戊戌变法时期的一些政令是延续前后积弊的改革。这一改革过程是连续的,却又是连续失败的。这是体制的积重难返,非彻底

---

① 康有为:《日本变政考》卷三,载姜义华、张荣华编校《康有为全集》(四),中国人民大学出版社,2007,第148页。

② 康有为:《上清帝第六书(应诏统筹全局折)》,载姜义华、张荣华编校《康有为全集》(四),中国人民大学出版社,2007,第18页。

③ 《清实录》第58册,《德宗实录(七)》光绪二十七年四月丙午,中华书局,1986本,第362页。

④ (清)罗惇曧:《宾退随笔·记书吏》,台北文海出版社,1987,第260页。

⑤ 兵部候补主事费德保条陈,《军机处录副·补遗·戊戌变法项》,3-168-9455-13,八月初五日兵部代奏。

⑥ 候选主事孔昭莱条陈:《为变法自强破除积弊以收实效敬陈管见事呈文》,《军机处录副·补遗·戊戌变法项》,档号:3-9454-029,八月初五日都察院代奏。

⑦ 户部主事齐令辰条陈,载国家档案局明清档案馆编《戊戌变法档案史料》,中华书局,1958,第77—78页。

变法或无可选择。变法是每一个朝代后期的主旋律，只是如何变以及变向何方，成为清末面临三千年未有之大变局时代需要重新考量的问题。

二、新颁法令及其制度转型意义

德国金融体制、公司制度的完善为其工业化运动提供了先导，日本明治维新所塑造的政商合力政局及银行等新式制度的创立为其国家之路奠定了基础。康有为曾谓治外法权不能收回的原因在于我国法律"与万国异"，且旧律民刑不分、商律与海律未备，不能"与万国交通"，奏请设法律局订立新律"施行于通商口岸"，并以新政各局定矿则、立商律。① 梁启超也谓"今日之计，莫急于改宪法"，应取西国"国律、民律、商律、刑律等书而广译之"。② 甲午战后虽未能如康有为、梁启超们设想的在民律、刑律、商律、矿律等诸领域进行全面立法（康有为的变法规划中全面立法的位置本就在全面改制之后），但在现代国家建设这一"大历史"视野下，其时有关财政金融、奖励实业、筹办（开办）学堂的政策和法令虽不成体系，却在重塑君民关系、官商关系及中西学关系等方面仍不失示范意义。其时所颁行的一些章程，如各学会、学堂章程，本不具有普遍的规范效力，但其中所共享的价值选择也可视为法秩序重构的一环。

（一）财政金融政策与法令中的财政公共性与私人性问题

"财政"一词是清末新政期间来自日本的新词，在此之前人们往往将其视为"财"与"政"的结合，所谓"中央财政"和"地方财政"标志着中央和地方权力的区分，更是在清朝覆亡前一二年内，才开始流行的概念。③ 东周周赧王向民间借贷出兵伐秦却因诸侯临阵撤兵无功而返，债务无法偿还，最终

---

① 康有为：《外衅危迫分割洊至急宜及时发愤大誓臣工开制度新政局折》，载姜义华、张荣华编校《康有为全集》（四），中国人民大学出版社，2007，第14—15页。详细论述可参见本书第二章第一节的讨论。

② 梁启超：《变法通议》三·论学校七·论译书（1897年5月22日—7月20日），载汤志钧、汤仁泽编《梁启超全集》（一），中国人民大学出版社，2018，第81页。

③ 刘增合：《清季财政改制研究疏论》，《安徽史学》2011年第2期。

"债台高筑",①为后来者鉴。春秋时期管子也曾建议齐王向民间借贷并最终以齐王无力偿还而告终。以史为鉴,中国历代财政治理讲求量入为出,随着皇权的强化,传统君臣关系中,臣民只有向君主完粮纳税的义务,绝无向君主放债并要其限期偿还的道理。② 进入近代以后,西方列强以坚船利炮打开中国国门,量入为出的财政体制无法满足建设现代国家、提升国家竞争力的需要。康有为上呈皇帝的《俄彼得变政记》中称富强之君的楷模彼得大帝"新立税例,量出如入,以为常征"③,现代财政制度量出为入原则的原则正逐渐进入朝廷视野。公债的产生一定意义上颠覆了传统君臣关系。

1. 公债章程的"富民"价值与"富国"旨归

甲午战争开战后清政府仓促迎战。为筹措军费,光绪二十年(1894 年),清政府颁行《息借商款章程》,以类似公债的形式"息借商款"。在谕照施行的户部奏议中,户部分析以往"息借洋款""多论镑价,折耗实多",④主张"以息借洋款之法,施诸中国商人"。具体办法为有资本愿借给官用者"赴藩司关道衙门呈明",照户部所定办法"议定行息,填给印票","其票以一百两为一张,钤用藩司关道印信,填明归还本利限期,准于地丁关税内照数按期归还,不得丝毫挂欠"。为鼓励民间积极性,上谕一方面肯定了户部对集款至一万两以上者"虚衔封典"的奏请,一方面强调"示人以信","严禁需索、留难、抑勒诸弊,有犯立予严惩"。⑤

光绪二十年甲午八月初九日(1894 年 9 月 8 日),户部奏准颁行的《息借商款章程》共计 6 条,分别对预定还期、酌给利息、颁发印票、定准平色、拨抵款项、严防弊端等方面作出规定。章程并未明定借款总额,清政府期待多多

---

① 周赧王无力还债而东躲西藏,最后干脆在后宫角落搭一个很高的台子躲进去,后被人戏称"债台","债台高筑"应由此而来。

② 朱英:《晚清经济政策与改革措施》,华中师范大学出版社,1996,第 23 页。

③ 康有为:《俄彼得变政记》,载姜义华、张荣华编校《康有为全集》(四),中国人民大学出版社,2007,第 37 页。

④ 借款以英镑为单位折算成银两数,还款时仍以英镑为准,英镑升值则须交付更多银两,造成折耗损失。

⑤ 《户部酌拟息借商款章程折》(光绪二十年甲午八月初九日),载千家驹编《旧中国公债史资料(1894—1949 年)》,中华书局,1984,第 1 页。

益善。"预定还期"条参酌以往息借洋款以 6 年或 8 年为限分两次按期付给办法,章程规定息借商款"分限两年半,以六个月为一期,第一期还利不还本,自第二期起本利并还,每期还本四分之一,已还本银若干,利即递减,定以五期还清。所定限期,先于印票内标明,不得稍违时日"。"照给利息"条"酌定七厘行息","一年按十二个月覆计,遇闰月照加"。"颁发印票"条规定"所有商铺字号、本息数目、交兑日期,均须一一填写,钤用户部堂印",此外发给 5 期小票,每还一期销一票,户部设立登记印簿备查。"定准平色"条规定借用商款概以"库平足色纹银"交纳和归还。"拨抵款项"条规定了具体收款、拨款办法。"严防弊端"条规定借款事宜由户部选派司员,"一切事宜,不假吏胥之手","无丝毫规费","不致扰累商人"。户部负责"密加咨访,并令派出司员随时查察,如有吏役在外招摇,立即饬拿严究",各商如遇舞弊情事"准其赴部控呈"。①

《息借商款章程》援照以往息借洋款成法,"略为变通"。息借商款的七厘利息较之洋款"七厘八厘"利息"有减无增",以"库平足色纹银"借还"平色划一,自无两歧之弊"。同时,从"照给利息"条的利息计算也可以看到传统阴历纪年对现代财政制度的影响,闰月计算使不同财政年度的支出随之变化,一旦实行大规模财政金融融资,这种不确定性将随之放大。

《息借商款章程》在执行中并没有完全划一各地借款办法,广东募款期限 6 年分 12 期偿清,自第 2 期起分偿本金,以广东关税、土药厘金及藩库收入等指为抵付还款来源。② 同时,章程所明令禁止的舞弊在息借商款中屡屡出现。"江西息借民款章程,于部议各条外,多有增改,不肖州县威吓刑驱,多方逼抑,甚至贫穷颠倒,索贿开除,又向出借绅民索无名之费,弊端百出,谤讟频兴。"③息借商款于光绪二十一年四月(1895 年 5 月)筹款 1102 万两后

---

① 《户部酌拟息借商款章程折》(光绪二十年甲午八月初九),载千家驹编《旧中国公债史资料(1894—1949 年)》,中华书局,1984,第 1—3 页。

② 朱英:《晚清经济政策与改革措施》,华中师范大学出版社,1996,第 26 页。

③ 《谕江西州县逼抑索贿着查参》(光绪二十一年正月乙丑),载千家驹编《旧中国公债史资料(1894—1949 年)》,中华书局,1984,第 4 页。

停办。①

　　戊戌变法时期,清廷又颁行《给发昭信股票详细章程》发行公债。"昭信股票"是清政府以"因国计自强派股,皇上昭示大信"而命名的债券。不同于息借商款,此次明确公债发行总额为一亿两,颁发中外。② "昭信股票"起因于战争赔款的偿还。光绪二十三年(1897年)四月起,为筹还日本巨额战争赔款清廷议借外国时,英、俄提出苛刻条件。黄思永于光绪二十四年(1898年)正月初九日上奏发行"自强股票",以内债替代外债,光绪帝当日下发谕旨交户部议覆。随后户部上奏发行"昭信股票"获议准。③ 户部对其章程作了多次讨论。光绪二十四年(1898年)二月初十户部奏定《给发昭信股票详细章程》17条。其中,"户部办理章程"5条,明定股票发行总额、面额、股票式样,明确昭信局的设立、机构编制、经费保障、铜印制式等。余下12条分别对发行票面额及银两折算、借期及还款办法、各省分局及给票办法、利息计算办法、本息归还办法、以应得本息抵地丁盐课及调整办法、官民违规的处罚、股票买卖抵押及丢失处理、认领股票后异地取本息的处理办法、集股奖励办法、借款用途及还款保证、除利息数目和还本年限不得更改外的其他事项变通办法。

　　与《息借商款章程》比较,《给发昭信股票详细章程》的规定更完备,其"股票"体现的现代公债性质更突出。票面制式方面,票后幅刊列简明章程,突显了票据的合约性质。"昭信股票"交款领票在京内由户部昭信局办理,京外由各省昭信分局办理或号商承办,承办号商须有各商号连环保结,报户部及各省藩司备案。"昭信股票"为记名证券,"或开列官阀姓名,或堂名别号,悉听其便"。债券可抵押售卖,"与产业凭券无异","惟抵押售卖仍应报局立案"。如有遗失,应将某字某号如何遗失情形,在京报户部昭信局,京外报藩司昭信局或由该州县转报各该衙门,昭信局出示禁止抵押售卖,3年未

---

① 《户部奏息借商款已有成效请停续借折》(光绪二十一年四月乙巳),载千家驹编《旧中国公债史资料(1894—1949年)》,中华书局,1984,第5页。

② 《户部奏准自造股票筹借华款疏》(光绪二十四年正月十四日),载千家驹编《旧中国公债史资料(1894—1949年)》,中华书局,1984,第10页。

③ 茅海建:《从甲午到戊戌:康有为〈我史〉鉴注》,生活·读书·新知三联书店,2009,第337页。

找回者由昭信局给予凭单将原票作废。章程同时又规定"京外官局认票不认人"，可以视作对于未及公示前冒领的责任承担规定。①

章程也体现出旧制度与新法秩序的不协调。该章程关于官民违规行为的处罚主要依据《大清律例》的现有规定："倘各州县印委及经手劝集之人有藉端扰累勒捐者，准人告发，或别经访闻的确，即分别治罪。如地方军民人等有假造股票诓骗情事，一经查实，即照伪造印信例，为首者斩。"②"为首"的界定，《大清律例》解释为"以雕刻之人为首"。③ 如上所述，股票须加盖铜印，伪造股票必当伪造铜印，但如有人伪造股票加盖真印虽一样冲击新兴金融秩序却并不完全符合本例所列违法行为构成要件。其时已有意见由各银行商号代发公债，仅因银行联网经营未备作罢，如将来金融市场发展，此款也无法回应新的秩序维护要求。

国债发行的优势在其融资成本低，但清代缺乏现代财政体制和金融体系，在执行中导致制度性成本更高，乃至存在旧体制所衍生的制度性风险。户部原议应得本息以地丁盐课作抵，考虑到认股之人并非都有应缴地丁盐课，且辗转相抵恐多生枝节，遂定例各省局发给现银。具体办法则为户部"指拨地丁盐课等款如数截留，以备临时按票发给"。④ 缺少现代国家的中央与地方财政划分制度，这种传统截留制度下的传统财政体制结合现代公债制度仍将无法根本避免国家融资所引起的舞弊与混乱。昭信股票开办伊始，弹劾各地方官苛派扰累、借端殃民的奏折不断进奏⑤，甚至有知县被弹劾

---

① 《户部拟定给发昭信股票详细章程疏》（光绪二十四年二月初十日），载千家驹编《旧中国公债史资料（1894—1949 年）》，中华书局，1984，第14—16 页。

② 《户部拟定给发昭信股票详细章程疏》（光绪二十四年二月初十日），载千家驹编《旧中国公债史资料（1894—1949 年）》，中华书局，1984，第16 页。

③ 《大清律例》卷32，刑律·诈伪·伪造印信时宪书等，田涛、郑秦点校，法律出版社，1998，第510 页。

④ 《户部拟定给发昭信股票详细章程疏》（光绪二十四年二月初十日），载千家驹：《旧中国公债史资料（1894—1949 年）》，中华书局，1984，第16 页。

⑤ 参见千家驹编《旧中国公债史资料（1894—1949 年）》，中华书局，1984，第17—24 页。

"计亩苛派,按户分日严传,不到者锁拿严押"①。

康有为对发行昭信股票持批评态度,并以之前息借商款勒抑百姓、徒饱贪吏为鉴,批评官民相隔无人信官的情形下筹款有限,"不足为偿日之用"。② 不过,康有为在变法奏议中建议昭信股票用之于生利之民生事项,并不排斥公债。其在《日本变政考》按语中曾谓日本国债"皆为农工、物产、制造、铁道、海军等用","海军以保国外,其余皆生利之物,还之也易",然国家赋税有定额,以公债偿敌债,倘若无法清偿则失信于民,以后公债便不再能行。③ 光绪二十四年(1898 年),《万寿庆辰乞许士民庆祝并刊贴新政诏书嘉惠士农工商折》④仍举尊君之义不在隔绝而在亲爱,特别提及昭信股票,应作起学校、兴务农、助商资、补工业之用,"富民即以富国,得民即以保国,上有惠民之政,下有亲上之报"。⑤

清政府公债发行的目的是偿还战争赔款、缓解财政危机,这一目标决定了公债发行并不能真正提升国家能力。实际上日本不同意借款延期后,昭信股票集款还债的目的不可能在两个月内实现。清政府面对甲午赔款压力不得不以 7 处厘金作抵再次向英、德等国借外债。最终公债募得款项不足2000 万两,不到预计发行总额 1 亿两的 1/5。后来昭信股票集款多用于他途,如山东黄河水灾户部划拨昭信股票银 20 万两赈济,后又以灾区"来年仍须接放春赈"为由奏准截留昭信股票款项 20 万两以充接济山东春赈。⑥ 传统国家财政收入有限,遇到灾荒、战争等重大财政支出时筹措资金渠道十分有限,卖官鬻爵是一个短期无成本且长期无异于饮鸩止渴的资金筹措方法。

---

① 《谕知县借端殃民着据实参办》(光绪二十四年四月十九日),载千家驹编《旧中国公债史资料(1894—1949 年)》,中华书局,1984,第 22 页。

② 茅海建:《从甲午到戊戌:康有为〈我史〉鉴注》,生活·读书·新知三联书店,2009,第 335 页。

③ 康有为:《日本变政考》卷十,载姜义华、张荣华编校《康有为全集》(四),中国人民大学出版社,2007,第 235 页。

④ 此折应在光绪帝诞辰六月二十六日之前。孔祥吉编著:《康有为变法奏章辑考》,国家图书馆出版社,2008,第 325 页。

⑤ 康有为:《万寿庆辰乞许士民庆祝并刊贴新政诏书嘉惠士农工商折》,载姜义华、张荣华编校《康有为全集》(四),中国人民大学出版社,2007,第 376—377 页。

⑥ 《截留昭信股票款项以充接济山东春赈折》(光绪二十四年十二月初六日),载千家驹编《旧中国公债史资料(1894—1949 年)》,中华书局,1984,第 28 页。

现代国家财政建设的重要目标之一即在于提升国家融资能力，公债发行有利于国家融资能力的提升。遗憾的是，"昭信股票"发行后，国家并未按照预定用途使用筹措款项，又以嘉奖"报效"的方式变相走回了卖官鬻爵的老路。恭亲王在户部奉旨发行昭信股票后报效库平银二万两，谕旨以"一切章程尚未奏定"否决了报效动议，著将归入户部股票一律办理，以期引领认缴风气。① 光绪二十四年七月（1898 年 9 月）停办昭信股票后，面对京内外各臣僚士民"再三吁恳"的报效之请，清廷不再坚持按照户部章程办法一体办理，"著即俯如所请，自王公以下京外大小文武各员已经认缴之款，毋庸给票，准其作为报效"②，由户部等相关衙门核给奖励，民间不愿领本息者也"准其缴票按给奖叙"③。

2. 财政收支与吏治整顿

如前所述，捐纳主要是捐做官资格，但与实缺获取、提前班次履任、免保举、降革捐复等相关的捐纳则实际上是买卖官职及相关权力。④ 其对吏治所带来的危害久经诟病，但作为清代财政措施却在争议中弃而复始。甲午战败后，社会上非议者日渐增多，并融入维新变法思潮。康有为、汪康年及何启、胡礼垣等吁请停捐例、汰冗员、改官制、兴人才，将停捐纳与救亡图存的行新政结合起来，很快形成强有力的舆论。⑤ 新疆巡抚陶模、江宁布政使袁昶、御史熙麟、翰林院侍讲学士王荣商、翰林院侍读学士陈兆文、御史王鹏运、给事中丁立瀛等纷纷上奏请求停捐纳。《申报》等民间报刊也纷纷发文

---

① 《谕恭亲王报效归入户部股票一律办理》（光绪二十四年正月二十九日），载千家驹编《旧中国公债史资料（1894—1949 年）》，中华书局，1984，第 12 页。
② 《谕王公大臣情殷报效着分别核给移奖》（光绪二十五年正月十四日），载千家驹编《旧中国公债史资料（1894—1949 年）》，中华书局，1984，第 30 页。
③ 《谕绅商士民情殷报效着准其缴票按给奖叙》（光绪二十五年五月二十日），载千家驹编《旧中国公债史资料（1894—1949 年）》，中华书局，1984，第 31 页。
④ 钞晓鸿：《清末废止捐纳实官考实》，《中国经济史研究》2009 年第 4 期。
⑤ 康有为：《请改直省书院为中学堂乡邑淫祠为小学堂另小民六岁皆入学折》，载姜义华、张荣华编校《康有为全集》（四），中国人民大学出版社，2007，第 317 页；麦仲华编《皇朝经世文新编（一）》，台北文海出版社影印，第 176 页；中国史学会主编《中国近代史资料丛刊·戊戌变法》（一），上海人民出版社，1957，第 191—192 页。

抨击捐政、力主停捐。从知识精英到官僚士大夫而至民间舆论,纷纷加入停捐舆论中。① 虽然停捐之议未能得到中央决策层的最终采纳,但其在思想观念上的影响仍不容忽视。

不能有效开源则只能从现有制度中节流,俸禄与养廉银的核扣得到了执行,但执行的衍生性效果却可能与执行目的恰恰相反。甲午战争之际,户部曾奏准在京王公以下满汉文武官员俸银并外省文武大小官员养廉,均按实支之数核扣三成,1896—1898 年继续执行,俸廉两项共计,每年核扣数逾百万②。其所节省的每年百万财政资金对国家建设并无实质作用,却可能使贪污更为合理。

百日维新期间,光绪帝根据翰林院代奏庶吉士丁惟鲁上奏,下发上谕要求户部效"古者冢宰制国用"和泰西预筹用度之法,"将每年出款入款,分门别类,列为一表,按月刊报,俾天下晓然于国家出入之大计,以期节用丰财"。③ 该谕确立的财政制度还称不上是预算决算,但适度的财务公开使"天下晓然",意味着国家对于民间力量的重视。

戊戌政变后财政再次导向"搜刮"财政状态。光绪二十五年(1899 年)六月四日,清廷谕令各省将军、督抚"就地方情形切实考核,责成司道、监督及局员等将现在收数,无论为公为私,凡取诸商民者,一并和盘托出,一并彻底查清",招商、电线、矿务各局,酌定余利归公章程,"专案奏明"。④ 该谕以整顿"各省关税、厘金、盐课积弊"为名而行搜刮地方之实,同时派出刚毅为南下筹款钦差大臣赴江苏、广东大肆搜刮。同年 9 月,户部奏准实施新的筹款办法。包括整理田房契税,核减汇费报户部候拨,各省解送朝廷贡品改折现银解交户部,盐商捐输以及加收土药税厘 3 成、烟酒税厘 1 倍等。⑤

---

①　肖守库:《甲午战争前后捐纳舆论的宏观情势》,《河北师范大学学报(哲学社会科学版)》2006 年第 4 期。

②　朱寿朋编:《光绪朝东华录》,张静庐等点校,中华书局,1958,第 3895—3896、4264 页。

③　中国第一历史档案馆编《光绪宣统两朝上谕档》第 24 册,广西师范大学出版社,1996,第 404—405 页。

④　《清实录》(第 57 册),《德宗实录(六)》卷 446,中华书局,1987,第 877 页。

⑤　朱英:《晚清经济政策与改革措施》,华中师范大学出版社,1996,第 41 页。

（二）实业振兴政策与法令及其官商关系重塑意义

工商实业发展需要新的法秩序予以支持和保障，商办企业需要商会等支持措施，商业活动对规则提出更高要求。百日维新期间，清政府发布了一系列提倡实业、振兴工商的上谕，制定了《鼓励工艺给奖章程》等法律法规，鼓励投资、从事工商实业。① 1898年，总理各国事务衙门订立奖励新学新法章程，对新发明、新方法予以专利保护，对发明者进行官爵赏赐。路矿利权是关涉国家安全的重要事项，戊戌变法期间设立矿务铁路总局推进改革，颁行《矿务铁路公共章程》等特别法规试图规范路矿投资。这些法令数量虽然有限，却在奖励实业中扩大了国家治理的内容和规模，乃至具有重塑官商关系的示范意义。

1. 奖励工艺章程

奖励工艺的主张在当时并不少见，此前的多以成案为据予以保护。陈炽等人即主张"仿泰西规制"，有新器物有益民生者，"准上之工、商二部"，"许其专利"。② 御史曾宗彦上奏《振兴农工二务折》提出"准专利以利百工"，但其具体办法则是将事权交诸地方督抚，地方官考验后根据"适用之大小"定专利年限。其中有于制造新式军械有大计者由所在督抚将军专折奏明，破格奖励。③ 总理各国事务衙门针对该折覆奏所提办法主要是援引成案予以专利。现有成案有二："查光绪八年，上海创设机器织布局，定限十年，只准华人附股，不准另行设局"；"光绪二十一年，烟台设立酒厂，采买葡萄酿酒，定限十五年，不许他人伪造，俾专执业"。此二者"均经奏准有案"。此前（光绪二十四年四月）开办者即援案办理，总税务司申送福州人陈紫绶所制纺织机器，经总理各国事务衙门查验"援案准其专利十五年"，"亦在案"。总理衙门处理意见是"其适用之小者，仿照上海织布局成案，予以专利十年；其适用之大者，仿照烟台酿酒成案，予以专利十五年。各给印照，以为凭据"。

① 朱寿朋编《光绪朝东华录》，张静庐等点校，中华书局，1958，第4129、4135、4150页。
② 赵树贵、曾丽雅编《陈炽集》，中华书局，1997，第83页。
③ 国家档案局明清档案馆编《戊戌变法档案史料》，中华书局，1958，第386—387页。

该折奉朱批"另有旨,钦此"。① 查阅光绪帝当日下发谕旨仅及曾宗彦奏折中的农学事而没有提及专利事。② 从总理各国事务衙门的覆奏中,很难区分成案所涉及的专利范围是技术还是某一类生产的特许经营权。

光绪二十四年(1898 年)五月十七日,清廷颁发上谕奖励新制造,对"新书以及新法制成新器"予以奖赏,要求总理各国事务衙门详订章程奖励"新书及创行新法、制成新器,果系堪资实用者","所制之器,颁给执照,酌定年限,准其专利售卖"。③ 上谕内容主要采纳的是康有为提议,这是康有为的奏议第一次被直接采用。④ 总理各国事务衙门随即上奏"议覆著书制造章程折"将章程呈递⑤,后谕旨"著依议行"。《康有为自编年谱》称总理各国事务衙门的议覆出奏及章程是由梁启超起草。以该折主稿张荫桓与康、梁关系推论,梁启超有可能参与其中。⑥

同月,总理各国事务衙门遵旨拟定《振兴工艺给奖章程》12 款奏准颁行。《振兴工艺给奖章程》明确对发明新学新器者及捐资办学堂者给予各种奖励,或予世职,或授实官,或加虚衔,或请许其专售,或请颁之匾额。根据新器新书的价值给以不同奖励和不同期限的专利。上奏中,总理衙门谓英国对新器新书"国家给以优奖,保其专利"后,"各国效之","此例既行,举欧洲

---

① 国家档案局明清档案馆编《戊戌变法档案史料》,中华书局,1958,第 388—389 页。

② 光绪二十四年五月十六日上谕,中国第一历史档案馆编《光绪宣统两朝上谕档》第 24 册,广西师范大学出版社,1996,第 220 页。该上谕具体内容将于后文分析;关于光绪八年上海机器织布局相关成案的讨论可参见本书第一章第二节及张玉法:《近代中国工业发展史(1860—1916)》,第 15—16 页;成案相关内容还可参见李鸿章:《试办织布局折》(光绪八年三月初六日),载顾廷龙、戴逸主编《李鸿章全集》(十)奏议十,安徽教育出版社,2008,第 63 页。

③ 朱寿朋编《光绪朝东华录》,第 4115 页;《清实录》(第 57 册),《德宗实录(六)》卷 420。另外,上谕还兼及创建学堂、开辟地利、兴造枪炮各厂诸问题。

④ 茅海建:《从甲午到戊戌:康有为〈我史〉鉴注》,生活·读书·新知三联书店,2009,第 469 页。

⑤ 中国史学会主编《中国近代史资料丛刊·戊戌变法》(二),上海人民出版社,1957,第 413—417 页。该书日期有误,参见茅海建:《从甲午到戊戌:康有为〈我史〉鉴注》,生活·读书·新知三联书店,2009,第 469 页。

⑥ 茅海建:《从甲午到戊戌:康有为〈我史〉鉴注》,生活·读书·新知三联书店,2009,第 470 页。

美洲之人皆争自濯磨,讲求新法","智慧以相摩而开,才能以相竞而出,论者谓泰西富强之原全在于是"。反观大清"前此一切善政,专赖国家兴办,民间鲜倡义举者"。又有俄国重奖开办学堂者,"各国效之","于是富而好礼之徒争相捐输",乃至"西国学术人才蒸蒸日上",已然成效。中国人才日乏、国势日蹙,"殆由提倡激劝之未得其道也"。对于可能会遇到的对重奖政策的责难,总理衙门将西学人才和科举人才、捐资办学和捐纳入官予以对比,谓"制新器著新书之人,其切实致用,视寻常科甲所试帖括端楷,虚实难易,相去万倍,何独于此而薄之;捐集款项,兴办学堂之人,为国家分劳,其所报效,视捐纳郎中道府,为数尤巨,何独于此而吝之"。① 考虑到其时商力困乏,光绪十六年(1890 年)四月间湖广总督张之洞令茶商捐输兴办两湖书院即遭弹劾②,此时的社会经济基础决定了奖励捐助新学堂的法令实施效果,不可否认的是,新法令更多展示的是国家治理转型的宣示意义而非实效价值。

2. 路矿章程

甲午战争期间,督办军务处就铁路问题上奏二事,一是派胡燏棻督办津芦铁路以为示范,二是招商承办芦汉铁路以渐次推广,光绪帝当日诏准。③清廷拟修铁路之初,即依津芦铁路总工程师英人金达(C. W. Kinder)建议,按照英国标准轨距建造以统一全国路政。津芦铁路购料招标中招标时间仓促、轨条等须用英国某款式、专托英国某监工、在伦敦试演收讫、中标的价格与品质标准不明,明显对英国有利而遭致其他列强反对。法国公使提出如此招标告白"实不足以昭公允",虽有投标之名,而无所庸投标也,建议断不得专择何国一国款式,法国厂商投卖各物、试演收讫在天津或巴黎"方昭公允,而符条约",另外应由总局定明"惟标开价目最廉、货色最佳是买为要"。④

---

① 朱寿朋编《光绪朝东华录》,张静庐等点校,中华书局,1958,第 4128—4130 页。
② 张之洞:《查明茶商捐助书院学堂经费商情乐从折》(光绪十七年五月二十一日),载苑书义等主编《张之洞全集》(二)·卷三十·奏议三十,河北人民出版社,1998,第 789 页。
③ 朱寿朋编《光绪朝东华录》,张静庐等点校,中华书局,1958,第 3687—3688 页。
④ 《总署收法使施阿兰照会》(光绪二十一年十一月二十五日),台北"中研院"近代研究史所编《海防档》戊·铁路,第 1 册,台北"中研院"近代史研究所 ,1957,第 308 页。

法国公使的干预是出于维护本国商业和外交利益的需要,但其所言修辞则更多是要求总局符合商业规则的"公允"和各国商人一体保护的"条约"规范。后来津芦铁路总局修改招标公告,将开标日期延展至翌年三月,虽多数订单落入英人之手,法、美、德等国也分别获得了一部分物料订单。①

在铁路矿务章程颁行之前,更多路矿事务主要是根据"例""案"的一事一议,陈宝箴等地方督抚早期的擅自批准就在于没有法律上的程序限制。戊戌政变后,《矿务铁路公共章程》于光绪二十四年十月(1898 年 11 月)由矿务铁路总局暨总署奏准颁行,该章程内容计 22 条,涉及路矿企业性质、企业融资及内部管理体制、企业用人及占地等手续、征税、账目稽查等相关问题,并规定"所有现行一切细章,总应汇送总局核定"。②

《矿务铁路公共章程》反映了甲午战后的"富民"政策的延续,是清政府大力吸引国内资本投资铁路、极力倡导路矿商办政策的落实。矿章第一条明示:

> 矿路分三种办法:官办、商办、官商合办。而总不如商办。除未设局以前,业经开办者不计外,此后总以多得商办为主,官为设法招徕,尽力保护,仍不准干预该公司事权。③

颁行章程目的在于杜绝"奸商劣绅串通影射,垄断把持"及"不肖官吏""百端鱼肉"致"利源未扩,弊窦丛生",保护"公正妥实之绅商","明定划一章程,以资遵守,而垂久远"。④ 该章程充实了有关路矿投资的奖励规定:"凡华人承办矿路,独立资本至五十万两以上,查明实已到工,办有成效,或出力劝办,实系华股居半者,应照劝赈捐之例,请给予优奖,以广招徕",同时,"无

---

① 张海荣:《思变与应变:甲午战后清政府的实政改革(1895—1899)》,社会科学文献出版社,2020,第 171 页。

② 宓汝成编《中国近代铁路史资料:1863—1911》,中华书局,1963,第 524 页。

③ 《矿务档》(一),第 45 页。

④ 《轨政纪要初编》轨一,通译局光绪三十三年(1907 年)刊行,第 5 页;《矿务档》(一),第 44 页。

论督办、集股,均准专利"。① 该章程第一次以法令的形式明确了借款筑路的原则、条件、程序以及国家予以保护的职责等问题。

矿路总局暨总署会奏矿务铁路章程疏中明确了"示洋股之限制,保华商之利权"②的外资政策,以倡导商办为原则。《矿务铁路公共章程》规定:"集款以多得华股为主,无论如何兴办,统估全工用款若干,必须先有己资及已集华股十分之三,以为基础,方准招收洋股或借用洋款,如无一己资及华股,专集洋股、与借洋款者,概不准行";"凡办矿路,无论洋股、洋款,其办理一切权柄,总应操自华商,以归自主"。③ 次年,清政府意识到"华三洋七"的股本限制易使事权旁落,"开喧宾夺主之渐",厘正章程为除已批准立案不计外,嗣后华洋股本各半方准开办,并重申须由华商领办,洋商径行请办者概不准行。④

基于路矿控制权的考虑,清政府及各地督抚往往在路矿实业中拒绝外资,但华商资本多集资不力,导致承办的华商多为空壳公司,路矿最终控制权难免落入外资之手。该章程对之前山西、河南等地矿务开办中洋商借华商的空壳公司承办的模式予以明确否定。

戊戌政变后的地方实践多依《矿务铁路公共章程》,也为借助"商力"办矿提供了规范框架。光绪二十五年三月初五(1899 年 4 月 14 日),四川矿务局组织设立华益公司,与英商会同公司(Eastern Pioneer Co.)签订《四川矿务华洋合办章程》,约定华益公司筹集华款 100 万两,负责购买矿山;会同公司集股 1000 万两,先尽华股五成,听入洋股五成,华商任总办、洋商任会办、租矿开采;会同公司所租矿地,须商同华益公司逐案呈报矿务局。该章程还约定了税厘、报效、办矿期限等内容。⑤ 四川矿务局后来又设立保富公司将原华益公司并入,保富公司与法商福安公司、福成公司合办矿务,所订合同条

---

① 《轨政纪要初编》轨一,第 3—4 页。

② 《轨政纪要初编》轨一,第 5 页。

③ 《轨政纪要初编》轨一,第 3 页。

④ 《矿务档》(一),第 50 页。

⑤ 铁路矿务总局等:《核定四川矿务章程折(附章程)》(光绪二十五年三月初五日),《矿务档》(五),第 2582—2590 页;王铁崖编《中外旧约章汇编》第 1 册,生活·读书·新知三联书店,1957,第 879—883 页。

款与前述会同公司章程大致相仿。① 这些合办章程在形式上符合《矿务铁路公共章程》合办矿务的出资比例、审批程序等规定,但外商公司所承诺的华洋各股都迟迟没有筹措。

矿务铁路总局成立之初,即对借款采取审慎的态度,以倘铁路建成后收益不佳则抵押之路必难收回而权利为外人操纵为由,宣布此前揽办但未确定的路矿均不得作为定案,待订立有关章程后再行处理。② 嗣后,总理各国事务衙门照会各国公使,声明"中国开矿造路等事,借用洋款,必须有矿务总局准办明文,方能作准"。③ 光绪二十四年(1898 年)八月,上谕再次强调各省不得擅立合同。④ 同年所颁《矿务铁路公共章程》规定进一步明确:"公司借用洋款,必须先禀明总局,由局核定给予准照,该商方能有议借之权","其未准照,私与洋商议借者,虽称已经画押,总局概不作据";借款还须议订后报总局审核,"公司借用洋款,议订合同后,先送总局覆验。如与总局奏定章程不符,仍不能以草合同为据,应饬令再议。(如再议)始终意见不同,可与他国商人另议。如洋商私相借贷,设有亏累,不得向总理衙门及总局控追";"设立公司,有准借洋款者,应照成案由总局咨明总理衙门,照会该国驻京大臣照复后,方为定准。即洋商有情愿借款与该公司者,亦须禀明该国驻京大臣照会总署,由总署咨询本总局,是否准该公司定借洋款,照复后方能作据。否则作为私借办理"。⑤

清廷无力官办路矿,颁行了一系列政策希图吸纳商力维护利权,但民间商力不振,华商往往暗中依托外资,出名请办路矿。这种有悖于"富强"之道初衷的请办路矿模式,使清廷立法和政策处处防范华商与洋商的暗中勾结。同时,清廷在"富强"事业上对华商的依赖,也提高了商民在国家治理结构中的地位。庚子以后,随着收回利权运动的高涨,政府通过国家立法限制商办

---

① 王铁崖编《中外旧约章汇编》第 1 册,生活·读书·新知三联书店,1957,第905—907 页。

② 《交通史路政编》第一章,交通铁道部交通史编纂委员会,1935,第 87、91 页。

③ 宓汝成编《中国近代铁路史资料:1863—1911》,中华书局,1963,第 526—527 页。

④ 上海海商务印书馆编译所编纂《大清新法令 1901—1911:点校本》(第 4 卷),洪佳期等点校,商务印书馆,2011,第 318 页。

⑤ 宓汝成编《中国近代铁路史资料:1863—1911》,中华书局,1963,第 527—529 页。

路矿公司私入洋股、擅借外债,而商办路矿公司则利用公司章程抵制国家借用外债,国家法律和公司章程成为双方相互抵制的工具。在具体操作中,政府和商办路矿公司都在抵制对方对外融资的同时又以外国资本作为解脱自身困境的出路。① 最终路矿事业中的官商矛盾成为清末立宪乃至辛亥革命的重要推动因素。

(三)学堂章程及其重塑中西学关系意义

在京师设立大学堂的提议屡经奏议,清廷囿于经费限制、内政外交的更"重要"事务困扰迟迟没有行动。开经济特科后,光绪二十四年四月二十三日(1898 年 6 月 11 日)光绪帝"定国是"诏特别强调开办京师大学堂。随后的五月二十二日,光绪帝颁上谕令各地改书院为学校。该上谕用了颇具强制性的语气,如将各地书院"一律改为兼习中学西学之学校",地方捐办的义学、社学等"亦令一律中西兼习",不在祀典的民间祠庙"由地方官晓谕民间一律改为学堂"。②

改书院为学堂的谕令自颁布之初,即不断有上奏抨击改革政策"以西学乱圣人之道"③,以为古人为学皆通时务,书院自可配合改试策论谕令,"似不必再立学堂名目"。④ 戊戌政变后,朝廷颁布懿旨,强调"凡天文、舆地、兵法、算学等经世之务,皆儒生份内之事",书院与学堂"名异实同,本不必定须更改",不过强调"不得谓一切有用之学非书院所当有事也"。⑤ 不可否认的是,学堂之于书院在事实上绝非"名异实同",学堂之设不仅引入西学实学,西学的政治、历史、商业知识传播终将导致社会性的观念体系重塑。这是戊戌变法支持者所力持的(虽然在变法支持者内部改革方案并不完全一致),也是

---

① 李耀跃:《晚清商办铁路抵制外资的法制建构及其实效》,《中国社会科学院研究生院学报》2016 年第 2 期。

② 其中部分强制性语句是光绪帝朱笔所改,相关分析详见茅海建:《戊戌变法史事考二集》,生活·读书·新知三联书店,2011,第 254 页。

③ 《曾廉应诏上封事》(清光绪二十四年六月),载陈谷嘉、邓洪波主编《中国书院史资料》(下),浙江教育出版社,1998,第 2485 页。

④ 《黄仁济拟治平万言奏》(光绪二十四年八月二十九日),载陈谷嘉、邓洪波主编《中国书院史资料》(下),浙江教育出版社,1998,第 2485 页。

⑤ 《申明旧制懿旨》(清光绪二十四年九月三十日),载陈谷嘉、邓洪波主编《中国书院史资料》(下),浙江教育出版社,1998,第 2486 页。

变法反对者所抨击的。所有的抨击又不得不在保持传统观念制度的同时，寻求在经世致用的框架内以"民智"推动"富强"事业的可能性。

1. 湖南时务学堂章程

时务学堂位于湖南长沙，于光绪二十三年(1897 年)由岳麓书院山长王先谦领衔正式呈报湖南巡抚陈宝箴批准立案。八月，陈宝箴发《招考新设时务学堂学生示》定学生总额为 120 名，十一月，公布《湖南开办时务学堂大改章程》11 条，始招头班学生 40 名，正式开学。时务学堂是在湖南推行全国性鼓励学堂改革政策的一环。①

陈宝箴所发《招考新设时务学堂学生示》明确学堂培养人才"以中学为根本""兼通中外"。中学包括《四子书》《左传》《国策》《通鉴》等，未提公羊学经典；西学则以各国语言文字为主，兼算学、格致、操演、步武、西史、天文、舆地之粗线者。② 后来，梁启超任时务学堂中文总教习后颁布的功课章程创立了以春秋公羊学、公理学为核心的溥通学和粗浅研习的专门学，并谓"学生所学，中西并重"。③

梁启超拟《时务学堂功课详细章程》将课程分为溥(普)通学与专门学。溥通学有四：经学、诸子学、公理学(此学原本《圣经》，参合算理、公法、格物诸学二成，中国尚未有此学)、中外史志及格算诸学之粗浅者。专门学条目有三：公法学(宪法、民律、刑律之类为内公法，交涉、公法、约章之类为外公法)、掌故学、格算学。其中"专门之学非尽于斯，特就所能教者举之耳"，且专门学"非入西人专门学堂不能大成，现时所教，不过就译出各书略引端倪"。④

---

① ［日］小野泰教：《再论湖南戊戌变法——湖南巡抚陈宝箴与时务学堂、南学会》，载郑大华等主编《戊戌变法与晚清思想文化转型》，社会科学文献出版社，2010，第 122—137 页。

② 陈宝箴：《招考新设时务学堂学生示》，载邓洪波主编《中国学院学规集成》(二)，中西书局，2011，第 1090—1092 页。

③ 《时务学堂功课详细章程》(清光绪二十三年)，载邓洪波主编《中国学院学规集成》(二)，中西书局，2011，第 1092 页。

④ 《时务学堂功课详细章程》(清光绪二十三年)，载邓洪波主编《中国学院学规集成》(二)，中西书局，2011，第 1096 页。

其中专门学的分类确实能够看出当时初步确立了法学学科的重要地位，但掌故学似又与公法学的关系不是特别清晰。梁氏所拟《第一年读书分月课程表》将溥通学和专门学都列明了"专精之书"和"其余涉猎之书"。第二月溥通学专精之书为《春秋公羊传》《公理学》，涉猎之书中有公法诸书，以为"《春秋》一书，皆言内公法、外公法之义，故读《春秋》时必须略窥公法之书，乃易通也"。这是以《春秋公羊传》为公法学的中学义理基础。第五月溥通学专精之书为《论语》《公理学》，涉猎之书中以《佐治刍言》为"宪法学之书"。就专门学而言，公法门专精之书依次为《公法会通》《公法总论》《万国公法》《佐治刍言》(此处又谓此书为内公法之书)、《公法便览》(此处谓"凡治公法学者，皆当随时取与春秋相印证")、《各国交涉公法论》(及《左氏春秋》《国语》《战国策》此处谓"此等例案有可以略为引证者")、《各国交涉公法论》《希腊志略》《罗马志略》《各国通商条约》《通商约章类纂》《欧洲史略》《通商约章及成案》《法国律例》《英律全书》；掌故门依次为《周礼》《秦会要》(此处谓"二千年制度多本于秦，故必以此书为掌故学根源")、《佐治刍言》(此处谓"治掌故者必须读宪法书，乃不为古法所蔽")、《日本国志》《历代职官表》《全史职官志》《通考》《续通考》《皇朝考职官门》《全史职官志》《三通考职官门》《日本国志职官志》《唐律疏议》《全史刑律志》《日本国志刑律志》《法国律例》《英律全书》《大清律例》。① 从书目来看，公法学似主要还是国际法及外国法，掌故门似是主要学习政治制度，但就其所读书目则现代法学、政治学的基本体系并未确立。那么回到上述结论，则公法的重要性还是立足于交涉的时务需要，内部法秩序的确立则仍归于政治学科。

湖南巡抚俞廉三在戊戌政变后奏请就裁撤时务学堂原筹经费内另设立求实书院，一方面肯定时务学堂设立之本意"本期为有用之学"，反思其后来败坏于"教习不得其人，致滋邪说"；另一方面强调此次设立书院仍中西兼习，"延教习必以品行为主"。②

---

① 《第一年读书分月课程表》，载邓洪波主编《中国学院学规集成》(二)，中西书局，2011，第 1098—1101 页。

② 《湖南巡抚俞廉三奏设立求实书院折》(清光绪二十五年)，载陈谷嘉、邓洪波主编《中国书院史资料》(下)，浙江教育出版社，1998，第 2488 页。

2. 京师大学堂章程

《大学堂章程》由军机处、总理各国事务衙门联衔上奏遵旨颁行。该章程有"总纲""学堂功课例""学生入学例""学成出身例""聘用教习例""设官例""经费""暂章"8 章。①

第一章"总纲"8 节,明确了办学宗旨、大学堂统辖各省学堂、另立师范学堂、编译功课书及其方法、设藏书楼、购置仪器、设仪器院等事宜。不过其中多是笼统规定,如设藏书楼更多是分析藏书楼的中外经验及其合理性,乃至第一章第八节是讨论各地中小学堂创办情形及请饬速办的奏议。这种情况在其余各章也是常态。

第二章"学堂功课例"6 节,强调了西文与西学之别、溥通学与专门学之分、学生认习一国语言的要求及课程、积分、考课之法。在功课设置中,梁启超不再满足于时务学堂囿于师资西学以教习各国语言为主的局限,强调语言仅是西学的一门,课堂教学贯穿着中学和西学。其中溥通学包括经学、理学、中外掌故学、诸子学、初级算学、初级格致学、初级政治学、初级地理学、文学、体操学 10 种;专门学则有 10 种,包括高等算学、高等格致学、高等政治学、高等地理学、农学、矿学、工程学、商学、兵学、卫生学。京师大学堂基本沿袭了时务学堂的课程及分类,更为细分也更为全面。掌故学从时务学堂的专门学调整为京师大学堂的溥通学(中外掌故学)。专门学设置上,法律学归入高等政治学,不再作为独立门类。

此中还可以注意的一点是溥通学课程全用编译局功课书,专门学则已习西文学生读西文原书、未习西文学生读编译局译书。按照"康党"规划,总教习及编译局都由"康党"主持,《大学堂章程》批准后光绪帝召见梁启超并"赏给六品衔,办理译书局事务"。② 可以预见的是如果由梁启超全权主持则其教科书将会是以"康学"为指导的。皮锡瑞曾谓梁启超代拟《大学堂章程》

---

① 《大学堂章程》,载北京大学、中国第一历史档案馆编《京师大学堂档案选编》,北京大学出版社,2001,第 26—40 页。

② 光绪二十四年五月十五日上谕,载中国第一历史档案馆编《光绪宣统两朝上谕档》第 24 册,广西师范大学出版社,1996,第 228 页。

"虽佳"，但"必欲人人读其编定之书，似有王荆公'三经新义'之弊"。① "三经新义"是指王安石所著《周官新义》《诗经新义》《书经新义》，其变法时将之与《字说》等"托古改制"新学颁行各学宫作为科考依据。

第三章"学生入学例"8节，明确了入学条件、学额限制。别立小学堂兼可考验师范生等。其中学额限制没有遵从谕旨曾谓"其有愿入学堂者，均准入学肄习"等语，确属实事求是，不过从中也可看出谕旨不那么实事求是。

第四章"学成出身例"5节，拟议大学堂卒业领有文凭者"作为进士引见授官"，其他已经授职及功名者由皇帝圣裁，教习奖励之法也是经保举分授功名。

第五章"聘用教习例"5节，赋予总教习任用分教习的权力。如果考虑到教习对学生功课考核之权及学生考核后可"作为进士引见授官"，则总教习将成官学两界领袖。

第六章"设官例"9节，明确了官学大臣、总教习、分教习、总办、提调及供事人员的人数、任职条件（选任范围）等。其中总教习一职"不拘资格，由特旨擢用"。

第七章"经费"4节，依西例以预决算制列明常规预算表。

第八章"暂章"9节，谓"以上所列不过大概情形"，千头万绪"非事前所能悉定"，各种详细章程有待办事人"顺时酌拟"。从各章内容上看，这一章程的相当部分是写给皇帝的学堂规划报告书。

《大学堂章程》由梁启超代拟，虽经总理衙门、军机处多加修改后呈奏②，但其中关于功课书等问题仍没有得到很好解决。孙家鼐曾奏请由管学大臣负责审定大学堂所用经、子、史诸书③。该折虽见谕旨批准，但随后的光绪二十四年六月十七日（1898 年 8 月 4 日）上谕授予了管学大臣孙家鼐改订大学

---

① 《师伏堂未刊日记》，载湖南历史资料编辑委员会编《湖南历史资料》1959 年第 2 期，湖南人民出版社，第 131 页。
② 茅海建：《戊戌变法史事考二集》，生活·读书·新知三联书店，2011，第236 页。
③ 《协办大学士孙家鼐奏为译书局编纂各书宜进呈御览折》，北京大学、中国第一历史档案馆《京师大学堂档案选编》，北京大学出版社，2001，第 46 页。

堂章程的权力。① 六月二十二日(8月9日)孙家鼐上奏《筹办大学堂大概情形折》,将现拟筹办大概情形分条开列,获旨批准。该折所拟"章程八条"与《大学堂章程》"间有变通",上谕令孙家鼐"按照所拟各节,认真办理,以责专成"。② 在孙家鼐该上奏中特别提出"译书宜慎",经史诸书不可编辑,"惟有西学各书,应令编译局迅速编译"。③

前述"改书院为学校上谕"令将京师大学堂章程颁给各级学校,"令其仿照办理"④。京师大学堂章程就其法理上的效力而言是一个学堂章程,但因被谕旨要求各地广泛参照,实已获得普遍的示范性。

3. 浙江求是书院章程

杭州的求是书院创立之初是侧重西学的新式书院,这得益于浙江巡抚廖寿丰的推进,但廖氏创设新式书院的初衷则在于保留旧有书院的中学之本。廖寿丰认为,今日图治以培养人才、讲求实学为第一要义,但不可仅学西语西技而尽弃原有书院圣人之教。因此其奏请保留杭州省城六所旧书院,新设求是书院。该书院于光绪二十三年(1897年)颁行《求是书院章程》。根据章程,书院设正教习1人,教授化学及各种西学,兼课图算语言文字;副教习1人,教授各种算学及测绘、舆图、占验、天文等事;副教习1人,教授外洋语言文字及翻译书籍报章等事。正教习1人、副教习2人均为西学教习。经史古文、中外报纸由学生在每日晚间及休沐之日自学,撰为日记汇送监院呈总办查考。⑤

戊戌政变后,光绪二十五年(1899年)新的《求是书院章程》则将教学改为"以孔孟程朱之学为主,以泰西各种有用之学为辅"。根据章程,求是书院分内院、外院,外院(年龄在16岁以下)试读如能中西学问精进可升内院(年

---

① 中国第一历史档案馆编《光绪宣统两朝上谕档》第24册,广西师范大学出版社,1996,第276页。

② 《清实录》(第57册),《德宗实录(六)》卷422,中华书局,1987,第531页。

③ 中国史学会主编《中国近代史资料丛刊·戊戌变法》(二),上海人民出版社,1957,第435—437页。

④ 《改书院为学校上谕》,载陈谷嘉、邓洪波主编《中国书院史资料》(下),浙江教育出版社,1998,第2470页。

⑤ 邓洪波主编《中国学院学规集成》(一),中西书局,2011,第316—317页。

龄在 20 岁以上）。内院设中西学正教习各 1 人,西学教习 2 人;外院设中学教习 4 人,西学教习 2 人。① 西学教习所教范围基本与之前类似,但从章程中教习并无"翻译书籍报章"之职。

从学院管理及学制设置等方面,1899 年较 1897 年书院初创时期确实更为完善,但戊戌政变后书院加强了"中学"课业,学院礼仪首推"供奉至圣先师"定期诸生集齐、拈香分班行三跪九叩礼,强调"西学必以中学为本,中学尤以理学为本"。② 这种"中体西用"的中西学关系阐发似与百日维新时期张之洞、孙家鼐等人的思想无实质区别,但如果考虑到张之洞、孙家鼐所讨论西学的广泛性,此时政治保守思潮下的中西学的关系实已回到传统治理的逻辑模式,西学之于中国"富强"治道的意义及其可备采纳的空间必然是持续缩小的。

小　结

"富强"话语在朝中奏议出现的起点难以考证,上谕中"富强"之道的变化则有脉络可循。甲午战后,随着奏议中"富强"方案的集中呈进,"富强"共识逐渐形成。这一时期上谕确立的"富强"之道已超越此前的"自强"之策,指向国家—社会关系的重建。"富强"由知识而致治道,并取代"自强"之策成为国家治理的正当性基础。国家治理的目标、内容、规模及内外部结构自此确立了调整的基本方向。新的国家治理模式为旧法秩序整顿和新法秩序形成提供了基础,并为近代中国的现代国家建设提供了基本方向。

戊戌前后的三个诏谕相继确立了立基商力、民智的"富强"之道之于国家治理正当性的意义,"富强"作为政治合法性命题获得了持续生命力。随着洋务运动时期谕旨中"自强"事宜的不断扩容,甲午战后"力行实政"谕虽仍沿袭洋务运动时期"自强"之语,"自强"范围和措施却已扩充;"定国是"

---

① 邓洪波主编《中国学院学规集成》（一）,中西书局,2011,第 318—319 页。
② 邓洪波主编《中国学院学规集成》（一）,中西书局,2011,第 321—322 页。

诏谕的发布标志着中央加强权力、立基商力和民智重建"富强"之道的努力，此后"富强"成为上谕的常用语；政变后诏谕虽在政策上趋向保守，却在"富强"话语正当性成为历史趋势的形势下，不得不重申商力、民智之于"富强"国家建设的价值。

太平天国与清廷的战事使江南富庶之地惨遭重创。随之而来的是清代税收的急剧减少，而内部平叛和外部防御的军事开支却进一步增加，迫使清政府不得不通过"例""案"整顿的方式调整财政措施应对。应对方法则是征收关税、厘金等新型商业捐税，应对的结果是1911年间税收的大幅增加，达到1842年的3倍。这些新增税收不再如早期那样投入中西部地区，而是致力于东南富庶地区的建设，包括军队投入（海军）、新式企业的建立等。厘金制度增强了国家财政能力，同时，层层设卡导致商品价格抬高，挤压了商人利润和下层消费者的消费空间，19世纪60年代，江南地区商人在十几里一设卡的层层盘剥中怨声载道。① 应该说，中国利权丧失与其时的观念"落后"、国力羸弱、制度弊病密切相关，清政府在改革中也逐渐认识到一些问题所在并试图补救，但观念的调整和制度的修补或能起到一时之效，而达致"富强"的持续性国家能力提升却需要新的观念系统和制度体系予以支撑。新政所推进的诸多事业，需要国家财政支持，没有财政能力的国家改革障碍重重，将远不如议论原则时的简单。② 不过，制度调整的深度和广度却在戊戌变法时期的旧法整顿和新法颁行中已有迹可循。

中国保持统一的稳定秩序有利于西方列强维护和拓展其商业利益③，晚清中国保持国家存在离不开"门户开放"等列强不瓜分中国的外交政策的外部环境，但其是否能够避免分崩离析却需要有效的内部调整。旧法整顿和新法确立展示的制度改革都围绕着"富强"目标而展开。光绪帝在百日维新

---

① 江苏省地方志编纂委员会编《江苏省志》税务志，第57册，江苏古籍出版社，1997，第92页。

② 石泉：《甲午战争前后之晚清政局》，生活·读书·新知三联书店，1997，第249页。

③ ［英］托马斯·奥特：《中国问题：1894—1905年的大国角逐与英国的孤立政策》，李阳译，读书·生活·新知三联书店，2019年版，第49—50页。

期间颁发上谕上百条，虽然反复强调的还是练兵和筹饷①，但"富强"目标下的改革措施已远超洋务运动时期的治理内容和范围，呈现出重塑国家—社会关系的趋势。

戊戌政变后，司员士民上书言事的渠道重归清朝旧制，科举制度改革陷入停滞状态，农工商局被裁撤。扩大政治参与机制的尝试和奖励工商的制度性努力已无法有效持续，维新派所谓的民律、商律等现代法治建设更无从谈起。不过，其时所奠定的改革路径却影响深远。甲午战前，虽然地方开明督抚的自强改革得到中央相当程度上的肯定和支持，但是顽固势力在中央和地方都有着相当影响力。随着维新变法时期"富强"上升为国家治道，更为全面的改革持续推进而至戊戌形成高潮。新颁法令的陆续出台，路矿实业获得远高于从前的财政和政策支持，邮政、银行及教育事业仿照西方"成法"渐次开办。随着改革范围的进一步扩大，有些曾经争议较大、靠地方督抚顶着各方压力强行推进的改革措施，此时被诏谕和法令赋予了正当性。西学、西法的顽固抵制者失去了守旧的正当性话语。即使戊戌政变打击了改革热情，却仍未在官方层面上否定立基商力、民智的"富强"之道之于国家治理的正当性意义。后党甚至须从对"富强"治道的反复重申中获取政变的正当性资源。这种舆论人心的变化无疑为时代的改革命题提供了官方共识。

第四章
戊戌变法时期重建"富强"话语的制度措施及其实效

    梁启超曾将中国近代学习西方的过程归纳为三个阶段:第一阶段从鸦片战争到洋务运动,主要是学习西方"器物"的层面,思想上只有制造局里翻译出的"几部科学书",却替后来"不懂外国话的西学家"开出了"一条血路";第二阶段是从甲午战后到民国初年[1],学习西方制度的层面,对政治法律、组织形式大量制度移植却"所希望的件件都落空";第三阶段是新文化运动,人民鉴于新制度移植与旧社会文化的断裂,开始追求整套文化上的"全人格的觉悟"。戊戌变法时期是第二个长时间段的起点,"政制"改良最终失败,废科举"算是成功了",新学堂、留学生为以后打开一个新局面。[2] 梁启超所论从长时段的历史影响而言有其意义,但如果深入戊戌变法时期的历史深处,其时的治理秩序重建或可获得多重意义的理解。理解国家治理有两个线索,即中央权威与地方权力的关系、国家与民众的关系。[3] 对新颁法令实施及实效的分析,可以从官商冲突、新旧冲突、中央与地方的关系等角度审视戊戌变法时期国家治理转型中的国家与社会关系重建及其限度。

---

    ①   从甲午战争到民国初六七年止,约二十年。

    ②   梁启超:《五十年中国进化概论》(1922 年 10 月),载汤志钧、汤仁泽编《梁启超全集》(十一),中国人民大学出版社,2018,第 404—406 页。

    ③   周雪光:《中国国家治理的制度逻辑:一个组织学研究》,生活·读书·新知三联书店,2017,第 47 页。

第一节　官商关系调适中的经济政策法令实施及其实效

戊戌变法时期，"实业"在富强、救亡中的地位得以强化。所谓"实业"，此时主要指以工业为核心的现代资本主义经济。其时的治理改革是在列强对华经济渗透加剧的局势下展开。《马关条约》有关允许在华投资设厂的规定，极大地刺激了列强实业计划的勃兴。1895 年至 1900 年，外资在华新办工厂达 933 家，为甲午战争之前几十年总和的 9 倍，列强各国更在 10 余省取得开矿权。随着内忧外患的深化，清政府提出的"以筹饷练兵为急务，以恤商惠工为本源"①，改变了曾经的重农抑商政策。工商业发展与国家财政汲取能力密切相关，却在国家发展工商实业政策推行中突破财政能力问题，成为关涉国家与社会关系重整的更广泛国家治理命题。

一、励商护商政策法令的推行及实效

康有为《上清帝第三书》(公车上书)在历数全面发展农工商矿及交通运输业的"立国自强之策"后，提出打破各省厉禁，"宜纵民为之，并加保护"。②在清廷鼓励和扶持工商的政策法令中，确实反映出其时寻求"富强"之道的国家治理转向，但法令的不稳定性和传统治理体制的官商隔膜问题不能得到有效解决，这些法令的实效及其推动国家能力提升的效果值得检讨。

（一）政策法令的延续与冲突

光绪二十一年(1895 年)闰五月十一日，光绪帝谕令"招商多设织布织绸等局，广为制造"，并"筹款购置小轮十余只，专在内河运货，以收利权"。③

---

① 《清实录》(第 56 册)，《德宗实录(五)》，中华书局，1987，第 837—838 页。

② 康有为：《上清帝第三书》，载姜义华、张荣华编校《康有为全集》(二)，中国人民大学出版社，2007，第 70 页。

③ 《清实录》，《德宗实录》，中华书局，1987，第 830 页。

光绪帝谕军机大臣电寄张之洞,"开办机器,仿制洋货,原为抵制外人起见,该厂商人亦须自筹资本,不可全用官款,致外人藉口于官饬商办,转生枝节"。① 稍后谕旨还斥责曾经官办企业"经营累岁,所费不赀,办理并无大效",要求"从速变计,招商承办,方不致有名无实"。为了吸引侨商集股承办,光绪帝谕令所有集资"一切仿照西例,商总其成,官为保护",并由有关督抚妥拟办理章程详晰具奏。②

光绪二十一年(1895年)十二月二十四日,总理各国事务衙门遵旨议奏御史王鹏运奏片。总理衙门肯定王鹏运原奏各省设立商务局"俾得维护华商,渐收利权,诚为当务之急",但否定了原奏"请派设专员作为提调"的官办商务局形式。奏请于各直省设立商务局,由各商公举绅商派充局董驻局办事,并由各府州县"于水陆通衢设立通商公所",各举分董,以行"护商之政"。商务局的设立反映了清廷试图动员绅商参与国家治理的初衷。

商务局和商务公所的设置及主要职责在总理各国事务衙门奏议中有初步的规划:

> 不如官为设局,一切仍听商办。以联其情。拟请饬下各督抚,于省会设立商务局。由各商公举一般实稳练、素有声望之绅商,派充局董,驻局办事。将该省物产行情,综其损益,逐细讲求。其与洋商关涉者……考其利病,何者可以敌洋商,何者可以广销路,如能实有见地,确有把握,准其径禀督抚为之提倡。

> 再由各府州县于水陆通衢设立通商公所,各举分董,以联指臂。所有各该处物产价值涨落,市面消长盈虚,即由各分董按季具报省局,汇总造册。仿照总税务司贸易总册式样,年终由督抚咨送臣衙门以备参考。

> 其华商互相贸贩,不与洋商相涉之货,亦应按照市价公平交易,不准任意高抬,或故为跌价以累同业。设经局董查确,应即明为告诫。若复怙恶,即由局董禀官,将该行店劣迹榜示通衢,以儆

---

① 《清实录》,《德宗实录》,中华书局,1987,第880页。
② 朱寿朋编《光绪朝东华录》,张静庐等点校,中华书局,1958,第3 637页。

效尤。

至通商时务，向由臣衙门办理，该御史所请在京师设立商务公所，与臣衙门无甚表异，自应毋庸置疑。

得旨，如所议行。①

王鹏运原奏请"沿海各省会应各设商务局一所"，总理衙门的议奏没有区分沿海和内地，而是笼统奏请"饬下各督抚，于省会设立商务局"。随后，一些省份开始设立商务局，不过从后来的上谕看，朝廷很清楚各地并没有认真实行。光绪二十四年（1898 年）六月七日上谕再次令试办商务局，并筹议兴商学、办商报、设商会：

谕军机大臣等，振兴商务，为目前切要之图。叠经谕令各省认真整顿，而办理尚无头绪。泰西各国，首重商学，是以商务勃兴，称雄海外。中国地大物博，百货浩穰，果能就地取材，讲求制造，自可以暗塞漏卮，不致利权外溢。著刘坤一、张之洞拣派通达商务、明白公正之员绅，试办商务局事宜。先就沿海沿江，如上海、汉口一带，查明各该省所出物产，设厂兴工，果使制造精良，自能销路畅旺，日起有功。应如何设立商学、商报、商会各端，暨某省所出之物产，某货所宜之制造，并著饬令切实讲求。务使利源日辟，不令货弃于地。以期逐渐推广，驯致富强。事属创办，总以得人为先。该督等慎选有人，即着将拟定办法，迅速奏闻，毋稍延缓。将此各谕令知之。②

结合两个上谕，商务局由官方设立，但其职权更多是调查研究、宣传提倡、向督抚提供信息等而具有咨询机构性质，同时因其又负有招商集资之责，又类似于官办投资公司。总体执行上，其时除江南、山西等省在省会或部分州府创办了商务局外，其他多数省份并未采取实际行动。谕旨饬令沿

---

① 朱寿朋编：《光绪朝东华录》，张静庐等校点，中华书局，1958，第 3722—3725 页。
② 《清实录》（第 57 册），《德宗实录（六）》卷 421，中华书局，1987，第 517 页。

海沿江各省督抚筹办商会也未得到很好落实。

光绪二十四年（1898 年）七月初五日，光绪帝根据康有为上奏又发谕旨饬令京师设立农工商总局随时考查、具奏农工商事务，各省设立农工商分局，以期"官民一气"，"农业兴而生殖日蕃，商业盛而流通益广，以植富强之基"：

> 谕内阁，总理各国事务衙门代奏工部主事康有为条陈，请兴农殖民以富国本一折。训农通商，为立国大端。前经叠谕各省整顿农务工务商务，以冀开辟利源。各处办理如何，现尚未据奏报。万宝之源，皆出于地。地利日辟，则物产日阜，即商务亦可日渐扩充。是训农又为通商惠工之本。中国向本重农，惟尚无专董其事者以为倡导，不足以鼓舞振兴。著即于京师设立农工商总局。派直隶霸昌道端方、直隶候补道徐建寅、吴懋鼎为督理。端方着开去霸昌道缺，同徐建寅、吴懋鼎、均赏给三品卿。一切事件，准其随时具奏。其各省府州县，皆立农务学堂，广开农会、刊农报、购农器，由绅富之有田业者试办，以为之率。其工学、商学各事宜，亦著一体认真举办，统归督办农工商总局大臣随时考察。各直省即由该督抚设立分局，遴派通达时务，公正廉明之绅士二三员，总司其事……①

农工商总局及各省农工商分局是清政府设立的具有管理农工商事务权力的新型经济部门。此外，该上谕还要求各地设立农学堂、开农会、刊农报、购机器，"民间亦可办理"。同年七月十九日，农工商总局上奏请设立农务中学堂以与大学堂中的农学一门对应；开京畿农学总会以为赛艺之区；开农学官报以与上海已办农报相辅而行；购买美日农器；设立植物院以广研中外各地植物；在近畿试行种植新法；聘请美日农学家等，获旨推行。②

---

① 《清实录》（第 57 册），《德宗实录（六）》卷 423，中华书局，1987，第 539—540 页。
② 《管理农工商总局大臣端方等折》（光绪二十四年七月十九日），载国家档案局明清档案馆编《戊戌变法档案史料》，中华书局，1958，第 391—392 页。

　　同年七月二十八日再下谕旨,要求各省开设农工商分局、设农学支会、参用西法讲求农学,对于丝茶这一商务大宗,宜分设公司,由产丝茶各省督抚"妥定章程,实力筹办,以保利源",并要求将开办情形随时具奏。① 农工商总局的设立也标志着农业的地位在清末百业待兴中并未被官方忽略。光绪二十四年(1898 年)五月十六日清廷上谕曾谓"农务为富国根本,亟宜振兴",尽地力须兼采中西各法,外洋农学书须广为编译,赞赏上海农学会"颇开风气","著刘坤一查明该学会章程,咨送总理衙门查核颁行"。②

　　如前所述,兴办实业政策和法令的推行是重塑传统政商关系提升国家能力的重要方面。浙江巡抚廖寿丰《通饬鼓励商人制造新器札》鼓励商人兴办实业,"凡能创造各项新器,有益于国计民生","仿照泰西各国,将该商所出新物,听其一家售卖,俾享独揽之利,以示优异",且"其独创新法,确具成效,若无资本者,准其禀明地方,纠集股份兴办"。③ 商务局即为扶持华商而设。总理各国事务衙门上奏针对过往官府对工商业者"公事则派捐,讼事则拖累"等问题,认为各方设立商务局维护华商利益的建议"诚为当务之急"。④ 关于"崇本抑末"说,报刊有从时势不同立论认为古今富国之本不同,振兴商务"非舍本而逐末也"。⑤ 政府在实业发展中的作用主要应是"维持调护期间","不以成法相挠,庶商人无牵制抑勒之患"。⑥ 陈炽在其振兴商务条陈中痛陈官府以"崇本抑末"之说,中国无富商则"利权皆归彼族",与泰西各国通商毫无竞争力可言。⑦ 给事中褚成博上奏主张对华商"官力护持,一志齐心,

---

　　① 中国第一历史档案馆编《光绪宣统两朝上谕档》第 24 册,广西师范大学出版社,1996,第 393 页。

　　② 光绪二十四年五月十六日上谕,中国第一历史档案馆编《光绪宣统两朝上谕档》第 24 册,广西师范大学出版社,1996,第 220 页。

　　③ 《浙江巡抚廖通饬鼓励商人制造新器札》,《时务报》,第 48 册。

　　④ 朱寿朋编《光绪朝东华录》,张静庐等点校,中华书局,1958,第 3723 页。郑观应在盛世危言中已经提出,参见中国史学会主编《中国近代史资料丛刊·戊戌变法》(一),上海人民出版社,1957,第 196—197 页;张之洞在 1895 年《吁请修备储才折》中也曾奏请设立商务局,参见范书义等主编《张之洞全集》(二),河北人民出版社,1998,第 997 页。

　　⑤ 《论商务》,《申报》1895 年 6 月 25 日。

　　⑥ 《接论商务》,《申报》1895 年 6 月 25 日。

　　⑦ 朱寿朋编《光绪朝东华录》,张静庐等点校,中华书局,1958,第 3708 页。

痛除向来官商隔膜痼习","与彼族争权"。[①] 清廷上谕明确指出"振兴商务，为富强至计，必须讲求工艺，设厂制造，始足以保我利权"。[②] 提升国家能力达致富强，是官民共识。

光绪帝多次下令各省特别是沿江沿海商贾辐辏之区及各省省会筹办商务局整顿商务，各省设农工商分局，立农务学堂、开农会、刊农报。各省也象征性地设立了一些学堂、学会、农工商局、矿务局等新政机构。[③] 不过总体上或新设机构徒有虚名或干脆就没有设立。陈炽《创立商部说》一文描述当时的情形说：

> 刻总署议准各省设立商务局，选举商董，求通下情。然地方官吏，大都一笑置之，即便实见施行，亦惟以一纸官文奉行故事，而于商人奚益也？而于商务奚裨也？盖中国之官商相去悬绝，不设专官以隶之，不设专律以防之，不定地方官吏之考成功罪以警之，而欲恤商情，振商务，保商权，是犹缘木求鱼，欲南辕而北其辙也，其必不可得已。[④]

新法令不能有效实施，一方面是地方上的制度病，这一问题本章第三节再予详说。另一方面通过对其时政令的梳理也可发现，上谕前对地方上的新政要求，前有设商务局（商会）、后有农工商局（农工商会），两年间其政策本身就具有多变性。地方如果及时跟进会面临多做多错的被动局面。根据诏令，各省所设有关机构有称商务局，有称农工商局一般只有总办、会办若干人，诏令对其办事机构设置及职责权限没有具体规定[⑤]，与诏令相配套的

---

① 毛佩之辑《变法自强奏议汇编》第 6 卷，上海书局，1901，第 2 页。

② 中国史学会主编《中国近代史资料丛刊·戊戌变法》（二），上海人民出版社，1957，第 438、440 页。

③ 胡思敬在《戊戌履霜录》中列有各省新政表对各省设立机构及办理新政的情况作了较为详细的统计。

④ 赵靖、易梦虹主编《中国近代经济思想资料选辑》（中册），中华书局，1982，第 84 页。

⑤ 朱英：《晚清经济政策与改革措施》，华中师范大学出版社，1996，第 165 页。

商律、考绩办法更无从谈起。

(二)现代融资制度的初创及其反映的官商关系调适

康有为盛赞日本银行的振兴工业、推广商务之功，以为泰西"国家皆设大银行，君民共之"。① "富强"国家动员社会财富的能力在这一时期得到重视，国债、银行等现代融资制度初现，并在制度逻辑上反映着其时官商关系的调适及其限度。

以"昭信股票"名义发行的国债本为筹还日本赔款，后因已通过借款等方式筹款还款，该项国债是否继续发行成为问题。户部主事王凤文上书中提议继续发行并以筹款成立银行以支持路矿、招商等新事业，提出将昭信股票所筹之款在北京开设"通利银行"，从京中大商人中公举总董、副董、分董，"一切章程，即仿照西商办理"。② 盛宣怀曾于光绪二十二年(1896年)九月二十六日上奏《条陈自强大计折》提出练兵、理财、育才三项改革，理财一项中则提出铁路建设和圜法改革方案，同时进呈《请设银行片》提出仿西方设银行"聚举国之财，为通商惠工之本"。盛宣怀奏称"西人聚举国之才，为通商惠工之本，综其枢纽，皆在银行"，银行可仿借国债，"挽外溢以足国"，尤其是在国家办铁路这些大额融资中，"非急设中国银行，无以通华商之气脉，杜洋商之挟持"。③ 1897年创立中国通商银行，但经营网络尚需时日。

中国通商银行筹备之初，以银行总董严信厚为代表的部分商董对于官方的态度可窥见当时商人心态一斑。最初严信厚等人出于对政府恣意干预的担忧而主张专集商股，听闻俄商道胜银行有意吸纳清廷官股筹办中俄银行(未成)后，认为新办银行"中国国家尚不肯入股其不足信明矣"，银行经营需要国家信用为之背书，而俄国银行与中国合股"意在侵攘各省关饷项官款汇拨存发之权，以夺中国商民之利也"，中国自设银行须通过吸纳官本揽存

---

① 康有为：《日本变政考》卷七，载姜义华、张荣华编校《康有为全集》(四)，中国人民大学出版社，2007，第205页。

② 《户部主事王凤文呈》(光绪二十四年七月十九日)，载国家档案局明清档案馆编《戊戌变法档案史料》，中华书局，1958，第428—429页。

③ 中国史学会主编《中国近代史资料丛刊·戊戌变法》(二)，上海人民出版社，1957，第440页。

官款与之竞争,更何况,"若无官本,官无利益,官必不认保护之权",同意官款入股。① 随后,又转而以"若银行领有官本,商股必然裹足"为由要求以存款付息形式吸纳户部拨款 200 万两。② 盛宣怀一直有意通过借助官款寻求政治庇护,并以国家信用为银行信用背书以便于集股、揽储。最终在其积极协调下,户部同意拨款 200 万两作为存款(后据银行章程,先汇一半)。

通商银行筹办中,盛宣怀及各商董多以西例为参照,最后拟定的大致章程中明确议事、用人办事仿照西国银行例,但其指派总董、二成报效等规则又显示出其根植中国官僚体制的一面。报效是清廷在官督商办企业的重要利益之一。光绪二十三年(1897 年)二月十二日总理衙门提议中国通商银行将原定盈利二成报效国家改为五成报效(铸币报效另计)③,引起盛宣怀强烈反对。盛宣怀复电总理衙门称,"若过于抑勒,谁肯以私财而入公司? 中西银号、银行,皆无报效。今值招商伊始,遽加苟绳,商情十分疑虑",明确表示"实做不到者,势难免强"。④

近代银行制度的确立提高了现代国家的融资能力,其运行需要新型信用体系、司法体系等相关配套制度。郑观应在《盛世危言》中提出"银行之盛衰隐关国本",从国家融资的角度,一是"聚通国之财,收通国之利",二是可以代筹国家大工程款项,三是"国家有军务、赈务缓急之需,随时通融",四是"国家借款不须重息",如此种种。⑤ 银行应详订章程,"将各国银行详细章程遍行翻译,然后准酌情理择善而从,以官护商,以商辅官,用商务之章程屏官场之气习",长久发展则"度支无匮竭之忧,亿兆有转输之利"。银行的设立

①　《银行总董呈递说贴》(光绪二十二年十月初八日),载陈旭麓等主编《中国通商银行——盛宣怀档案资料选辑之五》,上海人民出版社,2000,第 8—9 页。

②　《中国银行说——严信厚所拟第二个银行章程》(光绪二十二年十二月十八日),载陈旭麓等主编《中国通商银行——盛宣怀档案资料选辑之五》,上海人民出版社,2000,第 45 页。

③　《总理各国事务衙门咨盛宣怀文》(光绪二十三年二月十二日),载陈旭麓等主编《中国通商银行——盛宣怀档案资料选辑之五》,上海人民出版社,2000,第 62—63 页。

④　《收盛太常电》[光绪二十二(三)年三月初六日],载中国第一历史档案馆编《清代军机处电报档汇编》第 27 册,中国人民大学出版社,2005,第 10—11 页。

⑤　郑观应:《盛世危言》"银行上",载夏东元编《郑观应集》上册,上海人民出版社,1982,第 679 页。

也对抵押制度有了新的需求。郑观应提出效仿西法，"西国银行与人交易必有押款，抵押之法以估价为度，如货物值十成者，所押不过六七成，多至八成而止。合同各执，载明限期，如过限期不还，即将所押之物拍卖偿抵，倘拍卖之价不足以所押之价，仍向欠户追还"。银行设立所重构的金融信用体系还须相应的司法改革予以保障，西国银行"虽有亏累，为数不多"，"所在官司亦认真护持追究，不似中国官吏动以钱债细故，膜外置之也"。① 其中对于中国传统治道以民间纠纷视为"钱债细故"的反思及以现代法律和司法理念重构治道的呼吁，是"富强"治道对新的法秩序的呼应。反观其时所缺的恰恰是一整套的现代金融体系和法律制度，银行的创立并未能解决国家融资能力问题。

（三）工商政策法令推行中的国家能力制约

总体上说，这些改革还是取得了一定的"富强"效果。在实业救国热潮及振兴实业政策影响下，华商兴办的工矿业企业大幅增加。1895—1900 年，资本在万元以上的企业共计 104 家，其中商办企业 86 家，资本额一千七百多万元，官办、官督商办企业 18 家，资本额五百三十多万元。② 与甲午战前 20 年间企业发展相比较，戊戌变法时期商办企业数量和资本额大幅增加，增长近 4 倍，远超官办和官督商办企业在工业中的地位。③ 与清政府鼓励商办纺织实业、开矿措施相联系，其时纺织业和矿业新开商办企业也有明显的增长。④

因晚清关税不能自主而无关税保护措施，清政府对新兴实业的免税措施、高额投资者的奖励以及新发明的专利等方面较为关注。后二者系戊戌以后新法，免税之例则始于光绪八年（1882 年）上海机器织布局，其后新立纱

---

①　郑观应：《盛世危言》"银行下"，载夏东元编《郑观应集》上册，上海人民出版社，1982，第 685 页。

②　汪敬虞编《中国近代工业史资料》[第 2 辑（1895—1914）下册]，科学出版社，1957，第 867—919 页各表。

③　朱英：《晚清经济政策与改革措施》，华中师范大学出版社，1996，第 16 页。

④　杜恂诚：《民族资本主义与旧中国政府（1840—1937）》附录，上海社会科学院出版社，1991，第 286—287、461—462、472 页。

厂多援例请求免税,马关条约后其他实业也多援例请求免税或减税。①

不过,私人资本所办实业多为纺纱等中小企业,数量有限,投资规模也不大,在内外夹缝中难以立足,有较好发展的又往往难逃被外国企业吞并的命运。② 许多机制纱厂援照上海机器纺纱、织布各厂奏定章程获得了政府税收等方面的鼓励和支持,在海关报完正税后其余厘税概行宽免。③ 在政府鼓励和实业救国的爱国热情下,甲午战后初期曾短暂出现过投资热潮。不过国内本就薄弱的资本在列强资本和商品输出的压力下往往不堪一击,清政府缺乏关税自主权又无财政实力支持纱厂走出危机,民族纺纱业很快陷入低潮。至光绪二十二年(1896 年)秋冬之间,"上海纱市败坏,华盛、大纯、裕晋,或欲停办,或欲出卖,几于路人皆知。凡以纱厂集股告人,闻者非微笑不答,则掩耳却走"。④

奖励和扶持商业的目的即在与洋商争利权,但两广地区、云贵地区、东北地区随着洋纱泛滥而国产纱几无插足余地。1894—1898 年,长江中下游七口岸和华北四口岸虽未被洋纱垄断,其仍占销量的 86.4% 和 93.7%,洋纱较之国产纱仍占绝对优势。⑤

华商不但财力不足,还因轮船、电报等基础设施建设收益期较长而对在这些方面的投资入股持观望态度。这些项目"初招商股甚难,及见成效,股票原本一百两者群起数十两争购其票",偶有华商能集股千万投资铁路等事业,也最终查明系替洋商出面认股而被主事者驳回。⑥ 另外,历次对外巨额赔款以及大量军费开支使晚清政府财政已经捉襟见肘,拖欠应允拨给洋务企业的官款几成常态,洋务企业也往往面临困境。如直隶创办磁州煤矿原

---

① 张玉法:《近代中国工业发展史(1860—1916)》,桂冠图书公司,1992,第 15—16 页。

② 严中平主编《中国近代经济史:1840—1894》(下册),经济管理出版社,2007,第 1047—1048、1051 页。

③ 《通海设立纱厂请免税厘片》(光绪二十一年十二月二十八日),苑书义等主编《张之洞全集》(二)·卷四十二,河北人民出版社,1998,第 1116—1117 页。

④ 《大生纱厂第一次股东会之报告》(光绪三十三年七月二十三日),载李明勋、尤世玮主编《张謇全集》(四),上海辞书出版社,2012,第 127 页。

⑤ 严中平:《中国棉纺织史稿》,商务印书馆,2011,第 181 页相关表格的统计。

⑥ 盛宣怀:《愚斋存稿》卷 89(补遗 66),台北文海出版社,1964,第 6—8 页。

议定官股 20 万两，但官方仅拨款 5 万两，直隶总督便以"库储万分支绌，委实无款可拨"①为由停止了拨付；津芦铁路建设除北洋提供了部分资金外，其余款项均系向外国银行借款筹集。② 长期的官督商办体制压制商民权利，官利制则对企业鼓励不足，也导致人们不愿附股官办（官督商办）企业，使洋务企业苦于融资无门，华商资本却大量附股于外商企业。③

汉阳铁厂因官款拨付困难，在甲午之后交由盛宣怀承办。盛宣怀以为汉阳铁厂可行的保证并不在资本投入，而在芦汉铁路如归其（及其依附的湖广总督张之洞）承办则"铁有销路，炼铁之本，可于铁路经费内挹注"。④ 这种以亏损的铁厂与计划中的铁路互相担保的运营模式必然是难绝后患。后来的发展也确实没有使铁厂和铁路走出困局，改组后的汉冶萍公司在"官款难筹，商本难集"的情况下舍借款"实无他策"，⑤盛宣怀也认为尽管借债"固犯清议之忌"，"然试问中华今日上下财力，舍此恐必束手，吾不敢谓借款为上策，但胜于无策"。⑥ 最终，汉冶萍公司一步步落入日本控制。

官办企业的资本困境也导致其以外国银行和洋行长短期贷款周转营业的同时，陷入随时被外国资本控制的危险。⑦ 清末中外交涉与政策制定的一个中心议题便是如何在保证实业发展的同时，更好地保障对资源、交通等基础建设领域的控制权。

二、公共利益与私人利益交织中的实业新政

如果说官方为民间投资设厂提供了较多的保护和激励措施，那么在路

---

① 《申报》，1910 年 2 月 27 日。

② 李耀跃：《晚清铁路对外借款法律问题研究》，法律出版社，2014，第 28 页。

③ 严中平主编《中国近代经济史：1840—1894》（下册），经济管理出版社，2007，第 1022—1023 页。

④ 张之洞：《致李兰荪宫保》（光绪二十二年一月），载苑书义等主编《张之洞全集》（十二）·卷二百八十六·书札五，河北人民出版社，1998，第 10 239 页。该信中张之洞评价盛宣怀"为人极巧滑"，铁厂委之于盛实属不得已。

⑤ 陈旭麓主编《汉冶萍公司》二，上海人民出版社，1986，第 489 页。

⑥ 陈真编《中国近代工业史资料》第 2 辑，生活·读书·新知三联书店，1961，第 479 页。

⑦ 严中平主编《中国近代经济史：1840—1894》（下册），经济管理出版社，2007，第 1136—1140 页。

矿等问题上仍然是压倒性的官办(官督商办在运作中实际上是官办)模式。官办和官督商办的实业兴办模式在洋务运动实践中暴露出的重大缺陷已被官绅各界普遍认识①,但最终路矿仍以官督商办和官办为主。其中原因有商人资本和技术力量的不足,也有官方从未打算放弃对全国重要产业加强控制的核心理念。

(一)官办与商办政策之争

针对前述光绪帝"于练兵筹饷两大端"要求臣工奏陈自强之计的上谕,顺天府尹胡燏棻上奏提出"筹饷练兵之本源,尤在敦劝工商、广兴学校",主张从铁路矿产、铸钞币、造机器等方面大力发展工商实业,从根本上改变积贫积弱的现状达致富强。不过胡燏棻反思"官厂制器""终无起色",请"准各省广开民厂,令民间自为讲求",同时又认为就开矿而言,招散股不如招大股,招商股不如招官股,重在办理得人。② 即使支持商办实业者也对路矿等特殊行业的发展体制存在特殊考虑。

光绪帝曾大力号召商办矿务,社会上的商办呼声也很高,但应该看到的是,这种官方对矿务商办的支持主要还是对官办成效不彰反思下的不得已之计。监察御史王鹏运上奏阐明五金各矿"徒以封禁,大利不开",请特旨"准民招商集股,呈请开采,地方官认真保护,不得阻挠",以期"矿利全开,民生自富"而国用足、国势强。③ 军机章京陈炽、左庶子戴鸿慈、御史陈其璋、侍读学士文廷式等人一致认为,矿务官办不如商办,多提出设专管大臣、鼓励商办、降低矿税、奖励扶持等办矿建言。④ 刘坤一上奏反思官督商办"官总其成,官有权,商无权,势不至本集自商、利散于官不止。招股之事叠出,从未

---

①　详细的分析可参见第一章第二节相关内容。

②　中国史学会主编《中国近代史资料丛刊·戊戌变法》(二),上海人民出版社,1957,第278—283页。

③　中国史学会主编《中国近代史资料丛刊·戊戌变法》(二),上海人民出版社,1957,第291页。

④　张海荣:《思变与应变:甲午战后清政府的实政改革(1895—1899)》,社会科学文献出版社,2020,第229—230页。

取信于人"，铁路如归官办或由官督，"先声既坏"，招股必难。① 对吉林将军恩泽请旨弛禁、准民开采的上奏②，户部议复则仍是命采"一律设局，派员经理"的官办（官督商办）模式③。

事实上，开矿（特别是金银等矿）收益巨大。清廷上谕实力调查兴办之际，四川总督鹿传霖曾谓"金、银两矿，若概由商人集股承办，官仅抽其一二成充课，则利悉归商，无稗帑饷"，主张官商合资兴办。④ 盛京将军依克唐阿甚至提出通化、怀仁两县金矿经营充足后将商厂一律收归官办。⑤

芦汉铁路批准开办之初，国子监司业瑞洵即奏请改归官办。其所言商办难成盖因中国商务衰而商力弱，一是商人办事未必上下皆能相信，二是具体而论勘路、筑路、行车、设栈皆多窒碍。⑥ 官办不能成，商办事实上亦难成。官办有官办之弊，正如督办处核议瑞洵改归官办奏折所称："官办则委员人数多于商，薪水浮费倍于商"，官办不如商办。⑦ 不过该核议的背景是芦汉铁路筹办初期禀请商办的广东在籍道员许应锵、广东商人方培垚、候补知府刘鹗、监生吕庆麟等声称已经集股而尚未核验，⑧后来的核验结果是"四人者，其行径不必尽同，而全恃洋股为承办张本则无不同"。⑨ 其中衙门章京方孝

---

① 《皇朝道咸同光奏议》第 6 卷，第 1 页，《近代中国史料丛刊》，台北文海出版社影印本。

② 《遵旨复陈吉省情形拟开办边荒矿务折》，台北故宫博物院故宫文献编辑委员会编《宫中档光绪朝奏折》（九），台北故宫博物院故宫文献编辑委员会印行，第 233—235 页。

③ 户部：《遵照议奏恩泽开办矿务折》（光绪二十一年八月十二日），军机处录副奏折，档号 03-9643-035。

④ 《川省矿务拟请官商合资购运机器开办折》（光绪二十二年六月初七），《宫中档光绪朝奏折》（十），第 13 页。

⑤ 《盛京将军依克唐阿奏》（光绪二十四年九月十七日），载江敬虞编《中国近代工业史资料》第 2 辑·上册，科学出版社，1957，第 557 页。

⑥ 《芦汉铁路紧要商办难成拟请特简督办大臣改归官办折》（光绪二十二年二月十四日），军机处录副奏折，档号 03-9658-041。

⑦ 《核议瑞洵奏折具奏事》，军机处录副奏折，档号 03-9658-045。

⑧ 《清实录》（第 57 册），《德宗实录（六）》卷 387，中华书局，1987，第 50 页。

⑨ 《芦汉铁路商办难成另筹办法折》（光绪二十二年七月二十五日），载《张之洞全集》（二）·卷四十四·奏议四十四，河北人民出版社，1998，第 1185 页。

杰自称"培垚老不能来",将派"侯某"出来办事,①更是上演了一场暗结洋人、以"方培垚"之名冒名揽办芦汉铁路的闹剧。② 都察院左都御史徐树铭等弹劾并请交该省绅民自办后③,光绪帝下旨要求将现办情形迅速上报并斥退刘鹗、方孝杰等人。最终,除方孝杰降五级调用外,刘鹗等人的处理皆不见结果,这在一定程度上助长了实业兴办中的投机之风。后刘鹗成立晋丰公司,向英商福公司(Peking Syndicate Ltd.)借银1000万两,承办山西多处矿务获得批准,名为商办而工程管理权、用人理财权悉由福公司把持;方孝杰与俄道胜银行订立山西柳林铁路借款合同。随后经朝廷干预刘鹗、方孝杰所立公司被取缔,改由山西商务局出名与原出借方福公司和道胜银行签订借款合同,但山西商务局出名所订借款合同及开办章程仍是对原有合同、章程的修改,借款合同所失利权甚重的结果在列强外交压力下已无法挽回。④ 刘鹗好友吴式钊、姻亲程恩培以豫丰公司出名仿照山西矿务办法向福公司借款1000万两开办河南矿务,获河南巡抚刘树堂支持。刘树堂奏称开办理由是借洋债"向为功令所不禁"。至于朝廷准借洋债而限制洋股的掌握路矿控制权这一根本出发点,刘树堂也予以回应称此次借款"洋商出财,华商出力","名为自借洋款,实则以洋商而借洋债","在华商则有借款之名,并无借款之实,贻累可以无虞;在洋商虽平分开矿之利,并不总揽开矿之权,操纵依然在我"。⑤ 最终总理衙门出于山西矿务交涉增加落地税的利益平衡考虑,

---

① 《王制台来电》(光绪二十二年五月初八日亥刻到),载《张之洞全集》(九),河北人民出版社,1998,第7011—7012页。

② 御史杨崇伊弹劾,《方孝杰空手攫利以方培垚之名冒揽芦汉片》(光绪二十二年五月二十一日),军机处录副奏折,档号03-9658-051。

③ 徐树铭:《山西绅民自办铁路矿务折》(光绪二十四年二月初八),军机处录副奏折,档号03-7140-016。同时,还有内阁中书邓邦彦等25人联名弹劾,参见张海荣:《思变与应变:甲午战后清政府的实政改革(1895—1899)》,社会科学文献出版社,2020,第253页。

④ 张海荣:《思变与应变:甲午战后清政府的实政改革(1895—1899)》,社会科学文献出版社,2020,第252—254页。

⑤ 《豫省矿务请归商人自借洋款承办事(并清单)》,军机处录副奏折,档号03-7124-042,03-7124-043。

同意福公司兼办河南煤矿作为补偿,批准豫丰公司与福公司订立合同。① 此后虽然仍有御史黄桂鋆弹劾山西巡抚胡聘之、河南巡抚刘树堂擅借洋款私招洋股请旨罢斥之议②,但最终不了了之。

甲午战前,民间采矿一直被厉行禁止。1868 年,两淮盐商何至华在江苏镇江买地采煤,遭乡民反对后被官府饬差缉拿,何"惧而中止"逃匿他处。③同年,山东蓬莱县生员卢鸣韶开采煤被斥革功名,该县为此刊立石碑以示永禁,并出示谕禁:凡有开采煤井者,"或经访闻,或被告发,定行一律照律究办,决不宽贷"④。总理各国事务衙门接报此案后亦称:"现在挖矿之案,层见迭出,若不严行惩禁,何以能警将来。"⑤山东曾于 1868 年颁布禁止开矿章程,规定凡有矿苗之处均须造册通报立案,各该州县随时派员前往巡查有无开采情事,如有将矿苗之地私赁与人,无论开挖与否,均予拘拿,照例严办。⑥从禁止开矿章程、晓谕的颁行来看,其更多情况都是因案立法。首先,《大清律例》已有明文禁令,地方官衙处理违禁案件后,通过章程再次明确禁令。前述山东蓬莱县谕禁源于生员卢鸣韶案、山东禁矿章程源于薛普平度开采金矿案。

矿禁开后个别商办矿务得到批准试办。1885 年,闽籍候选通判丁纵获准试办铅矿,三年后被封禁⑦;1887 年,广东商人张合盛获准在琼州昌化县创办大艳山石绿铜矿,次年并由张之洞奏准暂免出口厘税⑧;1893 年,广东龙门

---

① 《福公司商人罗沙底禀文》(光绪二十四年四月初一日),《矿务档》(三),第1621 页。

② 《特参胡聘之刘树堂假路矿为名擅借洋款私招洋股请旨立予罢斥折》(光绪二十四年十二月十八日),军机处录副奏折,档号 03-9644-079。

③ 中国史学会主编《中国近代史资料丛刊·洋务运动》(七),上海人民出版社,1961,第 413 页。

④ 《矿务档》(二),第 882—883 页。

⑤ 《矿务档》(二),第 885 页。

⑥ 《矿务档》(二),第 828 页。

⑦ 孙毓棠编《中国近代工业史资料》第 1 辑·下册,科学出版社,1957,第 1141 页。

⑧ 《矿务档》(八),大事年表,第 3 页。

县富商获准开矿并"特许三年后再行起课"①。1890 年,张之洞曾晓谕商民鼓励采矿,②不过其政策也有反复,如光绪六年(1880 年)江苏镇江府发布告示:"自示之后,如有不法棍徒再敢煽惑开矿,一经告发,或被访闻,定即提案照例严办,决不姑宽。地保容隐,察出并处不贷。"③禁止民间采矿原因很多,如矿工聚集易发事端、损害坟茔和风水等,④但在路矿已经开始兴办的时候仍多方阻止民间开采,或主要与保持官方对矿利的垄断有关。正如李鸿章所说,商民自办"不但招集股份易生观望,尤恐别滋流弊",官办和官督商办"庶可涓滴归公,稽核亦易周密"。⑤

(二)官督商办与"涓滴归公"义的背驰

官督商办在路矿、银行、邮政等关涉全国跨地区投资领域中显得更为举足轻重。官督商办企业的主事者和主要办事人多兼官商两重身份。虽然商人捐官赐爵很普遍,但官督商办企业多经手官款,其任命与捐官赐爵中的虚衔还是有着根本不同。监察官在监察官办(官督商办)实业中的具体运作外,对实业兴办中的权力获取也多有异议。光绪二十二年十二月初四日(1897 年 1 月 6 日),中国铁路总公司在上海成立,具体负责多处干支线铁路筹款筑路事宜,兼具铁路管理与经营的双重职能,任命盛宣怀为公司督办。御史宋伯鲁上奏提出盛宣怀事权过重,朝廷应解除其招商、电报、纺织各局督办专办铁路,或将津清、川汉等路另行招商。⑥ 不过,这些弹劾并未起实质作用。虽然包括当局主持者在内的时人并不讳言官督商办之弊,甚至多有指责,但在当时整个政局腐败的大环境下,似乎并没有更好的解决之道。

---

① 孙毓棠编《中国近代工业史资料》第 1 辑·下册,第 1106 页。

② 中国史学会主编《中国近代史资料丛刊·洋务运动》(七),上海人民出版社,1961,第 271 页。

③ 中国史学会主编《中国近代史资料丛刊·洋务运动》(七),上海人民出版社,1961,第 422 页。

④ 朱英:《论甲午战前清政府的矿业政策》,《史学月刊》1995 年第 3 期。

⑤ 《矿务档》(四),第 2305—2306 页。

⑥ 《盛宣怀一人督办数局事权过重片》,军机处录副奏折,档号 03-5350-014;军机处随手登记档,光绪二十二年十一月二十日,档号 03-0289-2-1222-312;张海荣:《思变与应变:甲午战后清政府的实政改革(1895—1899)》,社会科学文献出版社,2020,第 189 页。

开矿的重要目标之一即在于充实财源，光绪二十二年（1896 年）正月，清廷谕令各省办矿"以金银矿务为先"，因其"较煤矿等项得款为巨"。[①] 商办矿务的正当性来自财政效益。清廷着户部、总理衙门对御史王鹏运奏请商办矿务事议奏，二衙门会同上奏支持了商办矿务并获旨准行。其时对于财政濒临破产的清廷，王鹏运奏准民招商集股采矿使民自富的措施，最终还是要落脚到"国用足""国势强"[②]，户部、总理衙门会奏商办可行的原因则在于"既与公帑无亏，尤与国课有益，自应照准"。[③] 然而，同时期御史孙赋谦曾指出矿务开办中"不肖官商只图自保囊橐，试办已久，不肯升科"。[④] 升科即提高科税，前已述及，矿务试办之初多有豁免税厘的税收优惠，国家本为鼓励开矿而设，但如一直不"升科"则国家通过开矿以充实财政的初衷实已落空。

陈宝箴主持湖南新政时期颁布了《湖南矿务章程摘要》，其中将矿场分为官办、官商合办、官督商办。其中官办矿务引入招商入股者谓"官商合办"；商请办、官不入股者谓之"官督商办"。官督商办者，商人自行经理，"惟分别给收砂护照，或派员抽收砂税、炉税"。不过，所有矿务的运销都由湖南矿务总局负责，"凡各局中办公人及商民人等，均不得私运私销"。[⑤] 这仍然是传统"官山海"[⑥]的政策延续。"官山海"并不需要官方控制生产，通过（加价）销售即可垄断利润。

官督商办并无特定模式，开办中是偏重于"官督"还是"商办"，与企业主持者和支持者密切相关。漠河金厂和开平矿务局在开办之初，总办经营得当，重视股东利益保护，并在李鸿章支持下排除各种外部官方干预，一度取得良好效果，集股踊跃、股息丰厚、上缴利税超出预期。一旦总办不得其人或背后支持者政治上失势，则很快在内部决策失当、外部干预频繁中陷入经

---

① 朱寿朋编《光绪朝东华录》，张静庐等点校，中华书局，1958，第 3801 页。

② 中国史学会主编《中国近代史资料丛刊·戊戌变法》（二），上海人民出版社，1957，第 291 页。

③ 朱寿朋编《光绪朝东华录》，张静庐等点校，中华书局，1958，第 3744 页。

④ 《试办矿务延不升科宜及时整顿折》（光绪二十三年二月初八），军机处档折片，文献编号 137 185。

⑤ 汪叔子、张求会编《陈宝箴集》上册，中华书局 2003 年版，第 97—98 页。

⑥ "官山海"语出《管子·海王》，指国家对盐铁及山林川泽资源的垄断，其典型措施为盐铁专卖。

营困境。官督商办中官方态度是奖励扶持还是急于榨取利润,也因时因事因人的不同而迥然不同。漠河金厂于光绪十四年(1888 年)十二月开办,在北洋大臣李鸿章支持下顶住户部和黑龙江地方压力,一度经营良好。甲午战后李鸿章失势,漠河金厂与户部和黑龙江地方矛盾集中爆发,在新任总办周冕主持下日渐衰落。御史杨崇伊弹劾漠河金厂总办周冕经营不当、挪支厂费、残杀流民、勾结俄人等事。[1] 杨崇伊作为李鸿章亲家所上弹劾或与此中派系斗争有关,但其弹劾所指却是事实。户部也因该厂产量和报效骤减而对周冕不满。光绪二十四年(1898 年)闰三月,周冕被革职查办。[2]

清廷所有"恤商惠工"的政策都最终指向富强目标,指向扩充税源这一国家财政能力目标。财政汲取能力是国家财政能力的一部分,但有效地可持续地汲取乃至不断提升汲取能力,才是真正意义上的现代国家财政能力。现代国家财政汲取能力的提升不仅仅依赖于税厘的增加、税源的扩大。漠河金矿曾长期经营良好,报效额于光绪二十五年至光绪二十六年(1889—1900 年)位居国内各企业之首,却最终在中央和地方各种势力的强势干预下、内部腐败的侵蚀下难逃败落结局。

官督商办的官重商轻之弊导致官为主导的实业兴办中集股效果几乎乏善可陈。胡聘之于光绪二十一年(1895 年)升任山西巡抚后,于八月下令成立山西商务局,圈定矿务、铁路、织布三项要政,拟集股银 800 万两,但该省富商莫不视集股为畏途,历时年余却仅招股 30 万两。[3] 御史杨深秀弹劾山西商务局会办贾景仁曾趁赴外县劝集股本之机"胁取祁县富室乔氏之婢为妾",其人"桀黠跋扈,利欲熏心""气焰凌人",致"各绅富望而生畏,而股本转因以难集"。[4] 各地商民对商办矿务的参与度也并不高,各地矿务"商股零

---

① 《特参候补道周冕贪暴害民请饬下北洋大臣确查严办片》(光绪二十三年十二月十四日),军机处录副奏折,档号 03-5353-073。

② 张海荣:《思变与应变:甲午战后清政府的实政改革(1895—1899)》,社会科学文献出版社,2020,第 265 页。

③ 《山西商务局上盛宣怀禀》(光绪二十三年五月),上海图书馆藏盛宣怀档案,索取号 021981;《姚祥符致盛宣怀函》,上海图书馆藏盛宣怀档案,索取号 004 206。

④ 《特参局绅贾景仁假公攫利纵欲败防请交部议处折》(光绪二十四年闰三月十三日),军机处录副奏折,档号 03-5359-037。

星散布，并无提纲挈领之人"①，"承领者寥寥，或先承领而后辞退"②，"官商隔膜，上下不通，衙门吏役需索留难，殷实绅商无敢过问"③。河南安阳、湖北长阳、浙江衢州等地商办煤矿最终转为官督商办。④

铁路建设关涉全国交通规划、调动军队的军事运输能力诸问题，以财政拨款或融资的方式统一官办最能满足晚清政府的需要。当时西方各国铁路建设除英国主要是资本驱动外，其他国家多是政府主导。芦汉铁路官款拨付无着落情况下，光绪二十一年（1895 年）十月二十日，清政府发布"实力兴筑"铁路的上谕号召各省富商集股，"如有能集股至千万两以上者，着准其设立公司"，"事归商办，一切赢绌，官不与闻"，⑤并于次年（光绪二十二年三月十二日）上谕中再次确认了具体办法："惟有商人承办，官为督率，以冀速成"，但以"不得有洋商入股为要"，⑥准备采取"官督商办"的体制修筑铁路。至于铁路建设的融资问题，朝廷"并未说明"。不过，由于 19 世纪 60 年代以来洋务派官督商办企业的"官权重而商利轻"，民间商人应者寥寥，即使偶有响应者，一经调查，几乎全是洋商支持。⑦

胡燏棻督办的津芦铁路是甲午战后清政府批准建设的第一条铁路，在开办之初即被弹劾浮冒，⑧通车之后章程未定管理混乱，"站长工头，类皆藉

———————————

① 《总署收军机处交出依克唐阿抄折》（光绪二十四年二月十六日），载台北"中研院"近代史研究所编《矿务档》（六），第 3399 页。

② 《复张伯纯》（光绪二十三年正月初六），载中国科学院历史研究所第三所主编《刘坤一遗集》（五），中华书局，1959，第 2187 页。

③ 《续录筹办粤汉铁路章程》，《申报》1898 年 12 月 20 日，第 2 版。

④ 张海荣：《思变与应变：甲午战后清政府的实政改革（1895—1899）》，社会科学文献出版社，2020，第 235 页。

⑤ 《清实录》（第 56 册），《德宗实录（五）》卷 378，中华书局，1987，第 944 页。

⑥ 《清实录》（第 57 册），《德宗实录（六）》卷 387，中华书局，1987，第 50 页。

⑦ 相关记载参见《愚斋存稿》卷 24，第 20 页；《张之洞全集》（二）·卷四十四·奏议四十四，河北人民出版社，1998，第 1185 页；王彦威纂辑、王亮编《清季外交史料》，卷 129，第 9 页。

⑧ 褚成博：《铁路估价浮冒太多请饬复加核减折》（光绪二十一年十月二十六日），军机处录副奏折，档号 03-9658-023；张仲炘：《津芦铁路经费胡燏棻核算含糊不清请饬认真核计片》（光绪二十一年十一月十七日），军机处录副奏折，档号 03-9658-028。

私肥己"①。盛宣怀督办的铁路总公司及所辖分局管理体制落后,人多事少、靡费严重,侵吞贪污大行其道,盛宣怀更是利用铁路工程结交权贵、安插私人。张之洞、翁同龢、李鸿藻等人的亲信、盛宣怀的好友故交都被委以要职或支取高薪。② 给事中褚成博弹劾称其"以办木委其女婿姚某,以办轨委其妻弟庄某"。③ 路工进展缓慢、造价远超预估可以说是晚清官、商办路及自办、借款兴办铁路的共同特征,铁路总公司承办各路也不例外,其路工质量被评价为尚不如津芦铁路。④

与之形成对比的是该时期大清邮政人员在海关总税务司管理下,"营私舞弊、侵蚀公款等情,概不多见"⑤。无怪乎中国通商银行筹办之初商董认为官督商办中办理不善应对的办法是"遴订西人总理行务",因"西人任事专横,执权不挠,非权势所能动"。对西人这种期待的理由即在于之前由海关总税务司经手的各省息借商款"不数月而集巨款,至今依期拨还,本息毫无蒂欠,不似他处辗转改拨,失信商民"。⑥ 海关总税务司在开办大清邮政之初即颁定章程明晰资费标准,⑦官督商办的津芦铁路开车后经营管理却是"章程未定",售票搭客乱象丛生,⑧客货收费"无案可稽",车辆数目、开车次数、

---

① 《江南道监察御史张承缨折》(光绪二十四年七月二十九日),载国家档案局明清档案馆编《戊戌变法档案史料》,中华书局,1958,第438页。

② 张海荣:《思变与应变:甲午战后清政府的实政改革(1895—1899)》,社会科学文献出版社,2020,第197页。

③ 《盛宣怀接办铁路徇私罔顾物议情形请撤换片》(光绪二十三年四月二十九日),台北故宫博物院文献图书馆藏军机处档折件,文献编号139 022。

④ 张海荣:《思变与应变:甲午战后清政府的实政改革(1895—1899)》,社会科学文献出版社,2020,第198页。

⑤ 《大清邮政光绪三十年事务通报总论》,载中国邮政集团公司文史中心编《中国邮政事业总论》(上),北京燕山出版社,1995,第6页。

⑥ 《银行总董呈递说贴》(光绪二十二年十月初八),《中国通商银行——盛宣怀档案资料选辑之五》,第9页。

⑦ 《大清邮政章程》(光绪二十五年),蔡乃煌总纂《约章分类辑要》卷37,湖南商务局,光绪二十六年,第3页;《邮政局谕(大清邮政总局总办葛)》,《申报》1897年2月8日第7版;张海荣:《思变与应变:甲午战后清政府的实政改革(1895—1899)》,社会科学文献出版社,2020,第312页。

⑧ 《工事:津芦铁路要闻(录指南报)》,《集成报》第4期,光绪二十三年五月初五,第22页。

乃至行车时刻、用工人数"均无可考"。①

<h2 style="text-align:center">第二节　新旧冲突与平衡中的政制
改革及其实效</h2>

甲午战后特别是百日维新期间的政制改革议题冲击着传统官僚制度及其立基的观念体系。政制改革中所遇到的新旧冲突也同时考量着其时国家治理结构调整的可能限度。

一、扩大政治参与的官僚制度改革及其实效

百日维新前的"富强"措施基本上是依托旧体制推行，没有触动官僚制度等政制改革问题。百日维新期间随着全面改革步伐的加快，新制度逐渐出现、旧衙门遭到裁撤，官僚体制内的变法阻力开始增强。

（一）新政机构的初设与旧衙门的裁撤

新制度的初现除前面已经论及的京师大学堂外，百日维新期间成立了两个新机构：光绪二十四年六月十五日（1898 年 8 月 2 日），设矿务铁路总局，统辖各省开矿筑路事宜②；七月初五（8 月 21 日），设农工商总局③。三个机构的人员仍是从各部院调用，是分差办事而非置官办事，且无专门经费。京师大学堂管理大臣孙家鼐及铁路矿务总局管理大臣王文韶（督办）、张荫桓（会办）皆为兼差，农工商总局管理大臣端方、徐建寅、吴懋鼎是专任已属罕见。

光绪帝裁汰闲衙冗员的改革有两次。光绪二十四年七月十四日（1898 年 8 月 30 日）谕令，中央詹事府、通政司、光禄寺、鸿胪寺、太仆寺、大理寺等

---

① 王文韶、张荫桓：《遵旨设立矿物铁路总局具陈核定章程及开局日期折》（光绪二十四年六月二十四日），军机处录副奏折，档号 03-9448-032。

② 《清实录》（第 57 册），《德宗实录（六）》卷 421，中华书局，1987，第 525 页。

③ 《清实录》（第 57 册），《德宗实录（六）》卷 423，中华书局，1987，第 539—540 页。

衙门一切事宜归内阁六部分办;光禄寺、鸿胪寺职掌并归礼部;太仆寺职掌并归兵部;大理寺职掌并归刑部。① 同年七月二十五日(9月10日)进一步谕令内阁、六部、各省督抚将中央和地方各衙门如何裁并"速即切实筹议"并具奏。② 中央各部,"六官万务所集也,卿贰多而无所责成,司员繁而不分任委","卿贰既非专官,又兼差","虽贤智亦皆束手",地方则"兵刑教养合责一人,一盗佚,一狱误,一钱用而被议矣"。③ 这是由于此前中国一统,"环列皆小蛮夷,故于外无争雄竞长之心,但于下有防乱弭患之意",至明代"一职而有数人,一人而兼数职,务为分权掣肘之法",行政的无能维持着政治的安全,却于列国竞争中不能人尽其才。④ 康有为在上清帝第二书、第四书中的主张主要是在现有治理体系框架内的除弊。《上清帝第六书》中主张中央设立制度局,地方上则设立民政局。⑤ 制度局的设想试图改变旧体制权责不明晰弊端的同时,又使朝论哗然,"谓此局一开,百官皆坐废矣"。⑥ 设新衙门本为减小改革阻力,然而改官制、设制度局的提议却导致"流言纷纭",乃至光绪帝下令裁并闲散衙门、汰除冗官的上谕颁行后,流言皆谓变法欲"尽废内阁、六部及督抚、藩臬司道矣","于是京朝震动,外省悚惊,谣谤不可听闻矣"。⑦

裁汰闲衙冗员的诏书下发后,参与新政者也无所适从甚至散布谣言。诏书裁并衙门本与六部、翰林院无涉,议者却谓六部"有尚书则侍郎为冗,有郎中则员外为冗,凡额外主事员外郎中,无兼差而食俸尚浅者,皆可回籍候

---

① 朱寿朋编《光绪朝东华录》,张静庐等点校,中华书局,1958,第4182页。

② 中国史学会主编《中国近代史资料丛刊·戊戌变法》(二),上海人民出版社,1957,第81页。

③ 康有为:《上清帝第一书》,载姜义华、张荣华编校《康有为全集》(一),中国人民大学出版社,2007,第182—183页。

④ 详细的讨论可参见本书第二章第一节,康有为:《上清帝第四书》,载姜义华、张荣华编校《康有为全集》(二),中国人民大学出版社,2007,第85—88页。

⑤ 康有为:《外衅危迫分割洊至急宜及时发愤大誓臣工开制度新政局折》,载姜义华、张荣华编校《康有为全集》(四),中国人民大学出版社,2007,第13—15页。

⑥ 胡思敬:《戊戌履霜录》,载中国史学会主编《中国近代史资料丛刊·戊戌变法》(一),上海人民出版社,1957,第363页。

⑦ 《康有为自编年谱》,载中国史学会主编《中国近代史资料丛刊·戊戌变法》(四),上海人民出版社,1957,第153页。

资"；议翰林院或谓"定编检额四十，新授职者皆罢"或谓"改议院"。① 维新派也有人"到处议论某官可裁，某人宜去"，"为守旧中有心相仇者听去遍传"。② 这些都进一步加剧了京城官场的紧张气氛，使改革舆论环境进一步恶化。

康有为最初提出增新衙门不废旧衙门，正是出于求新暂不革旧的改革策略需要。换言之，专制政体的变革，由于其进程的专断，事实上，即使是朝中重臣也难以明晰改革的具体措施与步骤。由于决策的不公开及缺乏有效制衡，人人担心改革将进一步危及自身利益。"时百日间，维新之诏，联翩而下，变法神速，几有一日千里之势"，诸如"命八旗人丁如愿出京谋生计者，任其自由"，"满族诸人大哗，谣谤纷起"。③ 戊戌政变发生的前几日，北京城内谣言四起，尽撤六部九卿、督抚司道乃至尽除满人、剪除发辫、裁撤内监等无中生有的言论迅速传播。更有甚者，清政府的最高层也只能在失序中依靠传闻作某些重大决策。如果专制者没有相当的魄力推进改革，就只能将改革带入死局，连同卷入的将包括专制者及其追随者。

（二）新设中央议事机构的争议

"康党"谋设"制度局"失败后，一度致力于设立懋勤殿等议政机构，光绪帝也确有此意。光绪二十四年（1898 年）七月二十八日，湖北补用知府钱恂得光绪帝召见后，曾电告张之洞谓"议政局必设"④。七月二十九日北洋候选道严复获召见后，也曾向总理衙门章京郑孝胥提及"将开懋勤殿，选才行兼著者十人入殿行走，专预新政"⑤。《国闻报》更是登出消息称"拟开懋勤

---

① 胡思敬：《戊戌履霜录》，载中国史学会主编《中国近代史资料丛刊·戊戌变法》（一），上海人民出版社，1957，第 368 页。

② 苏继祖：《清廷戊戌朝变记》，载中国史学会主编《中国近代史资料丛刊·戊戌变法》（一），上海人民出版社，1957，第 337 页。

③ 黄鸿寿：《清史纪事本末》，载中国史学会主编《中国近代史资料丛刊·戊戌变法》（四），上海人民出版社，1957，第 260 页。

④ 中国史学会主编《中国近代史资料丛刊·戊戌变法》（二），上海人民出版社，1957，第 614 页。

⑤ 中国国家博物馆编《郑孝胥日记》（二），劳祖德整理，中华书局，1993，第 681 页。

殿","保举人才"以备顾问","闻数日内即当有明发谕旨矣"。① 懋勤殿等议政机构名为咨询机构,实际上将是政治决策机构,如此则正如康有为等人所奏请的,原有负责咨询和议政功能的军机处和总理衙门等机构将变成单纯的执行机构。这是对现存政治体制的挑战,也对慈禧太后的权力及帝后权力关系构成实质上的修改。② 这一动摇慈禧太后权力基础的决定成为触发帝后冲突的重要导火索。

光绪二十四年(1898 年)八月初二,光绪帝发布上谕催促康有为离京前往督办官报局。茅海建先生认为此明发上谕是给慈禧太后看的,是因设立懋勤殿之类议政机构引发帝后争议后光绪帝向慈禧太后的示弱让步。该上谕谓闻康有为尚未出京,"实感诧异",事实上派康有为督办官报的谕旨于六月初八日下发后,光绪帝还在接收总理衙门代奏的康有为奏折,还在处理汪康年拒交《时务报》的纠纷,其是明白知道康有为尚未离京且在为留京四处活动的。上谕谓闻康有为素日讲求时务"是以召见一次",是对康有为可以随意出入宫禁与皇帝密商政务此类谣言的回应;上谕严令康有为"毋得迁延观望"是皇帝表示不再与之保持密切联系的态度。这些都是与慈禧太后争论后的妥协表示。③

就中央议事程序而言,清廷遇重要上奏,皇帝交王大臣或将军督抚们议复,再由相关衙门根据议复拟具意见办法奉旨交各部院或督抚执行。其中的一个重要弊端就是:"以行政之人操议政之权,今日我议之,明日即我行之,岂能不预留地步,以为自便之计?"④光绪帝试图改变这一议政、行政体制而设懋勤殿最终则成为触发戊戌政变的导因之一。⑤

(三)军机四章京的新政职责

内阁候补侍读杨锐、刑部主事刘光第、内阁候补中书林旭、江苏候补知

① 中国史学会主编《中国近代史资料丛刊·戊戌变法》(三),上海人民出版社,1957,第 407 页。

② 茅海建:《戊戌变法史事考》,生活·读书·新知三联书店,2005,第 42 页。

③ 茅海建:《戊戌变法史事考》,生活·读书·新知三联书店,2005,第 62—63 页。

④ 《总理各国事务衙门章京张元济折》(光绪二十四年七月二十日),载国家档案局明清档案馆编《戊戌变法档案史料》,中华书局,1958,第 43 页。

⑤ 孔祥吉编著:《康有为变法奏章辑考》,国家图书馆出版社,2008,第 394—395 页。

府谭嗣同四人奉旨在军机章京上行走，参与新政事宜。军机四章京在军机处工作时间仅有 17 天。康有为、梁启超视四章京为皇帝股肱乃至实际上的宰相，有其臆断拔高之处，但四章京在军机处的工作流程确是值得注意的。①

军机处自建立之初所遵循的基本工作程序是将奏折当日上呈皇帝（极个别会拖延几天），一切决定出自圣裁。光绪帝收到的奏折分为两类：有上奏权的衙门或官员所上奏折仍由光绪帝朱批、下旨；以往没有上奏权的司员士民上奏则由军机处"酌议"提出处理意见后送呈光绪帝，犹如明代内阁的"票拟"。负责处理后一类折件的，茅海建先生认为即七月二十日奉命"参预新政"的军机四章京杨锐、刘光第、林旭、谭嗣同。②

光绪二十四年（1898 年）二月初八，光绪帝下诏许司员士民直接上书后，至少有 457 人次的 567 件上书给皇帝。③ 上书范围的扩张使军机处处理条陈上书的工作趋于饱和，新任四章京专门负责处理司员士民上书是其"参预新政"的自然而然的办法。

司员士民均得上书言事，有其"决去壅蔽，民气大振"的优势，却也存在"上书者多可笑，且有评告恶习""即好者亦多与人雷同，便无足观"的流弊。④

杨锐等军机四章京任职指明"参预新政"，并不在原有军机章京（军机章京原有满汉各两班共 38 人）中排班，而是四人单独分成两班。他们工作中经常出现上书时间、代奏机构等错误，甚至这些错误影响到了谕旨对代奏人这类基本事实表述的准确性。这在以往军机处工作中是不可容忍也几乎不会发生的。这也显示出缺乏经验的新章京在工作中或处于孤立地位，与原有章京缺乏配合，更没有得到原有章京的帮助。⑤

奏折需要皇帝亲启亲裁，清朝固有上奏制度设定较小上奏范围有控制信息数量以便皇帝能够及时处理。上奏范围的扩大使皇帝不可能对所有上

---

① 茅海建：《戊戌变法史事考》，生活·读书·新知三联书店，2005，第 72 页。
② 茅海建：《戊戌变法史事考》，生活·读书·新知三联书店，2005，第 70 页。
③ 详见本书第二章第三节的讨论，相关统计参见茅海建：《戊戌变法史事考》，生活·读书·新知三联书店，2005，第 221 页。
④ 刘光第：《刘光第集》，中华书局，1986，第 287—288 页。
⑤ 茅海建：《戊戌变法史事考》，生活·读书·新知三联书店，2005，第 75—76 页。

奏都能处理，委托给军机章京分类整理、拿出意见也是工作流程的必然，但这可能在根本上颠覆清朝固有的议事规则。军机四章京"票拟"的司员士民上书虽不是帝国政治中的重要文件，但其"票拟"意见并可能形成旨意的权力实际上已大于奉旨拟旨的军机大臣。慈禧太后很快要求新章京所签诸件"悉呈太后览之"。① 签拟意见最终由慈禧太后决定。戊戌政变后军机四章京更是成为朝廷首要通缉的"康党"罪人。

二、观念制度改革及其实效

国家治理转型的表现之一是"治教分途"。"圣人之为治法也，随时而立义，时移而法亦移矣。"②在康有为的主张里，以何种文化和制度形成"国家"，并形成统一的国家权力架构，是其政治纲领的关键部分。"改正朔，易服色"考虑的是如何形成举国之势。其主张以皇权为中心推动国家改革，以孔子学说和孔教为中心建立国家认同，以文明论为中国认同的基础，这种皇权主义是国家主义的代表。③ 与治教分途相关的则是传统文官基础的科举、保举、书院等一系列制度的变化。④ 以往研究者多从教育制度的角度讨论科举制及书院改制等问题。如果从传统国家向现代国家转型这一角度，则这些改革事实上不仅是教育问题，更是保证政治权力和权威在转型期延续认同的制度保障问题。⑤ 这些实质上的观念制度议题，是从传统观念制度向现代观念制度转型的问题。

（一）科举制的变化与传统观念制度的调适

早在光绪十三年（1887 年），总理各国事务衙门为延揽时务人才，奏称"试士之例，未容轻议变更，而求才之格，似可量为推广"，请旨于乡试时有生

---

① 中国国家博物馆编《郑孝胥日记》（二），劳祖德整理，中华书局，1993，第 681 页。

② 孔祥吉编著：《康有为变法奏章辑考》，国家图书馆出版社，2008，第 423 页。

③ 汪晖：《现代中国思想的兴起》，生活·读书·新知三联书店，2008，第 823—824 页。

④ 有些学者认为科举制具备"消极的民主化"迹象。参见杨念群：《痛打"时文鬼"——科举废止百年后的省思》，《清史研究》2017 年第 1 期。

⑤ 周雪光：《中国国家治理的制度逻辑：一个组织学研究》，生活·读书·新知三联书店，2017，第 23 页。

监报考算学者,除正场仍试四书经文诗策外,其考试经古场内①,另出算学题目,通晓算法者咨送总理衙门复勘注册。② 1895 年童试增加"时务"。甲午战后时任新疆巡抚陶模上书中再次提及设立实际所需的算学、艺学等特科名目,与洋务运动时期基本一致。③ 不过该奏议被封存归籍未得允准。④ 光绪二十三年(1897 年)十一月,贵州学政严修奏请仿效博学鸿词等特科事例设立经济特科⑤,得到恽毓鼎等人支持。⑥ 百日维新期间康有为上奏《请照经济科例推行生童岁科试片》(《进呈〈日本变政考〉等书乞采鉴变法以御侮图存折》的附片),请改生童岁科八股为经济六科,为农工商兵诸业储备人才。⑦

光绪二十四年(1898 年)正月初六,光绪帝谕令设立包含内政、外交(各国政事、条约公法、律例章程诸学)、理财(税则、矿产、农劝、商务诸学)、经武、格物、考工六门在内的经济特科。⑧ 总理衙门、礼部后拟就《经济特科章程六条》强调经世致用诏准颁行。⑨

废八股兴实学在朝野获得了相对认可,光绪二十四年(1898 年)六月,光绪帝谕令准行废除八股、改试策论。就科举改革的实际推动而言,康有为代

---

①　按照清制,在各省学政主持的院试、岁试与科试的正场考试之前,设有名为"经古场"的一项考试,参加考试者为童生和生员。经古场所考知识内容,在晚清屡有变易,大体而言,有经解、史学、辞章、掌故、诗古、性理、舆地、算学等内容。因其并非必考科目,应考者寥寥,不考者并不影响正场考试。参见曹南屏:《阅读变迁与知识转型:晚清科举考试用书研究》,社会科学文献出版社,2018,第 39 页。

②　朱寿朋编《光绪朝东华录》,张静庐等点校,中华书局,1958,第 2260—2262 页。

③　陶模:《培养人才勉图补救折》,载杜宏春补证《陶模奏议遗稿补证》,商务印书馆,2015,第 247 页。

④　林浩彬:《甲午至戊戌期间的铨选议改与保举定位》,《安徽史学》2020 年第 5 期。

⑤　严修:《奏为时政维新请破格迅设专科敬陈管见事》,载中国第一历史档案馆藏《军机处录副奏折》,档号:03-7210-080。

⑥　恽毓鼎:《经济特科敬陈管见折》,载史晓风整理《恽毓鼎澄斋奏稿》,浙江古籍出版社,2007,第 11 页。

⑦　康有为:《请照经济科例推行生童岁科试片》,载姜义华、张荣华编校《康有为全集》(四),中国人民大学出版社,2007,第 50 页。

⑧　《清实录》第 57 册,《德宗实录(六)》卷 414,中华书局,1987,第 411 页。变法失败后经济特科停办。

⑨　《总理各国事务衙门奕劻等折(附清单)》,载国家档案局明清档案馆编《戊戌变法档案史料》,中华书局,1958,第 228—231 页。

徐致靖、宋伯鲁所上奏折中并未明确具体措施,张之洞、陈宝箴联名上奏妥议科举新章并提出每场录取具体办法。张之洞、陈宝箴认为"一切考试节目未能详酌妥善"之时,可废八股,但四书五经仍列为考试内容;乡试会试仍为三场且三场并重,而"将三场先后之序互易之",第一场试以中国经济(中国史事、国朝政治),第二场试以西学经济(五洲各国之政、专门之艺),四书五经列入第三场。① 按照乡会试录取办法,"每场发榜一次",录取者"始准试次场"。② 其中将四书五经列最后一场,在时务之后。事实上,科考一直都是"三场只重首场"。③ 光绪帝本欲"着照所拟"科考方案予以实行,不久发生戊戌政变,此议随之终止。

变科举并非要废除中国固有观念系统,即如最为激进的康有为,所追求的也是在(至少是名义上的)传统观念系统中重建新的能够达致"富强"目标的观念支撑系统。康有为上奏曾谓"今宜亟立道学一科,其有讲学大儒,发明孔子之道者,不论资格,并加征礼,量授国子之官,或备学政之选","将来圣教施于蛮貊,用夏变夷,在此一举"。④ 其西学的引进并不折损孔教的发扬,虽然其真正要发扬的是孔教旗帜下的康学。

(二)保举制的争议与西学人才的上升渠道

太平天国运动期间,科举正途与保举、捐纳异途的悬殊地位发生改变。曾国藩、骆秉章等人在咸同年间保举的官员许多成为后来"同光中兴"的重臣。保举迎合了军功需要,捐纳解决了财政需求,至此与科举并列三途。甲午战后,捐纳已成众矢之的,前已述说无须赘言,保举在废除与限制间的时人论说却表现出选拔西学西艺人才中的可能意义。光绪二十一年(1895 年)光绪帝上谕中要求内外大臣保举"究心时务,体用兼备者",强调"精于天文、

---

① 《妥议科举新章折》,光绪二十四年五月十六日,苑书义等主编《张之洞全集》(二),第 1306—1307 页。

② 《清实录》(第 57 册),《德宗实录》卷 421,中华书局,1987,第 513 页。

③ 康有为:《请废八股试帖楷法试士改用策论折(1898 年 6 月 17 日)》,载姜义华、张荣华编校《康有为全集》(四),中国人民大学出版社,2007,第 79 页。

④ 康有为:《上清帝第三书》,载姜义华、张荣华编校《康有为全集》(二),中国人民大学出版社,2007,第 75 页。

地舆、算法、格致、制造诸学"的"奇才异能"①，即将保举作为临时应急的取才手段，以求精通西学的人才。

不过，从该时期主流舆论来看，保举作为人才选拔方式存在人才识别上的困难和任用私人的弊端。保举实践中无法确保保主自身具备西学识见，也就无从谈起保主对真正西学人才的识别和举荐。无合适的保主，如果大量实践反倒增加了保举制度徇私舞弊的固有漏洞。特科考试则通过对西学具体对应科目的考察，能够更直接客观地选拔西学各种专门人才②，较之保举更公正客观，更有利于西学人才的甄别和遴选。

保举在练兵、筑路、出使等事务的兴办中起着满足时务人才需要的重要作用，但对于大量的西学人才来说，且不说其时在缺少学堂训练下人才几乎没有，即使有，在缺乏相应政府机构改革的情况下也没有合适的机构和官缺予以安置。甲午战后下诏保举人才，但实际操作中更多成为上层大吏扩充势力、下层官员获缺晋升的良机，保举的成功与否主要取决于荐主实力，求才特别是求西学人才明显未获成效。③

就制度改革而言，清廷虽力推特科与新式学堂，但学堂有培育人才周期限制、特科有规模和成效限制，二者并不能承担全部的取才重任。④ 保举与特科并行，确实是新旧制度交替时期于现实情况与长远设计之间所能实行的折中方案。

（三）学堂、学会与报刊：西学对传统观念制度的冲击

以传播西学为目的的学堂和学会作为促进"民智"的依托是全国性改革政策的一环。⑤ 戊戌变法时期对"民智"的强调及制度调整为新观念的传播

---

① 中国第一历史档案馆编《光绪宣统两朝上谕档》第 21 册，广西师范大学出版社，1996，第 208 页。

② 《论保荐人才不如奏请考试》，《申报》1895 年 7 月 18 日第 1 版。

③ 茅海建：《戊戌变法史事考二集》，第 141 页。

④ 林浩彬：《甲午至戊戌期间的铨选议改与保举定位》，《安徽史学》2020 年第 5 期。

⑤ ［日］小野泰教：《再论湖南戊戌变法——湖南巡抚陈宝箴与时务学堂、南学会》，载郑大华、黄光涛、邹小站主编《戊戌变法与晚清思想文化转型》，社会科学文献出版社，2010，第 122—137 页。

提供了契机。极富政治与社会意识的新型报纸在沿海大商埠以外的城市发行并广为传播。学堂、学会、报纸三种传播媒介的出现,使维新思想在中国内陆城市逐步传播。①

甲午战前,张之洞创办的广雅书院(广州)、两湖书院(武汉)和康有为创办的万木草堂(广州)已或多或少的引入西学。这些学堂仍以系统研习旧学为主、辅以涉猎西学,万木草堂开风气之先,有其会通中西的新文化取向。"康先生之所讲者,多为学术源流,凡经史辞章,诸子百家,与夫时务之切要,世界之大势,亦无所不讲,此皆为各大馆所无者,以其不适于科举也,莫不群相非笑。"②万木草堂所重不在西学本身,不在科举功名,而在"切于时务"。这种办学"莫不群相非笑"。总体上看,此时期"西学"的影响大致仍局限于沿海沿江的几个大商埠,中国重要书院几乎没有西学踪迹,③西学对大多官吏士绅几无影响,而科举制度进一步巩固了这种格局。

戊戌变法时期,许多上奏和议论中已对书院引入西学问题多有讨论。在前述引发甲午战后改革大讨论的九件折片中,胡燏棻上奏抨击出身西学学堂的人才地位之低及其导致的朝廷缺乏时务人才之弊。其奏称学堂人才被视作科举之外的别途,"虽其所造已深、学有成效,亦第等诸保举、议叙之流,不得厕于正途出身之列",导致"办理洋务以来","同文方言馆、船政制造局、水师武学堂"等所致力仿行泰西富强之计的人才措施频出,却仍人才缺乏。泰西人才辈出,其本源全在广设学堂,"故国无弃民,地无废材,富强之基,由斯而立",强调"民智渐开"的重要性。④ 不过纵观其论,胡燏棻并未提出提高学堂人员地位的具体切实方案。光绪二十二年二月二十一日(1896年4月3日)山西巡抚胡聘之上书建议整顿书院,酌减诗文等课程,添设算

---

① 张灏:《思想与时代》,上海文艺出版社,2002,第159页。

② 卢湘父:《万木草堂忆旧》妇孺韵语,沈云龙主编《近代中国史资料丛刊续编》第651册,台北文海出版社印行。

③ 张灏:《幽暗意识与民主传统》,新星出版社,2006,第155—156页。

④ 胡燏棻:《变法自强疏》,载中国史学会主编《中国近代史资料丛刊·戊戌变法》(二),上海人民出版社,1957,第278—279、289页。

学课程,讲授经义、史事及一切有用之学,奉旨允准。① 其立足点虽仍是"不悖正道"、兼取新法,但书院课程的调整,诗文课程的压减是具有观念制度变革意义的,往昔统治正当性建立在文人"德治"之上,文人治理的正当性在于其通过经史研读更接近于圣人之道而具有优越于普通百姓的道德使命感,②诗文作为文人阶层自我认同的载体则具有联结文人的整合功能。西学课程的增加与诗文课程的减少在短期内仅仅是课程设置的调整,长期来看则必然冲击传统观念制度,清朝统治需要新的正当性理论为其提供支撑。

　　光绪二十二年五月初二(1896 年 6 月 12 日),刑部左侍郎李端棻上《请推广学校折》,指出"非天之不生才也,教之之道未尽也",而是以科举、保举等不合时宜的传统人才标准搜求缺乏培育基础的西学人才属于本末倒置,进而主张"自京师以及各直省府州县"分三级设新式学堂,"与学校有益相须而成者"诸如藏书楼、仪器院、译书局等亦须推广讲求。③ 该折由总理衙门议奏后基本主张被光绪帝谕批采纳,下发各省督抚,下诏改制书院、筹办学堂、讲授西学。④ 随后在湖南、湖北、浙江等省渐次推行。光绪二十四年(1898年)百日维新开始后,光绪帝谕令各地广开学堂,现有大小书院及地方自行捐办之义学、社学等一律兼习中学和西学;各省会、郡城、州县书院分别定为高等学、中等学、小学三级,并颁给京师大学堂章程令其仿照办理。⑤ 在上谕就相关办理事宜"限两个月详查具奏"的要求下,各省各地纷纷奏请、禀请创办新式学堂和书院改制。

　　各地对光绪帝颁发改书院为学校上谕回应较为积极,推行较为顺利,如荣禄主政的直隶、张之洞主政的两湖、刘坤一主政的两江都曾对改办学校诏

---

　　① 《时事多艰需才孔亟拟请变通书院章程折》,载中国第一历史档案馆编《光绪朝朱批奏折》第 105 辑,中华书局,1996,第 407—409 页。

　　② 李耀跃:《律典对传统统治正当性的依附与证成——以〈大清律例〉为中心的分析》,《中南大学学报(社会科学版)》2012 年第 5 期。

　　③ 《刑部左侍郎李端棻奏请推广学校折》,载北京大学、第一历史档案馆编《京师大学堂档案选编》,北京大学出版社,2001,第 3—5 页。该折可能由梁启超代拟,相关分析参见王晓秋:《戊戌维新与京师大学堂》,《北京大学学报(哲学社会科学版)》1998 年第 2 期;孔祥吉:《康有为变法奏议研究》,辽宁教育出版社,1988,第 233 页。

　　④ 《清实录》第 57 册,《德宗实录(六)》卷 390,中华书局,1987 本,第 82 页。

　　⑤ 《清实录》第 57 册,《德宗实录(六)》卷 420,中华书局,1987 本,第 504—505 页。

谕执行较为得力。① 推行书院改革的积极行动者中不乏荣禄、刘坤一等对百日维新的观望者、反对者。刘坤一曾被维新派称为"顽固老臣,阻新法尚力"。② 百日维新后,各地方"不奉行""不议奏""电旨严催,置之不复",光绪帝曾下旨严责两江总督刘坤一、两广总督谭钟麟③,实深恶直隶总督荣禄"而宣其罪"④。刘坤一所反对者,并非改革,而是"康党"的一些改革措施。"新法如改练洋操、添设学堂,实为当务之急。"⑤刘坤一对光绪帝改书院为学堂兼习中学、西学的谕令执行得十分得力,乃至戊戌政变后迫于压力将维新时期所设江南高等学堂改名为格致书院时"仍循学堂规制"。

孙家鼐出任京师大学堂督学大臣后,举荐的教学、管理人选多出身翰林清流,与康有为一派鲜有交集,使康有为等人试图主导京师大学堂的教学进而引领全国思想和学术的努力落空。⑥ 孙家鼐还特别批评康梁所辑"中西学门径书七种"及《孔子改制考》旨趣不正,以"康学"为教则"人人存改制之心,人人谓素王可作"是"蛊惑民志"而"导天下于乱",背离学堂"教育人才"的初衷和根本。⑦ 随后,孙家鼐奏陈大学堂章程中限定梁启超主持的译书局只编译西学各书不得编辑经史诸学,防止"康学""以一人之私见,任意删节割裂经文""以一家之学而范围天下"。⑧ 孙家鼐主持下的京师大学堂意在将改革限定在育人才方面而尽量不触发观念制度改革,而其对于经史诸学编

---

① 四川也推行得较为得力。参见刘熙:《地方的维新:戊戌前后四川省的办学运作》,《社会科学研究》2016 年第 3 期。

② 中国史学会主编《中国近代史资料丛刊·戊戌变法》(四),上海人民出版社,1957,第 250 页。

③ 中国史学会主编《中国近代史资料丛刊·戊戌变法》(一),上海人民出版社,1957,第 338—339 页。

④ 中国史学会主编《中国近代史资料丛刊·戊戌变法》(二),上海人民出版社,1957,第 61 页。

⑤ 中国科学院历史研究所第三所主编《刘坤一遗集》(五),中华书局,1959,第 2233 页。

⑥ 茅海建:《戊戌变法史事考二集》,第 220—263 页。

⑦ 北京大学、中国第一历史档案馆编《京师大学堂档案选编》,北京大学出版社,2001,第 43—47 页。

⑧ 《协办大学士孙家鼐奏为译书局编纂各书宜进呈御览折》,载北京大学、中国第一历史档案馆编《京师大学堂档案选编》,北京大学出版社,2001,第 46 页。

辑的限定正是对于旧有观念制度权威性的捍卫。戊戌政变后，管学大臣孙家鼐的办学思想更是回到了"尊亲之义，名教之防"的儒生立身之本。①

　　维新派与改革派官绅在学堂育人理念上产生分歧的背后，实际隐含着以学堂推动观念制度调整的限度。中央和官绅多主张学堂教授"经世之务""有用之学"培养"实学"人才，以梁启超为代表的维新派则致力于培养政治人才。这与二者所秉持的中国积弱原因理念不同有关。在多数官绅看来，通过实政改革，可以提升财政军事能力进而实现国家富强；梁启超等维新派则认为日本崛起的根源在于向西方学习政治，"日本变法以学校为最先，而日本学校，以政治为最重。采泰西之理法而合之以日本之情形，讲求既熟，授之以政，是以未及十年而兴渤焉也"。在梁启超看来，西方学校"政治学院一门"以公理、公法为经，以希腊、罗马古史为纬，以近政近事为用，于中国为最可行、最有用。"为今之计，莫若用政治学院之意以提倡天下，因两湖之旧而示以所重"，"以六经诸子为经"，"以西人公理公法之书辅之"，"以求治天下之道"；"以历朝掌故为纬，而以希腊、罗马古史辅之，以求古人治天下之法"；"以按切当今时势为用，而以各国近事近政辅之，以求治今日之天下所当有事"。② 其所讲公理即人与人相处规范，公法即国与国相处规范（"实亦公理也"），而以西方古史和晚近政事为线索的脉络，则也说明其迥然有异于其时观念体系的教育主张。梁启超后来主持制定的《时务学堂学约》中再次强调中国所患在"无政才"，时务学堂讲学将"中学以经义掌故为主，西学以宪法官制为归"③，西学已超出朝廷所主张的"实学"范畴，中学更是注入"康学"六经注我方法，以"近事新理"发明六经义理、微言大义。与此同时，传统书院也开始关注西学，光绪二十二年（1896 年）年底湖南守旧代表王先谦即

---

　　① 《协办大学士孙家鼐奏报开办大学堂情形折》，载北京大学、中国第一历史档案馆《京师大学堂档案选编》，北京大学出版社，2001，第 71—72 页。

　　② 梁启超：《上南皮张尚书书》（1896 年），载汤志钧、汤仁泽编《梁启超全集　第十九集　函电一》，中国人民大学出版社，2018。这种说法也出现在后来梁启超订立的《湖南时务学堂学约》中。

　　③ 《梁启超：湖南时务学堂学约（附读书分月课程表）》清光绪二十三年，载邓洪波主编《中国学院学规集成》（二），中西书局，2011，第 1093—1096 页。

曾以岳麓书院山长身份劝谕诸生读《时务报》。①

　　新式学堂育人理念所折射出的观念制度重塑,在报纸和学会的兴起中更是得以进一步强化。晚清舆论政策变化较为明显的是报禁的松弛和学会的发展。光绪二十一年(1895 年),马丕瑶上奏中即条陈"言路宜广开",认为其时言官、御史"言路犹未广",漫无边界"胥令上书无此政体","似当广兴报馆使得备言得失"。其开报馆的理由一是合先贤古义,"子产不毁乡校,虽谤何伤;文王询于刍荛,无隐不达"②;二是欧洲广开报馆而"新闻无不尽知,不出户庭而天下之利弊了如指掌";三是外国报馆不能禁,必不能禁"华民藉外国保护而开设报馆者";四是"采其切实者陈于政府以资治理",报馆"无门户党援之见,又无清流攻讦之端"。③ 马丕瑶并非锐意改革者,上奏直指清廷言路不畅,进一步说明该问题在当时所形成的共识。不过"广兴报馆"之议未见朝廷后续回应。光绪二十二年(1896 年)谕批的总理衙门议奏中也并未提及李端棻《请推广学校折》中开报馆的主张④,但该奏折被刊登《时务报》第七册后,流传甚广,被各位改革派官僚用作论证改革合法性的重要依据。张之洞《饬行全省官销时务报札》中曾说"本月准总理衙门咨行,议准刑部侍郎李条陈折内,亦有选译西报一条,奉旨允准。可见报馆有益大局,实非浅鲜"⑤。1895 年,中国共有 15 家外国人或出身买办等的"边缘人

---

　　① 《江标致汪康年函》,载上海图书馆编《汪康年师友书札》(一),上海古籍出版社,1986,第 251 页。光绪三十年(1903 年),岳麓书院改制为湖南高等学堂。

　　② 刍,割草义;荛,砍柴义。《诗经·大雅·生民之什·板》载:"先民有言,询于刍荛";《孟子·梁惠王下》谓:"文王之圃方七十里,刍荛者往焉,雉兔者往焉,与民同之。"《孟子》讲的是文王与民同乐,似乎在这里将这两句拼接在一起,就成了"文王询于刍荛"。这种"六经注我"之风确实并非罕见。

　　③ 马丕瑶:《敬陈管见及时奋兴折》(光绪二十一年六月初六日),载《马中丞遗集(十二卷)》奏稿卷四,清光绪二十四年至二十五年马氏家庵刻本,第 27—28 页,影印版参见《清代诗文集汇编》第 718 册,上海古籍出版社,2010,第 680 页。

　　④ 光绪帝将奏折交由总理衙门议奏,总理衙门未提"广开报馆",其他内容基本采纳,光绪帝谕批"从之"。参见《清实录》第 57 册,《德宗实录(六)》卷 390,中华书局,1987,第 82 页。

　　⑤ 《鄂督张饬全省官销时务报札》,《时务报》,第六册;《札北善后局筹发〈时务报〉价(附单)》(光绪二十二年七月二十五日),载苑书义等主编《张之洞全集》(五)·卷一百二十一·公牍三十六·咨札三十六,河北人民出版社,1998,第 1116—1117 页。

士"创办的影响有限的"边缘性报刊",1895 至 1898 年,报刊数目增加到 60 余家,大量出身士绅阶层的精英人士主持新型报刊,这些"精英报刊"报道国内外新闻的同时,大量介绍新思想。精英人士的加入使报刊言论获得更大影响力和可接受性。①

　　新式报刊的兴起得益于朝廷的默许和放任,学会的发展则在朝廷支持下逐渐背离谕令初衷。朝廷上谕支持推广的学会主要是农学会、商学会等"实业"学会,但"民智"显然不局限于斯。在朝廷未置可否的情况下,一些政治性学会同样得到地方督抚的支持。1895 至 1898 年,具有政治结社性质的学会有 70 多个。② 以南学会为例,长沙南学会在湖南巡抚陈宝箴的支持下由谭嗣同、唐才常等维新派人士发起,意在讨论本省各项新政以供当局采择。梁启超曾呼吁将南学会作为教习绅士之所,先由绅董各举所知德才兼备绅士入南学会,"发明中国危亡之故,西方强盛之由,考政治之本原,讲办事之条理","学习议事",一年以后,"会中人可任为议员者过半矣"。如此则酌留一部分为总会议员,其余遣散归为各州县分会议员。在其构想中,学习议员议一切新政(举办办法、筹款之法、用人之法)可否。③ 学会被梁启超认为是"议院"之母。"先圣之道所以不绝于地,而中国种类不至夷于蛮越,曰惟学会之故。"传统专制中"疾党如仇,视会为贼",导致了"学会之亡",但是,"金壬有党,而君子反无党;匪类有会,而正业反无会"。戊戌政变之后许多学校和几乎全部协会(学会)都关闭了,至次年刚毅南巡,人们更认识到"与革新有任何联系肯定是危险的"。④

　　在维新派看来,社会转型所伴随的多元利益需求,如能通过公共舆论得到表达,也属对传统政体机制的弥补。康有为曾谓诸如集会结社,外人行之

---

①　张灏:《幽暗意识与民主传统》,新星出版社,2006,第 135 页。
②　张灏:《幽暗意识与民主传统》,新星出版社,2006,第 136—137 页。
③　梁启超:《论湖南应办之事》,载汤志钧、汤仁泽编《梁启超全集》(一),中国人民大学出版社,2018,第 436—437 页。
④　《苏州关十年报告(1896—1901)》,载陆允昌编《苏州洋关史料(1896—1945)》,南京大学出版社,1991,第 81 页。

无弊,我皆可用,"但皆当设律以镇抚之"。① 在其看来,如果能够确立法制予以规范引导,或有助于公共政策形成和执行过程中处理多元利益冲突中的"公正"性。不过,清廷的治理架构尚未能回应这种冲击。从一些弹劾中也可看出,戊戌前后学堂和学会的创办意义绝不止于"教育"制度,而是在观念制度上对传统观念制度带来了实在的冲击。掌陕西道监察御史黄均隆弹劾陈宝箴、黄遵宪、梁启超等时务学堂的主持者和教习,谓其"著为学约界说诸篇,大抵皆非圣无法之言","推崇西教,相与诋毁朝政、蔑裂圣贤","创为民主、民权之说",开南学会、湘报馆"著为合种合教之论,渎伦伤化",请旨将其时所刻时务学堂答问、札记、课艺等书一律毁禁净尽。② 戊戌政变后对学堂、学会、报馆的取缔和封禁,体现了清廷对于社会行动摇传统观念体系的焦虑。清廷实未就适应现代国家—社会关系的国家治理转型做好准备。

第三节　中央和地方互动中的
地方实践与新法实效

　　中央权威与地方权力间的关系是考察国家治理模式的一个重要线索。大一统王朝中通过行政体制和官方观念将不同区域统辖在一起,但无法抹平幅员辽阔下经济和社会发展不平衡的多元性。③ 在平常时期,这种多元性多能服从于大一统,但在社会大变革的特殊时期,这种多元性问题又会凸显。戊戌变法时期国家治理转型的中央与地方关系因素提供了宪政秩序重构的观察角度,以理解改革实际和改革理想交织中中央集权问题及中央与地方有效互动格局。

---

　　① 康有为:《日本变政考》卷十二,载姜义华、张荣华编校《康有为全集》(四),中国人民大学出版社,2007,第 272 页。

　　② 《掌陕西道监察御史黄均隆折》,清光绪二十四年八月二十一日,载陈谷嘉、邓洪波主编《中国书院史资料》(下),浙江教育出版社,1998,第 2487 页。

　　③ 周雪光:《中国国家治理的制度逻辑:一个组织学研究》,生活·读书·新知三联书店,2017,第 13 页。

一、地方制度及中央与地方关系作为变法问题

甲午战前，清廷为应对列强侵略和内部叛乱所作的制度调整仅限于行政管理层面。太平天国运动后的督抚权力日重，虽有中央对地方失控的趋势，但督抚并无力与中央政府分庭抗礼。较之于汉代晚期州牧、唐代晚期藩镇对于中央皇权的威胁，清末的督抚分权仅是中国历代大一统帝国行政结构松弛的一个并不突出的表现。① 不过，在这种去中心化趋势中，中央威权力量越来越无力控制地方上的官员。② 随着乾隆朝及以后贪污的半制度化，人口大爆炸所带来的新经济问题③，人口与土地间的紧张状态无法缓解，人口过多与大众贫困问题日趋明显，清朝行政体制已在事实上处于崩溃边缘。李鸿章曾于同治十一年(1872 年)感慨日本改革由其君主持，臣民一心并立，财与才日生而不穷，中国则"一二外臣持之"，权威不够又不能持久。④ 左宗棠也指出"内外政事每因事权不一，办理辄形棘手"，内臣无执行之权，朝政措施全凭疆臣施行，"外臣之权，各有疆界，虽南、北洋大臣，于隔省之事，究难越俎"。⑤ 这种现实成为统一改革政策、增强中央权力、提高政策执行力的改革目标提出的背景。康有为的很多改革措施即在于加强中央权力以满足现代统一国家的转型需要。⑥ "祖宗之法，以治祖宗之地也，今祖宗之地不能守，何有于祖宗之法乎？""今为列国并立之时，非复一统之世，今之法律官制，皆一统之法，弱亡中国皆此物也，诚宜尽撤，即一时不能尽去，亦当斟酌

① 张灏:《思想与时代》，上海文艺出版社，2002，第 164 页。
② 何炳棣:《清代在中国历史上的重要性》，陈昂译。
③ 1850 年，中国人口已经突破 4.3 亿，前工业时代的庞大人口及高增长率需要适宜的经济与制度支撑。
④ 李鸿章:《复曾中堂》(同治十一年正月二十六日)，载顾廷龙、戴逸主编《李鸿章全集》(三十)信函二，安徽教育出版社，2008，第 413 页。
⑤ 左宗棠:《覆陈海防应办事宜请专设海防全政大臣折》(光绪十一年六月十八日)，载刘泱泱等点校《左宗棠全集》奏稿八，岳麓书社，2014，第 543 页。
⑥ 虽然就实际而言，如何平衡中央与地方关系是一个大国面临的并不容易解决的命题。

改定,新政乃可推行。"①

　　分析中国国家治理结构及其有效性问题,需要考虑国家"超大规模性"下的财政能力制约。② 清廷应付战争筹饷需求激增。太平天国运动对清代传统财政制度造成重大冲击,虽经过具体财政措施的修补尚能维持,但修补后清廷财政的脆弱性在甲午战争后的财政危机中再次暴露。如前所述,清廷经太平天国运动虽能基本维持财政正常运转,但地方财政逐渐从中央统一的财政体系中游离出来,中央政府对地方财政的控制能力逐渐削弱。清代固有财政体制由布政使司(藩司)管理一省财政并直接向户部负责,有专折奏事权;督抚对一省财政只有综核之责而无调拨之权。中央通过布政使司牵制督抚财政权力,通过解款协拨制度控制地方财政。太平天国运动期间,督抚逐渐掌握财权。

　　明末清初以黄宗羲、顾炎武为代表的地方制度改革者主张,"寓封建之意于郡县之中",蕴含着对君权绝对性的否定。吕留良谓后世废封建为郡县,"天下统一于君,遂但有进退,而无去就",批评"赢秦无道,创为尊君卑臣之礼,上下相悬隔,并进退亦(受)制于君,而无所逃","君臣以义合,合则为君臣,不合则可去"的千古君臣之义,"为之一变"。③ 在曾静、吕留良案中,雍正帝直斥这些"以宜复封建为言"的"悖乱之人","自知奸恶倾邪,不容于乡国",而以封建行"则此国不用,可去之他国",殊不知此辈"实天下所不容也"。④ 雍正帝所打击的正是这种主张所蕴含的自下而上侵蚀专制君主权力并在下层构筑绝对君权之外的地方分权危险性。⑤

　　地主乡绅阶层在清代的经济和社会势力一直在扩展,但其在清代中期

---

　　① 茅海建:《从甲午到戊戌:康有为〈我史〉鉴注》,生活·读书·新知三联书店,2009,第289页。

　　② 关于中国国家规模及其治理挑战的讨论可参见泮伟江:《如何理解中国的超大规模性》,《读书》2019年第5期。

　　③ 吕留良:《吕晚邨先生四书讲义》卷37,载俞国林编《吕留良全集》(第5册),中华书局,2015,第626页。

　　④ 《清实录》(第8册),《世宗实录(二)》,雍正七年七月,中华书局,1985,第100—104页。

　　⑤ [日]沟口雄三:《中国的公与私·公私》,郑静译,生活·读书·新知三联书店,2011年版,第166页。

更多是形成了支撑中央权力的基层力量。太平天国运动以来，团练和厘金制度使地方在军事和财政上的权力逐步扩大，清政府的改革试图重新确立政令畅通的中央集权体制，却在改革中进一步强化了地方力量。一是新式陆军虽具中央军队性质却实质上由地方控制；二是赋予地方开征新捐税的权限使地方财政权力扩张；三是上海机器织布局、汉冶萍公司等原有官办或官督商办企业经改组成为地方管理或地方官僚参股经营企业，南通大生纱厂、天津启新洋灰公司等商办企业也由地方督抚倡导、支持甚至资助。[①]

　　戊戌变法是中央试图强化权力的尝试。甲午战后随着李鸿章淮系势力的失势，王文韶、裕禄等继任北洋大臣在军务、路矿、学堂等议题上的话语权显著削弱，中央权力逐渐有强化趋势。这种趋势在南方仍受到极大限制。在实业兴办中，两江总督刘坤一、湖广总督张之洞等地方督抚权力进一步巩固和拓展。[②] 第二章第二节讨论张之洞及其改革方案在朝中影响时已述及，地方督抚的人事格局在甲午战后发生明显改变。与张之洞势力扩张相伴的是其他地方势力的削弱。王文韶继任李鸿章受命直隶总督，但清廷在李鸿章任直隶总督兼北洋大臣时的外交弹性与军事能力随着淮系在北方政局中的失势而衰落。王文韶本非地方核心人物，朝廷和张之洞都对其进行拉拢。王文韶一方面以朝廷意旨行事，一方面又不愿与张之洞争锋，左右逢源。陈宝箴曾跟随曾国藩、张之洞，与王文韶、荣禄也交往甚密，由张之洞、王文韶力推升任湘抚，并在主持湖南新政期间得到荣禄等人支持。没有明显派系背景的谭钟麟、鹿传霖分别取代淮系旧部继任两广总督、四川总督。淮系、湘系地方督抚逐渐失势之时，张之洞联合王文韶、刘坤一、谭继洵、陈宝箴等督抚，成为地方实力派代表。从张之洞离任两江总督前对组建江南自强军、推广邮政、筹修江浙铁路、开办学堂等事专奏中可以看出，其是"力行实政"谕的积极推动者。[③]《创设储才学堂折》中，张之洞奏请在江宁开办储才学堂

---

① 张剑：《从1895—1898年的新政看晚清改革的若干趋势》，《内蒙古大学学报（人文社会科学版）》2003年第1期。

② 张海荣：《思变与应变：甲午战后清政府的实政改革（1895—1899）》，社会科学文献出版社，2020，第403页。

③ 张海荣：《思变与应变：甲午战后清政府的实政改革（1895—1899）》，社会科学文献出版社，2020，第90页。

设立交涉、农政、工艺、商务四门十六目,其中交涉一门分律例、赋税、舆图、翻书四目,"专为考求应翻外洋新出要书,藉以考核列国政要",而法律、农政之教习宜求诸法、德,工艺、商务教习宜求诸英国。① 虽然中央与地方之间一直存在着权力消长关系的互动,但至少以张之洞为代表的地方势力在戊戌变法前后尚能维持与中央关系的基本平衡。

财政能力弱化的现实制约着中央权威的提升,不过从南方各地实业兴办的实践效果中也可以看出,权力并非越集中于清廷中央越好。很多地方事业需要调动地方官员积极性并因地制宜方见成效。只是晚清的中央与地方关系问题一直没得到妥善处理,李鸿章失势后北洋大臣势力的削弱伴随的是南洋大臣的权力强化,张之洞去世后南洋大臣的权力削弱又伴随着以袁世凯为代表的北方势力的强化,中央与地方矛盾始终未没能解决。到清末新政时期,随着立宪运动的展开,越来越多的地方督抚加入声援请愿国会运动,中央与地方的矛盾再次成为触发中央统治危机的重要问题。

二、"力行实政"谕颁行后地方覆奏中的中央与地方互动

光绪帝"力行实政"谕(光绪二十一年闰五月二十七日)"着各直省将军督抚将以上各条,各就本省情形,与藩、臬两司暨各地方官悉心妥筹,酌度办法,限文到一月内分晰覆奏"②。该谕及所附"九件折片"下发后③,署理两江总督、湖广总督张之洞也许是因为此前所奏已对该谕内容讨论,且护理湖广总督湖北巡抚谭继洵已有覆奏,而没有按照该谕要求单独覆奏,只是与刘坤一联衔覆奏。其他地方将军督抚至少有 20 位奉旨议覆。

(一)地方覆奏中的三种态度及法令执行问题

张海荣等学者将各地督抚将军的覆奏视为由光绪帝所引发的甲午战后

---

①　光绪二十一年十二月十八日,范书义、孙华锋、李秉新主编《张之洞全集》(二),河北人民出版社,1998,第 1082 页。

②　《清实录》(第 56 册),《德宗实录(五)》,中华书局,1987,第 838 页。

③　上谕及九件折片的内容详见第三章第一节的相关讨论。

改革大讨论①,但从谕令"将以上各条""各就本省情形""悉心妥筹,酌度办法"等语可以看出,该谕令并非意在引起决策讨论的法令形成问题,而是指向法令执行问题。

在上谕已明确改革的形势下,大多督抚覆奏对改革没有意见,但在结合本省实际如何执行改革措施、是否学习西方"富强"之道以及学习的深度和广度方面则分歧很大,甚至有论者在改革语境之中实质反对改革。顽固者如河南布政使额勒精额、山东巡抚李秉衡、两广总督谭钟麟、护理陕西巡抚张汝梅,明确反对变法,坚持自强之道存于中国传统治道之中,不必仿照西学、西法。开明者如署理两江总督张之洞、钦差大臣刘坤一、直隶总督王文韶、护理湖广总督湖北巡抚谭继洵、山西巡抚胡聘之等,承认西学、西法的先进之处,主张在恪守伦常纲纪的前提下引入西法"有用"之学实现"富强"。更多官僚则是敷衍塞责,消极对抗。②

谕旨对大多数地方大员的新政态度还是有着比较直接的影响。广东巡抚马丕瑶作为既不激进也不顽固的地方大员,在"力行实政"谕下发前后的上奏内容对此即有所体现。在收到"力行实政"谕之前,马丕瑶于光绪二十一年(1895年)六月初六曾上奏十条振兴之策,大多集中于练兵等"自强"方面。③ 其中第一条为"圣学宜懋修",谓"谈富强者趋尚西学,谓西法暗合《周礼》而不知《周礼》之精赅于《大学》,西学特《周礼》之绪余",这导致"守中学

---

① 参见张海荣：《思变与应变：甲午战后清政府的实政改革(1895—1899)》,社会科学文献出版社,2020,第 85 页。该书第二章对各地议覆清单及内容作了较为全面的梳理和讨论。

② 张海荣：《思变与应变：甲午战后清政府的实政改革(1895—1899)》,社会科学文献出版社,2020,第 91 页。

③ 《敬陈管见及时奋兴折》进呈于光绪二十一年六月初六,"力行实政"谕于六月十九日寄到。寄到日期在覆奏中有说明,参见马丕瑶：《遵旨覆陈时务折》(光绪二十一年八月二十六日),载《马中丞遗集(十二卷)》奏稿卷四,清光绪二十四年至二十五年马氏家庵刻本,第 41 页,影印版参见《清代诗文集汇编》第 718 册,上海古籍出版社,2010,第 687 页。

而屏西学见拘于墟,尚西学而薄中学,道失其正"。其进而主张在《大学》八条目下①,"惟当博采群书,取其有裨治道者","广见闻而发幾省"。在第二条"民心宜固结"中,马丕瑶还谓"天生民而立之君,原为民也;君治民而设之官,亦为民也"②,但其为处"中外变局"中形成"合万众一心之势"所开出的改革之方仍是传统意义上的整顿吏治。③ 在这些振兴之策中,马丕瑶提及的"富强"之道如政务崇实、慎择疆臣、预备将才、水师巡海、精练陆军、使臣博访、保护出洋华商等,还主要是局限于洋务运动的练兵"自强"范围。"力行实政"谕于六月十九日寄到,马丕瑶于八月二十六日再次上奏复陈时务,对上谕所列 14 项实政根据广东省情形分条缕析或行或驳。其虽仍强调"中国大利在农""安危所系在正人心",但该时务条陈讨论的重心已转向"练兵、足食、器械诸大端"及"铁路、矿政、鼓铸、艺学各事宜",各项次第筹办"当可富强渐至"。④

顽固者中李秉衡、额勒精额上奏较具代表性。李秉衡、额勒精额所反对的不是西法本身,毕竟"行军制器参用西法,未为不可"。如果按照胡燏棻改革方案,"势将驱天下之才力聪明,并心一志以专攻泰西之书,而加诸圣经贤传之上,即令富强埒于泰西,而人心之陷溺已不可救",顽固派担心的是引入西学所导致的"奸民""乱臣贼子"。⑤ "泰西之法只可行之泰西诸国,若用于

---

① 《大学》原为《礼记》第四十二篇,约为秦汉之际儒家作品(一说曾子作)。其中提出明明德、亲民、止于至善的三纲领和格物、致知、诚意、正心、修身、齐家、治国、平天下的八条目。宋代程颢、程颐兄弟从《礼记》中把它抽出,以与《论语》《孟子》《中庸》相配合。至南宋淳熙年间(1174—1189),朱熹撰《四书集注》,将它和《中庸》《论语》《孟子》合为"四书"。

② 《荀子·大略》谓"天之生民,非为君也;天之立君,以为民也"。

③ 马丕瑶:《敬陈管见及时奋兴折》(光绪二十一年六月初六),《马中丞遗集(十二卷)》奏稿卷四,清光绪二十四年至二十五年马氏家庵刻本,第25—26页,影印版参见《清代诗文集汇编》第 718 册,上海古籍出版社,2010,第 679 页。

④ 马丕瑶:《遵旨覆陈时务折》(光绪二十一年八月二十六日),载《马中丞遗集(十二卷)》奏稿卷四,清光绪二十四年至二十五年马氏家庵刻本,第47—49页,影印版参见《清代诗文集汇编》第 718 册,上海古籍出版社,2010,第 690—691 页。

⑤ 李秉衡:《奏陈管见折》(光绪二十一年九月十六日),《军机处录副·光绪朝·内政》,档号:3-108-5613-1。

中国是乱天下之道也。"①

开明者以刘坤一、王文韶的覆奏为代表。其认为九件折片所奏"无非仿照西洋新法，整顿中国旧法，以起贫弱而致富强，急宜见诸施行"。② 王文韶覆奏中更是明确提出了改革次序，即"振兴商务"是当务之急，"商务兴，则富强可致，而一切政事可以次第举行"；开银行、修铁路为振兴商务之始基，然后矿务、邮政、纺织、工艺、铸银钱、行钞币等新政"皆可应用而不穷"。③ 虽然王文韶奏折中开银行、修铁路有其支持盛宣怀的一己之见，但其对新式金融机构和金融手段措施的接纳无疑使其改革思路更具调整传统治道乃至为现代国家建设提供可能取径的意义。

顽固者和开明者都只占地方大员的少数，更多的覆奏不明确反对变法，对变法问题或避而不谈或仅表现出对有限改革举措的支持，甚至有强调变法的重要性却以"用人"压倒变法而在实质上反对变法者。许多上奏将"得其人"置于变法之前，浙江巡抚廖寿丰、河南布政使额勒精额、广东巡抚马丕瑶、护理湖广总督谭继洵、广西巡抚张联桂等对用人问题的讨论确点明了其中的一些问题。

廖寿丰对铁路、学堂、开矿、造器等具体改革措施都明确支持，但认为"变积习、行新政之要，则首在正本"，正本"以崇俭为理财之本，以核实为用人之本而已"。其仍持传统量入为出的理财观，而所谓用人之本，究竟用何种人才，从奏折来看，恐怕并不是会通中西、通晓时务的新式人才。其谓西人之所以强，在"上下一心、实事求是"八字，能行此则"不必事事步武西法，而已得富强之本"，不然则不过添一新奇之弊、开一方便之法门，于实政无兴。④ 其通篇未讲如何上下一心、实事求是。看似实事求是，实则空谈误国。

---

① 额勒精额：《遵议各处条陈时务由》（光绪二十一年七月十一日），《军机处录副·光绪朝·内政》，档号：3-108-5612-10。

② 张之洞、刘坤一：《遵议廷臣条陈时务折》（光绪二十一年八月初七），《军机处录副·光绪朝·内政》，档号：3-108-5612-15.

③ 王文韶：《遵议复奏折》（光绪二十一年七月初十），《军机处录副·光绪朝·内政》，档号：3-108-5612-7。

④ 廖寿丰：《变法有渐正本为先折》（光绪二十一年七月初八），载《军机处录副·光绪朝·内政》，档号：3-108-5612-6。

马丕瑶所谓"人存政举,苟非其人,行中法而弊,行西法亦未尝无弊","中国办洋务已数十年,非不效仿西法,事事讲求,乃至今日,卒无一就"。① 护理湖广总督谭继洵所谓"人者,本也;法者,末也;变法者,末之末也;用人者,本之本也",进而提出得其本则中法、西法皆善,逐其末则中法弊西法尤弊。② 广西巡抚张联桂所谓"今日所急,不在立法,而在求才;不贵能言,而贵能行矣"。③ 甘肃新疆巡抚陶模所谓"根本莫要于取士用人",看似高谈阔论,实际上如何得其人,哪些人是合适之人,除了批评考试太滥、捐纳太广、保举太多和吁求变士习、减中额、汰冗官外,新式人才根本无从谈及也无法谈及,无益于时事。不过陶模对"不治病根,但学西法"而期于富强的批评中,提到"只于旧法外增一法,不得谓之变法;且于积习外增一积习,不得谓之祛积习",倒也切中时弊。④ 只是病根可能不在于陶模所谓用人而已,而在于用人制度的改革,不在于张之洞等人所谓西方技艺律例层面的西法,而在于治理目标、内容、规模、模式调整后法理念、法体系的全面重整。

（二）地方覆奏中的政策执行措施

练兵筹饷问题基本上在地方覆奏中达成一个基本共识:练兵须裁汰八旗、绿营并以西式武器装备军队,筹饷须实力进行。除李秉衡、谭钟麟等个别守旧官僚外,大部分督抚都支持以西法练兵,所不同者只是采西法的程度而已。不过实践中因裁兵涉及地方督抚及其代表的地方利益,各地裁兵一直没有大进展。基于同样逻辑,新式军队或新式装备在地方上的发展还是

---

① 马丕瑶:《遵旨覆陈时务折》(光绪二十一年八月二十六日),载《马中丞遗集(十二卷)》奏稿卷四,清光绪二十四年至二十五年马氏家庵刻本,第48页,影印版参见《清代诗文集汇编》第718册,上海古籍出版社,2010,第690页。

② 陶模:《遵旨覆议各臣二(工)条陈时务修铁路开矿产等以备圣明采择折》(光绪二十一年十一月初九日具奏,十一月二十九日奏到),载《军机处录副·光绪朝·内政》,档号:3-108-5613-9。

③ 《遵旨详筹分别拟办情形折(另清折)》(光绪二十一年七月二十四日具奏,九月初三日奏到),载张联桂:《张中丞奏议》卷4,扬州刻本,光绪二十五年,第7—30页,沈云龙主编《近代中国史资料丛刊》第398册,台北文海出版社印行;上海图书馆藏盛宣怀档案,索取号022982,注该折由徐樾代拟。

④ 《遵旨覆奏折》,载中国第一历史档案馆编《光绪朝朱批奏折》第32辑,中华书局,1996,第549—554页。

取得了一些令人瞩目的成绩。筹饷方法则守旧者以传统节流理财观主张传统财政系统中的开源节流，更多督抚则支持新政措施为财政开源，所不同者只是新政措施的范围、轻重缓急方面的差别，这一点在相关论述中已有体现。

　　在各督抚的覆奏中，修铁路作为富强第一要务，得到大部分地方官员的赞成，但也有陕甘总督杨昌浚、前湖南巡抚吴大澂、继任江西巡抚德寿、四川总督鹿传霖、广西巡抚张联桂、护理陕西巡抚张汝梅六人虽赞成修铁路却反对在本省开办或主张缓办；署理吉林将军恩泽、甘肃新疆巡抚陶模态度消极；山东巡抚李秉衡、荆州将军祥亨、河南布政使额勒精额三人明确反对。①多数督抚对修路已有基本共识，个别地方大员的反对意见明显已不是时代主流。额勒精额反对修铁路的理由不外乎老生常谈的铁路导致失业、西人借铁路渗透中国乃至民教矛盾增多等，以为"不有铁路，则纲常不紊，乐无穷太平之天"。② 这种看法一厢情愿地希望中国可以躲避于世外桃源之中，而无视中国所面临的外部形势，确实是缺乏识见。

　　多数督抚对开矿问题持明确支持态度，但具体实行却大打折扣。光绪二十二年正月三十日（1896 年 3 月 13 日），光绪帝曾根据各地上奏/覆奏总结各地矿业兴办情况，安徽、江西、湖南、新疆、四川、山东等地有个别矿已试办或欲办外，其余各省，或未予覆奏，或尚未奏到，或谓矿不宜开，或谓矿无可开，或以矿学、矿师未备为由，或以听民商办恐无成效为辞，多塞责之语，"并未将该省如何拟办情形，详细声叙，甚非朝廷实事求是之意"。③

　　对于谕旨造机器一条，安徽巡抚福润明确反对民间办厂；盛京将军裕禄、前湖南巡抚吴大澂强调本省不宜；广西巡抚张联桂态度不明确；两广总督谭钟麟主张听商自便；陕甘总督杨昌浚、钦差大臣刘坤一、江西巡抚德寿、山东巡抚李秉衡未提出招商、护商办法；只有广东巡抚马丕瑶、护理湖广总

---

　　① 　张海荣：《思变与应变：甲午战后清政府的实政改革（1895—1899）》，社会科学文献出版社，2020，第 92—93 页。

　　② 　额勒精额：《遵议各处条陈时务由》（光绪二十一年七月十一日），《军机处录副·光绪朝·内政》，档号：3-108-5612-10。

　　③ 　中国第一历史档案馆编《光绪宣统两朝上谕档》（第 22 册），广西师范大学出版社，1996，第 31—32 页。

督谭继洵、浙江巡抚廖寿丰(第二次覆奏)赞成民间办厂并积极拟出鼓励办法。① 马丕瑶奏称已饬员在广州、香港等处招商承办船械、机器等局,拟鼓励商民开办机器缫丝、电气、燃气灯、内港小轮等;②谭继洵奏议将官厂出租给商民,对发明创造者赏给官爵、准享专利;③廖寿丰首次覆奏仅拟"因旧厂以渐扩",再次覆奏则拟购置"制机器之器",令福建、江南各局厂加工仿造,供民间设厂机器之需,并"廉其值而薄其税"。④

折南漕问题,湖南、湖北、江西、安徽等省因已改征折色毋庸再论。浙江、江苏作为漕米大省,浙江巡抚廖寿丰以"向无成案"为由推托改征⑤,江苏巡抚赵舒翘及参照国子监司业瑞洵上奏中都提出反对意见⑥。广西巡抚张联桂则拟分作十年或二十年陆续折竣。⑦

制钞币问题,涉及户部与地方的事权分配与协调。前湖南巡抚吴大澂提议由户部统一制钞,各省关匀拨三分之一左右现银解部领票,除京、协各饷缴纳实银外,其余银、钞并用,并在省会及通商口岸设"公柜"派商经理,吸

①　张海荣:《思变与应变:甲午战后清政府的实政改革(1895—1899)》,社会科学文献出版社,2020,第95页。

②　《遵旨筹议时务各条酌度办法覆陈广制造办团练等管见折》(光绪二十一年八月二十八日具奏,九月十九日奏到),军机处录副奏折,档号03-5612-023。

③　《遵旨覆议各臣二(工)条陈时务修铁路开矿产等以备圣明采择折》(光绪二十一年十一月初九日具奏,十一月二十九日奏到),军机处录副奏折,档号03-5 613 009。

④　浙江巡抚廖寿丰曾奏《变法有渐请以正本为庶务之纲折》(光绪二十一年七月初八日具奏,八月初四日奏到,军机处录副奏折,档号03-5612-006),后又结合本省司道意见再次覆奏《遵议时务分晰筹画本省情形并司道等员条陈折》(光绪二十一二年二月十九日具奏,三月初七日奏到,档号03-5614-010),第二次覆奏对改革的支持态度更为明晰,参见张海荣:《思变与应变:甲午战后清政府的实政改革(1895—1899)》,社会科学文献出版社,2020,第95—96页。

⑤　《遵议时务分晰筹画本省情形并司道等员条陈折》(光绪二十一二年二月十九日具奏,三月初七日奏到,档号03-5614-010。

⑥　《南漕该折折》(光绪二十一年十月二十五日),载瑞洵:《散木居奏稿校证》,杜宏春校证,商务印书馆2018年版,第31页。

⑦　《遵旨详筹分别拟办情形折(另清折)》(光绪二十一年七月二十四日具奏,九月初三日奏到),载张联桂:《张中丞奏议》卷4,扬州刻本,光绪二十五年,第7—30页,沈云龙主编《近代中国史资料丛刊》第398册,台北文海出版社印行;上海图书馆藏盛宣怀档案,索取号022982,注该折由徐樾代拟。

收公私存款;①四川总督鹿传霖奏称拟在四川设官钱局,票、钱搭用;安徽巡抚福润批驳了康有为"钞法",提议先在通商要区设官银号,仿照银行、汇号办理,由户部按照本金加倍颁给钞票。②

"创邮政"涉及裁撤驿递创办电线等问题,遭到各省大员的普遍抵制。③广东巡抚马丕瑶认为驿站"实与轮船电报相辅而行",而陆路驿递较之轮船、电线(杆)更为稳定可靠,且官办邮政与民间信馆有争利之嫌,将导致"失业比多"。因此,创办(官办)邮政"无益民生,有伤政体"。④ 其他也有个别督抚将邮政与铁路并举,或提出铁路修成后邮政可通行全国。⑤

"立学堂"一项,河南布政使额勒精额、山东巡抚李秉衡明确抵制西学书院,荆州将军祥亨、广西巡抚张联桂所议仍是整顿旧学堂,甘肃新疆巡抚陶模建议在沿江沿海地区设立新式学堂与陕甘总督杨昌浚虽赞成办学堂却认为本省不宜之论相似,署理吉林将军恩泽、江西巡抚德馨、护理陕西巡抚张汝梅未提及,从皇帝谕旨交办的角度,事实上是未计划在本省筹办的消极抵制。盛京将军裕禄拟聘用同文馆学生担任教习居住省城;钦差大臣刘坤一、浙江巡抚廖寿丰、山西巡抚胡聘之、护理湖广总督谭继洵主张书院改制,变通书院章程,谭继洵甚至议将各书院尽改格致书院;前湖南巡抚吴大澂、河南巡抚刘树堂、安徽巡抚福润、江西巡抚德寿反对书院改制,吴大澂、刘树堂主张另设西学学堂,福润将西学限于武备而拟议将学堂与军工厂总立一局

---

① 《遵旨筹议时政就开火车铸银钱等各款谨抒管见折》(光绪二十一年七月十九日具奏,八月十二日奏到),军机处录副奏折,档号03-5612-009,吴大澂于闰五月十三日奉旨开缺,湖南巡抚由陈宝箴于七月二十四日补缺。张海荣:《思变与应变:甲午战后清政府的实政改革(1895—1899)》,社会科学文献出版社,2020,第87页。

② 张海荣:《思变与应变:甲午战后清政府的实政改革(1895—1899)》,社会科学文献出版社,2020,第96页。

③ 张海荣:《思变与应变:甲午战后清政府的实政改革(1895—1899)》,社会科学文献出版社,2020,第96页。

④ 马丕瑶:《遵旨覆陈时务折》(光绪二十一年八月二十六日),载《马中丞遗集(十二卷)》奏稿卷四,清光绪二十四年至二十五年马氏家庵刻本,第47页,影印版参见《清代诗文集汇编》第718册,上海古籍出版社,2010,第690页。

⑤ 廖寿丰:《变法有渐正本为先折》,光绪二十一年七月初八日,《军机处录副·光绪朝·内政》,档号:3-108-5612-6;德寿:《体察江西省情形分别筹划拟办折》,光绪二十一年十二月二十六日,《军机处录副·光绪朝内政类》,档号:3-108-5613-28。

在生产中教授生徒,德寿只拟在各书院添置同文馆等处译书并令诸生分科专学;广东巡抚马丕瑶建议各省于学校书院之外添开艺学、增试艺学①。此外,许多督抚还就学堂改革相关的取特科、改科举等问题展开议论,大多主张将西学(特别是与工业发展密切的西学)纳入科考以适应新形势。②各地方官虽大都对立学堂的谕旨提出具体实施方案,但因各自对西学内涵、实质认识局限,所设方案具有较大差别。

谕旨所列"整顿厘金、严核关税、稽查荒田、汰除冗员各节",各地官员在覆奏中较少抵制,但对本省具体如何办理仍然多空发议论而少详细筹划。谕旨所附折片中,康有为、陈炽等主张的设议院(郎)及设学部、矿政部、农桑部、商部等议题,各地方大员大多未予置评,也反映出在官制改革问题上地方势力的消极态度。③

除了张之洞等本具强烈改革意识的地方大员在朝廷变法大环境下继续推进改革外,多数地方官员面对"力行实政"谕并未针对本地实际开列切实可行的办法,这与该谕因战败而仓促下发并催促一月覆奏的时间急迫有关,与该谕无视地区差异、无先后、无重点的一刀切政令有关,更与各级官僚畏惧现实困境、设法推脱责任有关,归根到底是与国家机器已然千疮百孔、腐朽不堪有关。中央有改革意愿却无财政能力支持,也未能及时颁行规章制度予以规范,更多靠皇帝谕旨催促地方官员,地方官员则更多采取的是能为自身获取资源的象征性行动。"虽欲变法自强,无人、无财、无主持者,奈何。"④前湖南巡抚吴大澂在变法问题上,对修铁路、造机器等新政措施可以说是都持本省不宜的态度,这种诸事不宜的态度与后来主持湖南新政的巡抚陈宝箴相比,又似乎确实是有其法尤贵有其人。

---

① 马丕瑶:《遵旨覆陈时务折》(光绪二十一年八月二十六日),载《马中丞遗集(十二卷)》奏稿卷四,清光绪二十四年至二十五年马氏家庵刻本,第46页,影印版参见《清代诗文集汇编》第718册,上海古籍出版社,2010,第689页。

② 张海荣:《思变与应变:甲午战后清政府的实政改革(1895—1899)》,社会科学文献出版社,2020,第97—98页。

③ 张海荣:《思变与应变:甲午战后清政府的实政改革(1895—1899)》,社会科学文献出版社,2020,第98页。

④ 《复彼得堡许使》(光绪二十一年九月初一日辰刻),顾廷龙,戴逸主编《李鸿章全集》(二十六)电报六,安徽教育出版社,2008,第221页。

　　不过，也不能就此认为甲午之后的新政毫无起色。就督抚而言，即使直言反对的人也在甲午前后有所变化。刘坤一、王文韶或被动或主动地参与了甲午后新政，在甲午战前却并非洋务运动的全面支持者。刘坤一在甲午战前任江西巡抚时曾以恐山野愚民借机滋事为由反对开矿。① 王文韶在甲午战前任湖南巡抚时，对各省讲求机械制造多加反对，认为机器虽利美却将使失业者众而致天下游民众，"其害不胜言"，仍坚持传统量入为出的财政理念，量财练兵、简器、造船。② 陕甘总督杨昌浚、奉天将军裕禄在甲午战后纷纷奏请"立公司""开民厂"，较之其甲午战前仅言"治内""用人""练兵""简器"而回避振兴实业有所改变。③ 山东巡抚李秉衡（后张汝梅接任）、两广总督谭钟麟将自强限于船炮兵械，较为守旧，在甲午之后的新政中表现出了对变法的抵制，但如果将二人甲午前后的"不知兵事""不晓洋务"执政措施予以对比，也能看出其较之以前思想上的些许开放性。④ 李秉衡曾任职广西、谭钟麟曾任职甘肃，都在中法战争中不同程度地参与其中，见识过中方的顽强抵抗和列强的先进枪炮，这种转变也在情理之中（虽然晚年的谭钟麟十分昏聩）。

三、地方推动新政的行动及中央与地方权力格局重塑的意义

　　美国传教士丁韪良（W. A. P. Martin）曾观察到中国羸弱的原因除了技艺和科学落后外，还有部分和整体之间、各个地方之间的联系存在缺陷，"中国人缺乏共同感，地方观念往往高于国家利益"，而铁路、电报、邮局这些事

　　① 《刘坤一奏》（同治十三年十一月十七日），载中国史学会主编《中国近代史资料丛刊·洋务运动》，第 1 册，上海书店出版社 2000 年版，第 90 页。
　　② 《王文韶奏》（同治十三年十一月十一日），载中国史学会主编《中国近代史资料丛刊·洋务运动》，第 1 册，上海书店出版社 2000 年版，第 83—85 页。
　　③ 李元鹏：《晚清督抚与社会变革——以 1895—1898 年初督抚的自强活动为中心》，河北师范大学博士学位论文，第 20—21 页。
　　④ 李元鹏：《晚清督抚与社会变革——以 1895—1898 年初督抚的自强活动为中心》，河北师范大学博士学位论文，第 20—21 页。

业的兴起正把"帝国各个不相干的部位焊接为一个统一的整体"。① 新兴事业的创办在中央与地方互动中重塑着中央与地方间的权力格局。

（一）新军建设中的中央集权与督抚分权

甲午战败后,练兵仍为第一要义。清廷逐渐将模仿德国,编练新式陆军作为军事现代化的方向。在此之前,虽然淮军已开始了武器装备的现代化,但军队的编制、教育和管理诸方面仍然是传统的。淮军、湘军及各省依托和仿照淮军建立的新军在镇压太平天国运动等作战中虽能占据优势,却在反侵略战争中充分暴露了旧式军队弱点而节节败退。这些采用了现代武器和军事训练方法的军队"不讲求战略与战术,无完善之后勤制度,指挥权操于行伍出身的将领之手"②,平内乱或有余,御外侮实不足。甲午战后清廷中央认识到军事力量的增强不仅仅是武器装备现代化的问题,还有体制改革等问题。③ 清廷试图加强新军建设,以现代化的强军劲旅取代旧军,在裁旧立新中控制武装力量、在军事方面加强中央集权,改变太平天国以来的地方督抚把持兵权的状况。

南方新军建设的代表是刘坤一主持的江南自强军和张之洞主持的湖北护军营洋操队。这些都是地方督抚主导的军事改革模式,但与此前的湘军、淮军有着一些质的不同。④ 湖北护军营洋操队虽建有成效但规模较小,江南自强军则后来归入袁世凯部。江南自强军由张之洞署理两江总督时创建,但不久朝廷谕令刘坤一返回两江总督本任,张之洞回任湖广总督⑤,刘坤一接手自强军建设。刘坤一是湘军将领出身,两江素为湘系势力范围⑥,刘坤一虽较张之洞的军事经验丰富却也在其中有着更多利益和私情羁绊。自强

① 丁韪良:《中国觉醒:国家地理、历史与炮火硝烟中的变革》,沈弘译,世界图书出版社北京公司,2010,第 157 页。

② 李守孔:《中国近代史》,台北三民书局,1974,第 68 页。

③ [澳]冯兆基:《军事近代化与中国革命》,郭大风译,上海人民出版社,1994,第 17 页。

④ 张海荣:《思变与应变:甲午战后清政府的实政改革(1895—1899)》,社会科学文献出版社,2020,第 132 页。

⑤ 中国第一历史档案馆编《光绪宣统两朝上谕档》第 21 册,广西师范大学出版社,1996,第 451 页。

⑥ 王玉棠:《刘坤一评传》,暨南大学出版社,1990,第 10 页。

军经规范训练后小有所成即交淮军宿将、时任江南提督李占椿统领。① 李占椿作为旧式将领不通文字，从此自强军陷入经费困难、训练草率、纪律松弛境地。光绪二十七年（1901 年）六月自强军奉调山东交时任山东巡抚袁世凯指挥训练②，后来编入陆军第六镇，成为袁世凯骨干军队。

北方新军编练的代表是袁世凯的"小站练兵"。袁世凯在甲午战后接手此前由胡燏棻编练的新军"定武军"，扩建定武军，督练新式陆军。新式陆军按照新式建制改革了原有机构和制度，按照新的年龄、体格标准另募新兵，形成了一套较为完备的军事指挥系统和后勤配给机制。同时加强军队纪律建设，先后颁行"练兵要则"十三条、《简明军律》二十条，并不时出台各种训教、规条、禁令、章程等，除严明战斗纪律外，对扰民劫财、持械斗殴、吸食洋烟等行为予以重处。③ 虽然，事实上新军不乏营私蚀饷、强占民田、擅杀人民的恶行，但较之旧军不论是军队纪律还是战斗能力方面都已有质的飞跃。袁世凯及新建陆军成为各派势力拉拢和弹劾攻击的对象。清廷一直试图保持对编练新军的控制权以强化中央军事集权④，拒绝将新建陆军交直隶总督王文韶节制。在"康党"动员下，光绪帝超擢袁世凯为兵部侍郎⑤，并交代其"可与荣禄各办各事"⑥，但在帝后斗争中慈禧太后亲信荣禄继任直隶总督兼北洋大臣后节制北洋三军。

荣禄在戊戌政变后以内阁大学士兼军机大臣、兵部尚书，节制北洋各军、管理兵部事务。荣禄于光绪二十五年（1899 年）春奉旨整合新军成立

---

① 《自强军教练有成请给洋员宝星折》，载中国科学院历史研究所第三所主编《刘坤一遗集》（三），中华书局，1959，第 1015—1016 页。

② 中国第一历史档案馆编《光绪宣统两朝上谕档》第 27 册，广西师范大学出版社，1996，第 119 页。

③ 袁世凯等编纂《新建陆军兵略录存》，载来新夏主编《中国近代史资料丛刊·北洋军阀》（一），端木留标点，上海人民出版社，1988，第 127—128 页。本书为"中国近代史资料丛刊"，计划之初即中断，20 世纪 80 年代始汇编成书。

④ 张海荣：《思变与应变：甲午战后清政府的实政改革（1895—1899）》，社会科学文献出版社，2020，第 127 页。

⑤ 中国第一历史档案馆编《光绪宣统两朝上谕档》第 24 册，广西师范大学出版社，1996，第 404 页。

⑥ 袁世凯：《戊戌日记》，载中国史学会主编《中国近代史资料丛刊·戊戌变法》（一），上海人民出版社，1957，第 549 页。

"武卫军",包括袁世凯新建陆军在内的北洋五新军都归其一人统辖。光绪二十七年(1901 年)九月李鸿章病逝后袁世凯接替其署直隶总督兼北洋大臣,新军进一步扩充,袁世凯成为地方上最有势力的大员。[①] 戊戌前后清廷中央所作的加强军事集权的努力受制于中央财政能力和中央与地方财政体系制约,随着中央与地方人事变动中的微妙变化,至清末最后几年精锐军队再次入袁世凯等地方权臣之手。

(二)实业新政中的中央与地方互动及"法贵得人"

康有为从交通的可及性角度分析国家信息沟通能力提升的时代背景下中央集权的合理性和可行性:

> 据乱之世,道路难通,故不得不听外藩之分权;文明之世,道路通,机尤捷,故行中央之合权,故合权胜于分权。[②]

不过,实现铁路建设缩短国家治理的时空距离进而塑造中央集权需要铁路网络的跨地域统筹规划。清廷恰恰缺少这种规划,进而导致地方督抚利用自己影响力推进某处一路一线建设,并在推进中进一步扩张了自身实力和督抚之职的影响力。矿务可以说是当时最容易产生绩效的实业,政府的财政和政策支持如果能够调动更多资源投入,产出自然可观。对地方而言,官办路矿可以增强督抚实力;对中央而言,路矿实业兴办也必然要求国家法律观念和只对西方现代法律体系的接纳,法律移植实关乎"富强"治道及与之相伴的国家能力提升。不过纵观其实路矿实业的开办,既缺少全国统筹规划,也没有系统的全国规范立法,偶有章程却不成体系,所行措施仍不过是"枝枝节节"。伴随路矿兴办的则是个别地方督抚的权力扩张。

铁路作为富强之基,在上谕和臣工讨论中多次被强调。芦汉铁路、沪宁铁路、粤汉铁路、津镇铁路、津芦铁路、正太铁路等干路及相关支路在甲午战

---

① 林增平、李文海主编《清代人物传稿》下编·第三卷,辽宁人民出版社,1987,第47 页。

② 康有为:《官制议》序,载姜义华、张荣华编校《康有为全集》(七),中国人民大学出版社,2007,第 231 页。

后开始筹议或开建。这自然与皇帝上谕不断强调有关，但地方督抚基于个人和地方利益在其中起到了相当推动作用。作为中央政府，虽一直强调铁路的重要性和举办的紧迫性，却缺少通盘、缜密的筑路计划、完善的法律法规及具体的筑路政策。铁路的筹议、建设资金的筹措虽最终需要中央定议，却更多是靠地方督抚的推动。为筹办芦汉铁路而设立了铁路总公司，但铁路总公司并不能把控全国铁路建设，更无力统筹全国铁路计划，由盛宣怀督办的铁路总公司是在张之洞等地方督抚支持下争取更多筑路主导权的工具，不在张之洞等人控制范围内的地区，铁路干路仍由中央派驻督办（如胡燏棻督办津芦铁路），并不听命于铁路总公司。因此，铁路总公司实质上是作为地方势力而存在。

　　就全国矿务而言，各地督抚的态度对本省矿务起着关键作用。基本上，各省矿务在中央的一再督促乃至派员督办下陆续开办，只是办矿多机器和土法混用，效率如何或许并不能从各地奏报中获得准确信息，除湖南、江西萍乡煤矿等处确有成效外，大多未有起色。山东省因巡抚李秉衡的抵制，不但几无新开矿务且以经营不善为由奏请封禁洋务时期李鸿章支持开办的登州、莱州矿务。① 广西巡抚张联桂复奏称"他处或可开采，广西实难照办"② 的第二年，继任巡抚史念祖即奏称该省多处已设法办理。③ 即使所称办理"论者多疑为粉饰之词"④，却仍可窥得地方督抚对新政的执行意志。⑤ 总体上看，其时督抚大多囿于见识而对开矿这一高风险投资力不从心，而在矿务

---

　　① 《山东历办矿务并无成效现拟封禁折》光绪二十一年十一月十一日，《光绪朝朱批奏折》第 101 辑，第 1076—1078 页。

　　② 《遵旨详筹分别拟办情形折（另清单）》（光绪二十一年七月二十四日具奏，九月初三奏到），张联桂：《张中丞奏议》卷 4，光绪二十五年扬州刻本，第 17 页，沈云龙主编《近代中国史资料丛刊》第 398 册，台北文海出版社印行。

　　③ 《收广西巡抚史念祖电》（光绪二十二年三月初二），《清代军机处电报档汇编》第 27 册，第 4—5 页。

　　④ 《致广西抚台史》（光绪二十三年三月十六日），载顾廷龙、戴逸主编《李鸿章全集》（三十六）信函八，安徽教育出版社，2008，第 141 页。

　　⑤ 史念祖由翁同龢举荐，考虑到这时期翁同龢及其所主持的户部对办矿事业的支持态度，可以理解史念祖对朝廷政令的设法办理或与此有关。张海荣：《思变与应变：甲午战后清政府的实政改革（1895—1899）》，社会科学文献出版社，2020，第 232 页。

兴废无关考绩的体制中,也很难自我超越。①

　　湖南在巡抚陈宝箴主政期间,新政推行较为得力(百日维新的新政诏书因时间短暂,各省均无时间执行,湖南也不例外)。光绪二十二年(1896 年)正月,陈宝箴上任伊始即奏请设立湖南矿务总局,一是通过以工代赈缓解甲午战后的多地旱灾所导致的饥荒,二是希望通过矿务改善本省财政,为铸钱币、开学堂、设报馆、练营伍等新政提供财政支持。② 嗣后颁行的《湖南矿务简明章程》明确了办矿采官办、官督商办、官商合办等模式。③ 在湖南矿务总局主持下,该省开办多处新矿,并对旧有硝、磺等矿产资源的产销进行整顿。光绪二十二年(1896 年),湖南省要求外省员商到湘采购硝、磺不得径赴产地自行收买,须先在矿务总局呈验照文,以杜私销。④

　　湖南本属守旧省份,陈宝箴作为支持新政的地方督抚,积极推进光绪帝"力行实政"谕的部署,也仅仅是将上海、江苏、广东、湖北等地已实行甚至司空见惯的实政如铁路、电线、学堂、办矿等事在湖南推行罢了。兴办矿业期间,推动新矿开发和旧矿整顿,积极协调向外国购买机器,但仍对外国矿师有着本能的抵制。华人矿师极少,开矿之难在勘察,不用洋矿师实不足以应对办矿的人才和技术需求。事实上,官办则"入不敷出",商办则或"应者寥寥"或"浅尝辄止"。⑤ 湖南作为新政推行较为积极的省份,在开矿问题上坚持官办。《湖南矿务简明章程》规定:硝、锑、铋、镍、金等矿归官营,寻常煤矿照旧办理;官督商办者矿务总局派员驻厂收税(人员费用由该矿供给,每月限银 100 两),商民领帖开办者矿务总局派委员驻扎监管;各矿无力自炼者,

　　① 张海荣:《思变与应变:甲午战后清政府的实政改革(1895—1899)》,社会科学文献出版社,2020,第 238—239 页。
　　② 陈宝箴:《拟办湘省矿务设局试行开采折》(光绪二十二年正月二十八日),《光绪朝朱批奏折》第 101 辑,第 1081—1082 页。
　　③ 《关于清末湖南矿务机构的部分资料》,载湖南历史资料编辑委员会编《湖南历史资料》1958 年第 4 期,湖南人民出版社,第 130—135 页。
　　④ 《外省赴湘采办硝磺悉由矿务总局办理片》,《光绪朝朱批奏折》第 101 辑,第 1101—1102 页。
　　⑤ 张海荣:《思变与应变:甲午战后清政府的实政改革(1895—1899)》,社会科学文献出版社,2020,第 237—238 页。

官督商办交矿务总局提炼并交纳砂税,商办者将矿砂售予矿务总局。① 对此,曾任湖南矿务总局总办的张通典曾评论称该章程虽有商办一条,"而曰股银必缴入矿局,又派委员监之,令商人月出经费百金,于是诸商皆望风退避矣,此不禁之禁也"②。在实际办矿审批中,巡抚陈宝箴更是"专主官办,不招商股,绅商旧开者改以归官,集资请开者悉为封闭",有两绅集股 70 万开矿者未许,盛宣怀"请以煤矿归商办,愿先入股三十万"而未许,有请办沅陵、会同两县(能出产十余斤重金块)金矿者亦以"恐人偷漏,难于防弊"为由不予准许。③

正如陈宝箴所谓"遽集商股,弊窦殊多"④,新政主持者对绅商和资本势力有着本能的不信任,传统治理中又长期未能形成规范商人的有效(高效)经验,致使官商隔膜在官方主导的新政改革中并不能获得改善。最终,"绅商集资具禀,请开者八十余起,计矿山百六七十处,而皆批斥封禁"⑤。吴樵对陈宝箴"持重太甚,新法多不能放手"⑥的批评,正是反映了其时地方开明大员在主政地方权力不受制约的一般状态。这种对主事者的性格评论也可视为对制度所形塑的官僚体制性格批评。

前述山西路矿开办中,福公司曾于成立之初聘马建忠担任总管。马建忠作为李鸿章亲信、张荫桓好友,为福公司利益周旋于京城,刘鹗作为福公司副总管并最终以晋丰公司名义承办山西多处矿务。胡聘之上奏称现有绅商请办矿务、铁路声明"所贷之款,概归商借商还,无庸国家作保",强调借洋

① 《关于清末湖南矿务机构的部分资料》,载湖南历史资料编辑委员会编《湖南历史资料》1958 年第 4 期,湖南人民出版社,第 130—135 页。

② 《张通典致汪康年》(光绪二十二年十二月初十日),载上海图书馆编《汪康年师友书札》(二),上海古籍出版社,1986,第 1776 页。

③ 《张通典致汪康年》(光绪二十二年十二月初十日),载上海图书馆编《汪康年师友书札》(二),上海古籍出版社,1986,第 1776 页。

④ 《外省赴湘采办硝磺悉由矿务总局办理片》,《光绪朝朱批奏折》第 101 辑,第 1101 页。

⑤ 《张通典致汪康年》(光绪二十二年十二月初十日),载上海图书馆编《汪康年师友书札》(二),上海古籍出版社,1986,第 1779 页。

⑥ 《吴樵致汪康年》(光绪二十二年六月),载上海图书馆编《汪康年师友书札》(一),上海古籍出版社,1986,第 493 页。

款与集洋股有别,"与总理衙门通行亦不相悖,拟请即归该商等承办"。① 清廷并无详细而明确的审查程序,根据地方奏报,同意该省通过绅商自借洋债方式开办矿务,并强调地方"悉心妥筹,酌定详细章程"。② 随后,胡聘之批准了刘鹗与英商福公司签订的《请办晋省矿务借款合同》和《请办晋省矿务章程》。该合同虽为借款合同但无借款期限和利息,仅规定福公司获扣除官利、报效等费用后的一半余利③,是典型的入股。此事引起御史言官交章弹劾,④英国、意大利公使也以山西已批准开矿合同为由要求清廷批准合同。⑤ 清廷在内外交困中将刘鹗等人撤职⑥,最终仍批准山西商务局与福公司签订《山西开矿制铁以及转动各色矿产章程》,扩大了开矿范围并该由福公司直接承办。⑦ 刘鹗、方孝杰以商办名义借洋款承办山西路矿于国家利权危害极重而获得巡抚胡聘之未经上奏的径自批准,似与李鸿章幕后支持有关。⑧ 其中也反映出其时对于中央与地方权限缺乏程序限定,许多重大事项多靠督抚个人行事习惯而定,督抚如能寻得更高权力者的庇护,极易打破惯例径自行事。

湖南巡抚陈宝箴、山西巡抚胡聘之都属于其时见解开明、锐意改革、敢于担当的地方大员,但最后却在推行新政时成效不彰甚至在实业兴办中屡失利权,这是官员推行政令的失败,却也暴露出不受制约的权力运行在国家

①　《胡聘之奏》光绪二十三年六月初九日,中国第一历史档案馆编《光绪朝硃批奏折》第 102 辑,中华书局,1996,第 7 页。

②　《清实录》(第 57 册),《德宗实录(六)》,中华书局,1987,第 304 页。

③　胡聘之:《呈职员刘鹗请办晋省矿务借款合同清单》(光绪二十四年二月十五日),《军机处录副·光绪朝交通运输·铁路》,档号:3-144-7140-21;胡聘之:《呈职员刘鹗请办晋省矿务章程清单》,光绪二十四年二月十五日,《军机处录副·光绪朝交通运输·铁路》,档号:3-144-7140-22。

④　李元鹏:《晚清督抚与社会变革——以 1895—1898 年初督抚的自强活动为中心》,河北师范大学博士学位论文,第 111 页。

⑤　台北"中研院"近代研究史所编《矿务档》(七),台北"中研院"近代史研究所1960 年印行,第 1384—1397 页。

⑥　《清实录》(第 57 册),《德宗实录(六)》,中华书局,1987,第 431 页。

⑦　奕劻等:《遵议山西铁路矿务输改订章程请旨遵行事》(光绪二十四年闰三月二十七日),《军机处录副·光绪朝交通运输·铁路》,档号:3-144-7140-27-28-29。

⑧　张海荣:《思变与应变:甲午战后清政府的实政改革(1895—1899)》,社会科学文献出版社,2020,第 251—252 页。

利益保护上的短板。

小　结

戊戌变法时期,清政府调整了经济政策,维持、改造和扩充了国家资本控制下的企业,又对商办实业予以鼓励、引导和扶持;通过设立新的经济职能部门、制订奖励章程,初步形成了振兴工商的激励机制;在路矿等领域开始新型投融资模式的尝试,但仍以官方控制为主。如何使个别的、具体的政策调整向全面的、制度性变革推进,该时期的改革进程确实没有实现维新派所谓的统筹全局。百日维新颁行的一系列变法诏谕并未显示出变法的条理和规划,关涉学堂之事较多且不间断出现,有些诏谕如改革法律、设立邮政局等则一条诏令后再无下文。许多改革诏谕是对上奏的批复,甚至诸如裁汰闲衙冗员方案直接取自岑春煊奏折。甲午战后的实政改革选择了较为保守的改革路径,本可减少变革阻力却仍成效不彰,并最终导向了百日维新的激进改革。百日维新期间的中央官僚机构改革和科举、保举制度变化,在有限的范围内扩大了维新势力的政治参与,地方上的维新也使维新派通过学堂、学会、报刊等途径传播了新的观念体系。国家治理转型中革旧较之于求新面临的阻力更大。不能有效处理新旧间的重重矛盾,力求"富强"的实践效果可能适得其反。

戊戌前后各项实业的开办,主要是通过诏谕的督促及部分权臣的政治谋划。其时的改革总体规划是由光绪帝倚重胡燏棻等人奏议而定。"富强"之道的规划蓝图下,每个群体都试图通过新的话语和改革中的权力格局调整获取更多资源。其中交织着各派势力的斗争和合作。合作或因挽救危亡的公义或因共同利益的考量;同时,每个群体又都试图稳固自身地位乃至打击异己。因此,改革的结果必然不是规划的实现,规划更多是提供一个愿景。虽然政府无论如何都将在治理体系中起着至关重要的作用①,但光绪帝治下的大清政府系统并没有形成一致行动的组织架构。事实上,一个成功国家治理模式从来不会是一种彻底的“范式转变”,变化的仅是治理机制中各因素的参与程度。可惜在未能完成现代转型的制度框架中,这种斗争和合作几乎没有明确的规则可循。斗争的结果往往是官办(官督商办)企业的人事变更和内部倾轧。很多时候这些内部斗争对于一个企业是致命的打击,漠河金厂、开平煤矿等企业的衰落是典型表现。同时,这些实业的开办缺乏完备的法律规范和制度保障,缺乏产业政策规划,往往以文明排外和充实财政为目标。希望通过这些实业实现“富强”却缺乏效法西方“富强”的治理体系支撑,最终所能取得的效果无法持续。

从立基商力、民智的“富强”之道确立为国家治理目标的角度,戊戌变法时期路矿、银行、邮政诸事业虽仍不出洋务运动式的官督商办,但国家在更广泛意义上对商力的强调使其变法维新的意义深远。其调整了国家治理目标并扩充了国家治理的内容和规模,并在国家层面解放了思想,使许多不曾深入讨论的实业发展问题被纳入朝政的日常。这些“富强”事业的初兴推进了一些基础建设,奠定了中国工商业进一步发展的基础。就这些事业发展的制度保障而言,却又很难说有真正的“变法维新”意义。官督商办模式在各项实业创办中的广泛应用,是官办不力、商力不济的不得已选择,也是官方倾向于控制社会资源和利益的主动选择(在路矿实业中尤为明显)。官督商办的路矿、银行与洋务时期的轮船招商局、汉阳铁厂在制度建设方面,除了增加一些零星章程外,在办理体制、融资方式诸方面并无实质进步,甚至主持者和主事者仍是同一拨人。其中的人浮于事、靡费损耗乃至腐败、渎职、滥权诸问题,并未有明显改善。偶尔有一二得力主事者也并不长久,毕竟新政所关,皆是美差。

立法层面,许多法令一般经地方办事官员上奏、总理衙门等中央衙门议复、皇帝批准后颁行;法令实施层面,各项实业的兴办又无疑需要仰仗督抚主导或官绅协作。这些都离不开中央与地方官僚集团的认同与合作,但不

---

① 王绍光:《治理研究:正本清源》,《开放时代》2018 年第 2 期。

容忽视的是,官僚集团的行动也是需要外部推动力的。这些官僚的观念是如何变得认同变革,与戊戌变法时期官方和民间共同推动形成的"富强"观念勃兴有关。不过,在"富强"措施从京城传导向地方的过程中,却有着从上到下的执行力度愈来愈弱的趋势,这也就能理解戊戌变法时期只能维持较少几项实业的推进问题。

新办实业作为现代国家建设的重要组成部分,具有国家整合功能。这类实业作为基础性事业,投资规模大、收益回报周期长,需要国家的持续财政保障或民间资本的强力支持。开办有序的大清邮政也是常年亏损,对本就腐败不堪的官督商办体制的修修补补更是难致"富强"。事实上,晚清官方财政不足与民间资本的匮乏,都决定了自办新兴实业的不可持续性。借助外资最终是保持新兴实业可持续发展的绕不开的选择,借外债所引发的财政监督问题则又在后来的清末立宪运动中成为一个现代政制重塑的导火索。① 同时,康有为批评或者提醒朝廷所应避免的变法之失,很多都贯穿了戊戌变法时期的改革始终。除了前面不断提到的"枝枝节节"变法问题,还有中央与地方关系方面。康有为虽有地方督抚各自变法的主张②,但依靠督抚的前提是加强中央集权而筹备新政机构、统筹变法规划。这一构想一直没有实现,其间的变法主要是靠个别地方督抚的推动。其结果是地方督抚在变法中进一步巩固了自身势力。地方势力在后来的清末新政中,出于对中央削弱地方权力的抵制而成为促开国会的重要推动力量,有效推动了立宪运动的发展。

---

① 李耀跃:《清末收回利权运动与立宪运动合流中的官民"权""利"结构重塑》,《河南财经政法大学学报》2021 年第 3 期。
② 康有为:《上清帝第五书》,载姜义华、张荣华编校《康有为全集》(四),中国人民大学出版社,2007,第 6 页。

第五章

"富强"话语实践之于早期国家现代化的历史遗产

戊戌变法时期的失败治理激发了庚子后的彻底改革。庚子后的清末新政在国家治理转型和法秩序重构方面,较之戊戌变法时期更为彻底和有效,但戊戌变法运动上承洋务运动遗续,下为之后的彻底改革提供了观念和制度基础。庚子后的清末新政仍将改革目标指向"富强"这一国家能力提升问题。从国家治理转型角度看,庚子后清末新政得以深入推进,一方面是社会在多次不成功改革尝试中风气渐开,效法西方"富强"之道的观念逐渐深入人心;另一方面,戊戌变法时期立基商力、民智的"富强"上升为国家治道,已具有国家治理上的正当性意义。西学与西法、西艺作为效法"富强"的内容措施具有契合国家治理目标的正当性,这为后来清末新政的全面改革提供了治理逻辑上的自洽。至少从制度惯性层面来看,其时的制度改革具有治道观念上的连续性而非断然更张。

第一节 戊戌变法时期"富强"话语实践对清末立宪修律的影响

光绪二十七年(1901 年),慈禧太后在西安颁布了"预约变法"上谕,随后成立了以奕劻、李鸿章(李死后由袁世凯补任)、荣禄为督办大臣及刘坤

一、张之洞为参赞大臣的督办政务处，作为兴办新政的机构，开启了清末新政时代。光绪三十二年（1906年），清廷进一步宣示预备立宪①，清末新政进入第二个阶段②，政治体制改革超越第一阶段的固有体制内改革，并在社会各力量的推动下形成国家治理全面转型的立宪运动。清末新政的修律目标也在第二阶段发生变化。光绪二十八年（1902年）上谕谓"按照交涉情形，参酌各国法律，悉心考订，妥为拟议，务期中外通行，有俾治理"尚属修律的简单谋划③，到光绪三十四年（1908年）修律则成为宪政"应行筹备事宜"④。从追求目标到改革取径，清末新政的推进和立宪运动的展开都或隐或现地得益于并受制于戊戌变法时期的历史遗产。重回戊戌前后或能为清末立宪的国家治理转型寻得历史渊源。

一、"富强"话语在清末"富强—宪法"实践中的延续

较之于戊戌变法的昙花一现，清末新政在政制与法制改革方面取得了许多成就。清末立宪的现代国家建设意义远超戊戌变法。历史的发展是一个连续的累积过程，戊戌变法时期的人事、思想和制度建设在清末立宪的"富强—宪法"诉求中得到延续。清末新政中，戊戌变法时期的不同派系人物从不同方面以不同方式推动着立宪进程。

（一）推动清末立宪的人事延续

荣禄、张之洞等人曾是甲午战后新政改革的支持者。荣禄自康梁时期即以反对变法的旧党身份出现，康有为说荣禄在维新时期守旧、"日攻新政"，并把政变后的荣禄比作王莽、司马昭、肃顺等奸雄。梁启超也在致日本

---

① 《宣示预备立宪先行厘定官制谕》（光绪三十二年七月十三日），载故宫博物院明清档案部编《清末筹备立宪档案史料》（上册），中华书局，1979，第43页。
② 李细珠：《新政、立宪与革命：清末民初政治转型研究》，北京师范大学出版社，2018，第2页。
③ 光绪二十八年四月初六日上谕，朱寿朋编《光绪朝东华录》，张静庐等点校，中华书局，1958，第4864页。
④ 《宪政编查馆资政院会奏遵拟宪法大纲暨议院法选举法要领及逐年筹备事宜折（附清单二）》光绪三十四年八月初一日，载故宫博物院明清档案部编《清末筹备立宪档案史料》（上册），中华书局，1979，第54页。

外务省官员信件中批评荣禄奉行守旧政策。有学者对荣禄反对变法的观点提出了异议,认为从军事兵制、文化教育、发展工商业等方面其是支持变法的。[①] 戊戌政变后,荣禄明确提出"乱党既已伏诛,而中国一切变法自强之事,亦当择其紧要者次第举行"[②],并与顽固派刚毅等人反复辩论。戊戌变法前后,荣禄的确支持变法,但其所支持的变法是延续洋务运动意义上的改革,对于康梁所主张的(可能会实施的)国家秩序重构则是坚决反对的。张之洞出资赞助《时务报》、不缠足会、农学会、湘学会等,并列名参加。张之洞与刘坤一等督抚联名上奏中虽一再强调与"康党"的截然不同,但在中西学关系及何为中学本体诸问题之外,其具体的改革方案从说辞到措施,与康有为等人戊戌变法时期的主张极为相似。事实上,当时中国所面临的问题及其解决之道只能归于面向西方开放的"富强"命题,任何人都不可能绕过曾经关注这些命题的人。[③] 孙宝瑄在康有为风光的日子里看不起其为人。康有为倒台受缉捕后,在与李鸿章谈话时孙宝瑄却自称"康党"。李鸿章也随即感慨自己"亦'康党'也",盛赞康有为做了自己"欲为数十年而不能"的变法。在之后的召对中,李鸿章亦称"主张变法者即指为'康党',臣无可逃,实是'康党'"[④]。慈禧太后在戊戌变法之初并"无仇新法之意"[⑤],光绪帝"虽亲政不敢自主",摄于太后积威,"戊戌变法,亦事事请懿旨"[⑥]。戊戌变法失败了,但变法以致"富强"的共识却无法扑灭。

光绪二十七年(1901年),清廷宣布实行新政时,张之洞等人草拟奏稿曾邀张謇、沈曾植、汤震等参与其中。张謇、沈曾植曾活跃于强学会,沈曾植在戊戌政变前对康有为多有支持,协助严修议定经济特科章程,应张之洞之邀

---

① 参见冯永亮:《荣禄与戊戌变法》,《清华大学学报(哲学社会科学版)》1998 年第 3 期。

② 《国闻报》,1898 年 10 月 23 日。

③ 萧公权:《康有为思想研究》,新星出版社,2005,第 188 页。

④ 丁文江、赵丰田编《梁启超年谱长编》,上海人民出版社,1983,第 197—198 页。

⑤ 陈夔:《梦燕事杂记》,载中国史学会主编《中国近代史资料丛刊·戊戌变法》(一),上海人民出版社,1957,第 481 页。

⑥ 《康南海自编年谱》纪废八股改试策论一事也有请懿旨、"事事皆如此"的记载。

主持两湖书院，后又受邀参与湖南新政，未动身即发生政变。① 汤震于1890年著有《危言》一书倡言改革。②

　　张謇积极投身晚清立宪运动，组织翻译刻印日本宪法书宣传立宪；为湖广总督张之洞、两江总督魏光焘、考察政治大臣端方和戴鸿慈等要臣起草代拟陈请立宪奏稿和电文；清廷"仿行立宪"后，积极参与其中，筹建预备立宪公会、出任江苏谘议局议长、发起组织国会请愿运动。张謇在"实业救国"的同时也以"立宪救国"为使命，推动着中国的国家现代化建设。③

　　李盛铎④曾与康有为谋集各省公车开会⑤，并曾资助保国会，后虑人指摘也加入了弹劾保国会的队伍⑥。最初李盛铎是支持保国会的。所不同者，李盛铎初意公车上书所召集群体仅及举人，康有为则扩大范围欲集京官。加之保国会章程中诸多条款涉及朝廷例禁，李盛铎或出于自保而与之分道扬镳。李盛铎在百日维新期间被任命为京师大学堂总办，不久被任命为出使日本国大臣。李盛铎与"康党"时离时合，甚至戊戌政变后康有为潜逃香港后曾请求日本政府拒绝李盛铎就任出使大臣。清廷两次电令李盛铎在日秘密捉拿"康党"无果。李盛铎出使期间在日本的改良派和革命派都呈迅速发展趋势，乃至被弹劾查防不力。受弹劾的理由包括李盛铎在百日维新期间

---

　　① 沈曾植（1850—1922），字子培，浙江嘉兴人。罗明、杨益茂主编《清代人物传稿》下编·第十卷，辽宁人民出版社，1994，第297页。

　　② 汤志钧：《戊戌变法人物传稿》（一），中华书局，1961，第156—157页；萧公权：《康有为思想研究》，新星出版社，2005，第188页及该页注3。

　　③ 张謇（1853—1926），字季直，江苏通州（今南通）人。光绪二十年（1894年）状元。戴逸、林言椒：《清代人物传稿》（下编·第一卷），辽宁人民出版社，1984，第366—367页。

　　④ 李盛铎（1859—1935），字椒微，号木斋，江西德化人。光绪二十四年（1898年）任江南道监察御史，甲午战争期间与文廷式等人多次集会，联名上书，光绪二十四年七月为京师大学堂总办，后充驻日本公使，日本出使任满回国历任顺天府丞、太常寺卿，出洋考察宪政后任驻比利时公使，回国任山西提法使等职。

　　⑤ 梁启超：《戊戌政变记》，载汤志钧、汤仁泽编《梁启超全集》（一），中国人民大学出版社，2018，第545页。

　　⑥ 《山东道监察御史张苟鹤折》（光绪二十五年五月十四日），载国家档案局明清档案馆编《戊戌变法档案史料》，中华书局，1958，第507页。

由康有为等为其草拟奏稿①,其与"康党"关系令人生疑②。李盛铎在清末新政时倡言立宪,成为清末出洋考察政治五大臣之一(考察途中留任驻比利时出使大臣)。③

　　出洋考察政治的另一位大臣端方,更是被视为"戊戌党"。戊戌政变后,据说端方是通过贿赂荣禄、李莲英并进呈《劝善歌》歌颂慈禧太后功德而免受牵连治罪。庚子事变,慈禧太后和光绪帝逃到西安,端方作为署理陕西巡抚护卫有功,得到重用。后历任湖北巡抚、署理湖广总督、江苏巡抚、两江总督兼南洋大臣等职。在职任上,端方一方面严厉镇压义和团、革命党等(最终在四川总督任上死于所部湖北新军革命党起义),另一方面政见又较为开明,兴办新学、改良监狱,组织编译出版欧日立宪书籍,广泛结交立宪派人士,甚至"私通"梁启超等"戊戌乱党",被顽固派攻击为鼓动宪政的内奸之一。④ 端方对清末"仿行宪政"及后来的速开国会等立宪运动起到了实质的推动作用。⑤

　　熊希龄曾在参与湖南新政期间与梁启超等人有故交,五大臣出洋考察政治时作为戴鸿慈、端方的随员出访,并牵线由时在日本的朝廷通缉犯梁启超等人捉笔代拟起草相关考察报告。⑥ 光绪三十二年(1906 年),梁启超捉

---

　　① 康有为:《时务需才请开馆译书以宏造就折》(代李盛铎作),载姜义华、张荣华编校《康有为全集》(四),中国人民大学出版社,2007,第 71 页。康有为草拟该折或仅有部分为李盛铎多采用,参见茅海建:《从甲午到戊戌:康有为〈我史〉鉴注》,生活·读书·新知三联书店,2009,第 409 页。

　　② 《山东道监察御史张苟鹤奏》(光绪二十五年五月十四日),载国家档案局明清档案馆编《戊戌变法档案史料》,中华书局,1958,第 506—507 页。

　　③ 林增平、郭汉民主编《清代人物传稿》(下编·第六卷),辽宁人民出版社,1990,第 256—252 页。

　　④ 另一奸是袁世凯,参见《御史胡思敬奏立宪之弊折》,载故宫博物院明清档案部编《清末筹备立宪档案史料》(上册),中华书局,1979,第 346 页。

　　⑤ 端方(1861—1911),满洲正白旗人,托忒克氏,字午桥。林增平、李文海主编《清代人物传稿》(下编·第三卷),辽宁人民出版社,1987,第 67—75 页。

　　⑥ 《梁启超年谱长编》谓五大臣提交的《考察各国宪政报告》由梁启超起草,但年谱的来源可能出自陶菊隐的野史传闻,虽此传闻应非毫无根据却仍错讹不少,参见丁文江、赵丰田编《梁启超年谱长编》,上海人民出版社,1983,第 364 页;陶菊隐:《六君子传》,中华书局,1946,第 17 页;陶菊隐:《北洋军阀统治时期史话》(一),生活·读书·新知三联书店,1957,第 34 页。

笔为考察政治大臣戴鸿慈和端方代拟了《请定国是以安大计折》《请改定官制以为立宪预备折》在内的五篇奏稿，直接推动了清末预备立宪的开启，为立宪步骤、立宪措施提供了基本设计和规划。①

（二）推动清末立宪的社会舆论动员意义

出洋考察政治大臣载泽考察回国后上奏谓立宪之利最重要者有皇位永固、外患渐轻、内乱可弭三端。② 皇位永固暂且不论，外患渐轻是戊戌变法时期"富强"治道的延续，内乱威胁在清末十年已由农民起义转向革命党的实践和动员，而此时的革命党与维新派则有着千丝万缕的联系。

1. 革命声势渐长的戊戌前因与"仿行立宪"后果

就其时所谓的"防乱"和"内乱可弭"，主要是革命党之乱。留日的学生、维新派和革命党流亡人士的实践共同构成了海内外的革命行动和舆论，推动着清末立宪运动的深入展开。

向日本派出留学生的政策确立于百日维新时期，主要得益于张之洞、"康党"和中日公使的共同推动。在此之前的 1896 年有 13 名学生留学日本，有 6 人或刚到即离校回国或中途退学，剩下的 7 名毕业生中，戢翼翚即曾回国参加自立军起义，失败后逃亡日本，后又回国招聘新闻记者从事勤王工作。③ 康有为、梁启超逃亡日本后，创立了保皇会并创办机关报《清议报》（一年后停办，梁启超又创办《新民丛报》）。梁启超等人的活动扩大了维新思想的影响，并在"保皇"的名义下集结了大量反清（反慈禧太后）势力。其在与革命党人的时而联结和时而论战中，使早已在日本活动但影响相对有限的革命党人扩张了声势。④ 大量新思想通过留日人士的宣传使日本成为其时中国革命思想的发源地，留日学生和革命党（许多起义失败者逃亡日本后成

---

① 夏晓虹：《阅读梁启超：政治与学术》，东方出版社，2019，第 42—46 页。
② 《出使各国考察政治大臣载泽奏请宣布立宪密折》（光绪三十二年），载故宫博物院明清档案部编《清末筹备立宪档案史料》（上册），中华书局，1979，第 174—175 页。
③ ［日］实藤惠秀：《中国人留学日本史》，谭汝谦、林启彦译，生活·读书·新知三联书店，1983，第 20—24 页。
④ 黄福庆：《清末留日学生》，台北"中研院"近代史研究所专刊（34），第 213—220 页。

为真正的留学生)通过杂志和书籍向国内传播革命思想,也积极参与国内革命实践。有学者评价称"在中国革命的实践行动中,没有一次是没有留日学生参加的"①,维新派的活动则对留日学生和革命流亡人士的革命运动起着推波助澜作用。

　　光绪二十六年(1900 年)初成立的自立会创建了武装组织自立军,并于当年发动起义。自立会由唐才常主持。唐才常是戊戌变法时期湖南新政的积极参与者并在此期间凝聚了大量青年才俊。戊戌政变后唐才常赴上海、广州并经香港往新加坡、日本等地联络侨胞,意图以革命手段为国谋求出路。参与和支持自立会的有蔡锷、林圭、秦力山等曾是湖南时务学堂的学生,有梁启超等戊戌后逃亡的"康党",还得到孙中山、章太炎等革命党及日本志士的支持。正因其联络了各派势力并获取支持,也使其革命纲领在革命与保皇(勤王)之间摇摆,乃至内部不满和外部支持都存在某种不可持续性。当年六月末七月初,唐才常邀集维新人士等在上海张园开国会,分别选举容闳、严复、唐才常为会长、副会长、总干事,定名"中国议会",为筹建新国家政权作准备。张之洞虽对自立会的拉拢未予理睬,却对其活动也未予明显干涉。是年七月起义失败后唐才常等人在汉口被捕就义。②

　　梁启超逃亡日本后因同志被朝廷杀害,一度在报刊言论乃至行动中具有革命倾向。自立军起义时梁启超负责在美筹款并拟赶回国参与举事,回到上海时唐才常等人被捕,起义已失败。此后被康有为严厉督责且因自己在美国等国家的游历经历,其政治主张又转回到对君主立宪的支持。梁启超曾于1903 年年初在美洲保皇会的邀请下开启了 9 个月的北美之行。这次游历旨在考察美国共和政体下的华人政治状况,旅行记录发表于《新大陆游记》。这次考察的结论则是华人不具备"国家思想""市民精神",对自由乃至高尚的政治目的毫无认识,旧金山华人社会凌乱不堪,民众毫无自治能力和政治素养而议会制度、选举制度这类共和制度皆不可行,甚至认为"今日

----

　　① ［日］实藤惠秀:《中国人留学日本史》,谭汝谦、林启彦译,生活·读书·新知三联书店,1983,第 350 页。
　　② 林增平、郭汉民主编《清代人物传稿》下编·第六卷,辽宁人民出版社,1990,第 380—382 页。

中国国民，只可以受专制，不可以享自由"①。随后其在《政治学大家伯伦知理之学说》一文中提出共和政体所要求的"共和诸德"，包括国民"不惜牺牲其力其财，以应国家之用"的牺牲精神及普及学制、完备教育的民智条件，而中国国民历史习性恰与之相反，以此国民性立共和将最终导致"民主专制政体"。②

在 1906—1907 年梁启超以《新民丛报》为阵地与革命派（以同盟会机关报《民报》为阵地）就立宪改良与革命问题展开论战。这一论战提高了流亡日本维新派和革命派在国内的影响力，助推着国内立宪与革命进程。梁启超在《论政治能力》一文中明确说立宪与革命两主义都是救国之道，相互促进，其发展与当时持专制主义的政府所进行的变科举、开学堂、奖游学诸"伪改革事业"的间接相助密切相关，因此立宪、革命乃至政府所推行事业实非只有相仇之道，立宪与革命两主义实应相互协助（至少是消极协助即"不相妨碍"）。③ 这一论说又或为梁启超所谓孔教孔学"兼善主义""博包主义"的延续④，虽然梁启超并未在此篇中论及孔教孔学，却仍可见其"六经注我"的学思隐线。清廷宣布"预备立宪"后，梁启超又通过报刊舆论和政治结社活动，参与到立宪运动中。

在革命运动的蓬勃发展中，清末新政被赋予了"立宪"议题，清廷试图通过仿照日本"预备立宪"吸纳革命势力和维新势力，并通过立宪达致"富强"以跻身国际社会。

---

① 梁启超：《新大陆游记及其他》，钟叔河、杨坚点校，岳麓书社1985年版，第555—559页。《饮冰室合集》及后来的《梁启超全集》等收录的是节录本，盖因前此游记，多纪风景、公室，无关宏旨，"惟历史上有关系之地特详焉"，梁启超：《新大陆游记节录》凡例，载汤志钧、汤仁泽编《梁启超全集》（十七），中国人民大学出版社，2018，第115页。

② 梁启超：《政治学大家伯伦知理之学说（二）（1903年10月4日）》，载汤志钧、汤仁泽编《梁启超全集》（四），中国人民大学出版社，2018，第216页。此篇见于《新民丛报》第三十八、三十九号合本，光绪二十九年八月十四日（1903年10月4日）出版，《新民丛报》第三十二号亦有此题，按作者说法系前作过于简略，且另有感触，再撰此篇。新篇较之旧篇的记叙，有更多个人阐发。

③ 梁启超：《新民说》第十九节"论政治能力"，载汤志钧、汤仁泽编《梁启超全集》（二），中国人民大学出版社，2018，第662—6635页。

④ 参见第二章第三节相关述论。

2. 清末立宪中维新派对"富强—宪法"观念的宣传

清末新政时期的立宪派代表汪康年在戊戌变法时期即主持《时务报》，"兴民权"以巩固国权，意在通过群众性的政治参与推动政治体制改良。① 1902 年 8 月，翰林院编修赵炳麟进呈《防乱论》提出的君主立宪政体方案一定程度上反映了时人共识：时局之乱"标在外而本在内"，其策则在开利源使"吾民权利不见夺于外人"而百姓足，立宪法而达下情，然西方民主宪法、联邦宪法断不可行，"惟君主宪法其君执一切主权，其民有一切公例，参酌行之，有利无害"。② 君主立宪国"其君有统一之大权"，而君权的巩固则"在有下议院以监督其行政诸臣"，"虽有枭雄不敢上陵君而下虐民者"。③

戊戌变法后，康有为在各处发表其戊戌变法时期的奏议，其弟子麦孟华将之编辑整理成《戊戌奏稿》于 1911 年出版。前已述及《戊戌奏稿》掺杂着作者的回忆错讹乃至刻意拔高，但其流传中的观念传播价值仍具时代意义。《戊戌奏稿》本《谢赏编书银两乞定开国会期并先选才议政许民上书言事折》引用一事，谓戊戌变法期间阔普通武请开国会，孙家鼐以"若开国会，则民有权而君无权矣"为由反对，皇帝以"但欲救中国耳，若能有益于国民，则无权何害"回应。从该稿本中可看出似乎光绪帝是赞同开议院的，康有为盛赞其有"尧、舜公天下之心，禹、汤救民之意"。④ 事实上，光绪帝该态度已不可考，就历史而言，这种回忆或者编造或具有为清末立宪的正当性提供历史依据的宣传意义。

在立宪问题上，康有为有其思想深化过程，从戊戌变法时期的变法改制

---

① 中国史学会主编《中国近代史资料丛刊·戊戌变法》(四)，上海人民出版社，1957，第 249 页。

② 赵炳麟：《防乱论》，《赵柏岩集》，文存卷一，第 37 页，台北文海出版社 1922 年版，第 1395—1396 页。

③ 《御史赵炳麟奏立宪有大臣陵君郡县专横之弊并拟预备立宪六事折》光绪三十二年八月二十一日，故宫博物院明清档案部编：《清末筹备立宪档案史料》(上册)，中华书局，1979，第 124 页。该折最后提及上述《防乱论》以明示该折非阻挠立宪而是就立宪办法提出防弊之策，对于"非阻挠立宪"的强调也表明了朝廷宣布立宪后"立宪"作为政治正确的官方话语地位，但这种官方话语地位并不代表立宪有了思想和社会基础。

④ 康有为：《谢赏编书银两乞定开国会期并先选才议政许民上书言事折》，载姜义华、张荣华编校《康有为全集》(四)，中国人民大学出版社，2007，第 389 页。

"富强"而致清末立宪时期的立宪"富强"。"大隈重信、伊藤博文，实为会党之魁首，草定议院之宪法。"①戊戌变法时期其对宪法的表述是大法。《戊戌奏稿》本《应诏统筹全局折》对《上清帝第六书》的进呈奏章有重要改窜，增加了"定宪法"内容②，并议及"立制度局总其纲""立十二局分其事"③，提高了制度局规格。这种窜改应属康有为流亡日本后的重写，在光绪二十四年（1898年）出版的《知新报》第78册以"康工部统筹全局折"为题发表，梁启超《戊戌政变记》录有此版本。④ 其中基本主张与档案原件能够吻合，即主张变法"富强"以救亡，所谓诸国"皆以变法而强，守旧而亡"，"方今之病，在笃守旧法而不知变，处列国竞争之世，而行一统垂裳之法"。⑤ 此篇有关宪法表述不同传本歧见较多。《戊戌奏稿》多言"宪法"，诸如"若夫美、法民政，英、德宪法，地远俗殊，变久迹绝"，又如"开制度局而定宪法"。其他版本有言其他，如《戊戌政变记》《光绪朝东华录》言"英、德共和"，《戊戌变法档案史料》言"开制度局于宫中，将一切政事重新商定"。不同的表述，其后续述论中都提出开制度局"议定参预之任，商榷新政，草定宪法，于是谋议详而章程密矣"⑥，而日本即以此"富强"。《戊戌奏稿》本还将宪法推行与地方制度改革相联系，在论述地方制度改革（裁冗员、减分级、立民政局主持新政）之后，认为"如此则内外并举，臂指灵通，宪章草定，奉行有准。然后变法可成，新政有效也"。⑦

"近泰西政论，皆言三权，有议政之官，有行政之官，有司法之官；三权

　　① 康有为：《日本变政考序》，载姜义华、张荣华编校《康有为全集》（四），中国人民大学出版社，2007，第103页。

　　② 孔祥吉编著《康有为变法奏章辑考》，国家图书馆出版社，2008，第144页。

　　③ 康有为：《上清帝第六书（应诏统筹全局折）》，载姜义华、张荣华编校《康有为全集》（四），中国人民大学出版社，2007，第19页。

　　④ 《知新报》影印本，第2册，第1093页；梁启超：《戊戌政变记》，载汤志钧、汤仁泽编《梁启超全集》（一），中国人民大学出版社，2018，第487—492页。

　　⑤ 康有为：《上清帝第六书（应诏统筹全局折）》，载姜义华、张荣华编校《康有为全集》（四），中国人民大学出版社，2007，第17页。

　　⑥ 康有为：《上清帝第六书（应诏统筹全局折）》，载姜义华、张荣华编校《康有为全集》（四），中国人民大学出版社，2007，第18页。编校注释中对不同表述作了比对。

　　⑦ 康有为：《上清帝第六书（应诏统筹全局折）》，载姜义华、张荣华编校《康有为全集》（四），中国人民大学出版社，2007，第20页。

立,然后政体备",现有清朝政体,皇帝为元首,军机为政府,部寺、督抚也仅为行政官。① 《戊戌奏稿》本此三权鼎立之论在《日本变政考》中已有,因此并不能说是康有为的事后杜撰。该书按语称泰西之强实"在政体之善",立法、行法、司法"三官立而政体立,三官不相侵而政事举","以立法官兼行法者,必无以行法官兼立法之理",如"一切新政,交部议之,是以行法官为立法官",日本维新之初即明此义,"其政日新月异","盖得泰西立政之本故也"。该书按语还称"《书》之立政,三宅三俊,《诗》称三事,皆三权鼎立之义","令欲行新法,非定三权,未可行也"。② 不过从《戊戌奏稿》本制度局略如南书房、军机处例来看,其更类似于新政的中枢机关。实行新政需要设专司为之讨论筹划,立宪法为之著明,制度局如人"心思",为"变法之原"。③ 法律局的立法并未提及提交公议之类,似又很难说现代西方宪法精神已蕴含其中。

《戊戌奏稿》本《敬谢天恩并统筹全局折》虽言宪法,但与变法规模、条理、纲领、节目、章程并列,宪法只是与之类似的事项。④ 《戊戌奏稿》本虽行文与军机档稿本《请御门誓众开制度局以统筹大局折》(1898 年 6 月 19 日)有很大差异,但就其内容实质而言并无变动。虽此本提及宪法但如果之前奏折也有宪法之说,可以推测此系根据回忆重写而非故意作伪杜撰。

《戊戌奏稿》本《为译纂〈俄彼得变政记〉成书可考由弱至强之故呈请代奏折》与《上清帝第七书》内容一致,文字上略有出入,其中的变法总体思想与以前所述基本相同。其中分析西方各国"富强"之道异同,谓美国虽富乐而民主之制与中国不同,英德虽强盛而君民共主之制与中国少异,惟俄国"其君权最尊,体制崇严,与中国同",且其曾为弱国与中国同,而俄国彼得大

① 康有为:《上清帝第六书(应诏统筹全局折)》,载姜义华、张荣华编校《康有为全集》(四),中国人民大学出版社,2007,第 18 页。

② 康有为:《日本变政考》卷一,载姜义华、张荣华编校《康有为全集》(四),中国人民大学出版社,2007,第 114—115 页。

③ 康有为:《上清帝第六书(应诏统筹全局折)》,载姜义华、张荣华编校《康有为全集》(四),中国人民大学出版社,2007,第 18—19 页。

④ 康有为:《敬谢天恩并统筹全局折》,载姜义华、张荣华编校《康有为全集》(四),中国人民大学出版社,2007,第 91 页。

帝以君权变法，转弱为强、化衰为盛可资借鉴。[①]

《戊戌奏稿》本《请开制度局议行新政折》（1898 年 8 月）即表现出其开制度局与开国会并不冲突，制度局作为变法筹划机关，更像是一个过渡性机关。其中言及"吾国法律，与万国异，故治外法权，不能收复。且吾旧律，民法与刑法不分，商律与海律未备，尤非所以与万国交通也"，国会未开之际，法律局即为派专门之人辑定法律而设。[②] 另有《请君民合治满汉不分折》（1898 年 8 月）仅有《戊戌奏稿》存本，也言及立宪法、开国会、行三权鼎立之义，以使"举国君民合为一体，无有二心"。该折即使是伪作，但在《戊戌奏稿》中倡用"中华"二字为国号，也有先导意义。[③]

康有为《戊戌奏稿》虽存窜改之弊，使其作为戊戌变法时期可靠史料的价值大大折损，但其奏稿流传于清末立宪运动时期，作为立宪运动的舆论史料仍不失其价值。从对一个时代的呼吁角度，《戊戌奏稿》又无疑具有些许积极意义。中国先贤的三代秩序理想又有多少不是对于美好愿景的虚构呢！康有为、梁启超等人后来对戊戌变法史的重构，都为推动清末立宪提供了历史惯性意义上的推动力。当然，这种历史虚无主义的表现手法事实上在历史推动意义上的效果甚微。清末立宪的真正推动力量不依赖于这种虚构的叙事，而在于内外利益格局的重新调整。如果说康有为们重述戊戌变法史具有建构意义，那么对其所代表的群体在立宪运动中获取话语权力的"意义"更为显著。

中国近代的国家现代化进程离不开国民参与和推动，打破传统地将西方国民观念引入中国即需要眼界和勇气。有了观念才有行动的前提，从思想历程上看，也只有观念化为行动才达成观念传播的最终目的。从戊戌变法时期的观念引入和传播到清末现在的国会请愿运动，正是观念指引行动

---

① 康有为：《为译纂〈俄彼得变政记〉成书可考由弱至强之故呈请代奏折》，载姜义华、张荣华编校《康有为全集》（四），中国人民大学出版社，2007，第 26 页。

② 康有为：《请开制度局议行新政折》，载姜义华、张荣华编校《康有为全集》（四），中国人民大学出版社，2007，第 427—428 页。

③ 康有为：《请君民合治满汉不分折》，载姜义华、张荣华编校《康有为全集》（四），中国人民大学出版社，2007，第 425—426 页。全集编校者根据其中提及阔普通武奏折而推断的时间是存疑的，不过其中对精确时间的推定无碍本处论述的时间范围。

及行为受制观念的过程,这一过程是连续的,中间虽有戊戌变法运动的失败、义和团运动的悲壮等历史反复,却并不影响观念持续传播的社会生命力。

(三)推动清末立宪的制度基础

总体上说甲午到戊戌年间的制度建设无论是规模还是实效方面,都乏善可陈,其间种种革新都成效不彰,也使旧体制的弊端进一步暴露。不过"富强"确立为国家治理目标后,国家治理的内容、规模、结构所形成的扩张和转型趋势已不可扭转,其时的某些新制度虽经戊戌政变而仍有遗存且影响着清末新政的可能限度。

清末新政后鼓励实业的免税、专利、爵赏等措施,或援戊戌前后旧例或取法戊戌前后法令[①],戊戌变法时期留学潮和大量的学堂又为清末新政废科举提供了新式人才选拔制度基础。清末新政是迥异于戊戌变法的国家治理转型,却又延续着戊戌变法的新知与旧识。

官制改革致力于通过政府结构与功能的合理化以提高行政效率,但以"民智"未开为由,仅在中央和地方分别筹设资政性质的资政院、咨议局。清廷希望通过强化国家的社会动员能力激活竞争要素,却在宏大"富强"叙事中希图"商力""民智"的发展独立于"民权"之外。清廷在官制改革中或裁撤旧部或设立新部或调整职权,总体上说是试图扩大和完善国家职能,同时新设的邮传部、工部并入商部成立新的农工商部,及刑部和大理院(由大理寺改立)的权力分工,也有着适应现代国家建设的专业化分工趋势。甲午至戊戌年间各级新式管理机构相继设立,中央颁行路矿章程,海关兼办邮政颁行了大量邮政章程,设立了铁路矿务总局,大清邮政官局、京师大学堂,开办中国通商银行引入西方先进的金融管理体制(虽然是不完全的甚至是不成功的),各省实业兴办中相继颁行各类招股章程、经营章程,吉林设立了铁路交涉总局,湖南、四川、山西等省设立了矿务总局,江苏、江西、湖北、安徽、四

---

① 张玉法:《近代中国工业发展史(1860—1916)》,桂冠图书公司,1992,第15—16页。

川等省设立了商务局。① 这些章程和管理机构并没有因为戊戌政变而被取缔(有些还是在政变后颁行和设立)，为后来的新政改革提供了制度基础的同时，也是戊戌变法时期国家治理内容和规模扩张后专业化分工的制度逻辑延续。

二、晚清法律改革师法日本的"富强"取径

清末出洋考察政治的重要目的地之一是日本。《钦定宪法大纲》(1908年8月27日)更是以日本明治宪法"君上大权"的立宪宗旨为蓝本，修律方面，随着中国留日学生的增多及日本法律专家来华担任教习和顾问，使清末修律都深受日本法律体例、概念、术语的影响。这种影响得益于1904年以后的法律文化交流②，但这种交流则在戊戌变法时期已经奠基。

甲午战败所促生的亡国危机感促使晚清官方和知识界重新审视日本以求救亡之道，师法日本达致"富强"成为共识。黄遵宪刊行《日本国志》③，康有为提出模仿日本实行"变法"，制定教育制度以培养国民，翻译日本书籍、向日本派遣留学生，刊行并向皇帝进呈《日本书目志》《日本变政考》等书系统介绍日本变法的制度建设成就④。梁启超也认为日文易学，师法日本是学习富强之道的捷径。⑤ 张之洞认为"西学书之要"，"日本皆已译之"，提出

---

① 张海荣：《思变与应变：甲午战后清政府的实政改革(1895—1899)》，社会科学文献出版社，2020，第398页。

② [美]任达：《新政革命与日本：中国，1898—1912》，雷颐译，江苏人民出版社，1998，第61页。该书第九章、第十章对中国"新的警察及监狱系统"和"法律、司法和宪政改革"中的日本影响作了较系统的讨论分析。

③ 《日本国志》成书于1887年，初刻于1895年年底1896年年初。

④ 《日本书目志》曾于光绪二十四年(1898年)七月前进呈皇帝，现进呈本已失，该书起稿时间应较早，大同译书局于光绪二十四年(1898年)春刊行，刊行本应与进呈本相近。康有为：《日本书目志》，载姜义华、张荣华编校《康有为全集》(三)，中国人民大学出版社，2007，第262页；孔祥吉编著《康有为变法奏章辑考》，国家图书馆出版社，2008，第426—427页。

⑤ 梁启超：《论日本文之益》，载汤志钧、汤仁泽编《梁启超全集》(一)，中国人民大学出版社，2018，第704—705页。该文录自《清议报》第十册，光绪二十五年二月二十一日(1899年4月1日)出版，署名"哀时客"。

"我取径于东洋,力省效速"。① 清廷开放司员士民上书后,有关师法日本、修改法律的建策虽只有四件条陈有明确的论说(只有一件专论此事),数量有限且叙说多有不确之处②,但其中师法日本以求变法富强的改革路径却也与朝野主张形成叠加而构成时代呼声。其时的光绪帝也准备与日本建立更为密切的关系,在京师大学堂的办学过程中有意模仿日本东京大学。③ 戊戌维新期间各界进行了大量的争论并提出了师法日本的改革路径,为后来的立宪和修律提供了历史基础和理论铺垫。即使这些论证是不深刻的却基本为当时的精英阶层所接受,使后来的立宪和修律具有了某种自觉。

日本为东方旧国,人心制度曾与中国同。其变易新法"顺逆难易,亦当与吾同",学习日本可将"日本最近已成之文章再加裁变,力省而功溥,事切而弊少",日本商法、学法、矿法、军法、会社法、银行法、商船法、保险法,"皆新法,极详密,吾皆可取"。④ "其行而乖谬者,吾可鉴而去之;其变而屡改者,吾可直而致之。但收日人已变之成功,而舍其错戾之过节。"⑤康有为所言礼似与俗相通,日本礼从泰西,适于时用,崇实弃虚,其意可采。⑥

戊戌变法时期,康有为刊行并向光绪帝进呈《日本书目志》,对日本的"西学"进行了较为系统的梳理和评析。该书 15 卷记 19 世纪下半期日本新书书目,康有为对所列各类书目以按语形式作了简要介绍或评论。该书的行政学、警察、监狱法书目部分,康有为在按语中提及外国人对中国监狱的抨击,及同治元年英国人攻占广州城后放走府县囚犯以"自矜其惠"等事,赞誉"外国狱室洁净,而饮食有度,真得吾先圣仁政之遗"。⑦ 西方财政学书目

---

① 张之洞:《劝学篇》外篇·广译第五,冯天瑜、姜海龙译注,中华书局,2016,第212 页。

② 茅海建:《戊戌变法史事考二集》,生活·读书·新知三联书店,2011,第 316 页。

③ 茅海建:《戊戌变法史事考二集》,生活·读书·新知三联书店,2011,第 278 页。

④ 康有为:《日本书目志》,载姜义华、张荣华编校《康有为全集》(三),中国人民大学出版社,2007,第 357 页。

⑤ 康有为:《日本变政考序》,载姜义华、张荣华编校《康有为全集》(四),中国人民大学出版社,2007,第 104 页。

⑥ 康有为:《日本书目志》,载姜义华、张荣华编校《康有为全集》(三),中国人民大学出版社,2007,第 404 页。

⑦ 康有为:《日本书目志》,载姜义华、张荣华编校《康有为全集》(三),中国人民大学出版社,2007,第 334 页。

部分,其谓"直税、间税之法,析之甚精"。① 只是康有为没有多言,不知其具体了解几何。在社会学书目项下,按语再次提及社会团结之于"富强"的作用。"泰西之自强,非其国能为之者,皆其社会为之者",社会组织如学会之类须有章程,"日人章程亦有可采者"。② "专卖特许书"有三种,即《特许意匠商标三条例及施行细则》《特许法案内》《专卖特许者方针》,按语谓"泰西所以富强,所以智慧","权利不专,谁则竭诸?"③外国宪法书按语谓"族有谱,国有法"。该类比看似康有为对宪法的理解还是很粗浅的,不过其谓"其《内外臣民公私权考》,人有自主之权,又有互制之法",是"泰西良法"④,康有为的宪法观念在其时已区别于传统意义。法律书按语谓泰西公法以公理人心相通而多有相同。中国"《春秋》之学不明,霸者以势自私其国,而法乱矣","观其议律,能推原法理,能推人性中之法,直探真源","所谓宪法权利,即《春秋》所谓名分也,盖治也,而几于道矣"。其对宪法权利的理解,已经考虑到了名分的界分及近于"道"的正当性价值。其提出"罗马法""可考泰西之本";英、德法"可见霸国之治","今吾中国之法,非经义之旧矣","外之邦交,内之民法,皆当与人通之"。⑤

　　康有为的《日本变政考》主要是服务于当时变法的需要,对日本变政措施进行了有针对性的重述。如就日本大政院颁《谗谤律》及《新闻纸条例》事,康有为评论了前者而对后者未置一词,其意在打击"谣惑人心、混淆国是"者,强调日本变法"一民观听",实际上也是用强力手段为变法扫除障碍。⑥ 康有为戊戌变法时期的变法奏议多有其对日本变政观察的影响。比

　　① 康有为:《日本书目志》,载姜义华、张荣华编校《康有为全集》(三),中国人民大学出版社,2007,第335页。

　　② 康有为:《日本书目志》,载姜义华、张荣华编校《康有为全集》(三),中国人民大学出版社,2007,第335—336页。

　　③ 康有为:《日本书目志》,载姜义华、张荣华编校《康有为全集》(三),中国人民大学出版社,2007,第341页。

　　④ 康有为:《日本书目志》,载姜义华、张荣华编校《康有为全集》(三),中国人民大学出版社,2007,第344页。

　　⑤ 康有为:《日本书目志》,载姜义华、张荣华编校《康有为全集》(三),中国人民大学出版社,2007,第357页。

　　⑥ 康有为:《日本变政考》卷六,载姜义华、张荣华编校《康有为全集》(四),中国人民大学出版社,2007,第182页。

如大誓群臣之议,康有为奏议和代拟奏折中视"大誓群臣"为变法首务,《日本变政考》开篇即谓日皇"申誓文五条",康有为按语谓之"为维新自强之大基",并以《甘誓》《汤誓》《牧誓》《泰誓》等经义为据,以大誓群臣为先圣之法。[①] 又如拔擢才俊之议,日本维新之始即"破除资格助藩之旧,采用草茅才俊之言",中国应改革用人制度,"六经之义,但闻用才能而已,未闻资格也",并以日本三条实美、岩仓具视二人"首倡变法者,为开新元功,从草茅拔用者,为日本名相第一"。[②] 再如立制度局为议政官之议,日本制度局"撰叙仪制、官职诸规则,专立此局,更新乃有头脑,尤为变政下手之法"。不同于行法之官,日本另设参与局于宫中议政。其理由在草茅游士草定章程变更大政"必见嫉于大臣,谤议沸腾",不能任此重任,须人主朝夕亲临商榷以重其事。[③] 其中康有为特别强调大政中"议政、行政二义",专设议局,"创立政体,造作法制,决定机务"。议政之官须从"草茅之士"中选拔,因"百政皆新,旧官旧例咸与维新相枘凿"。[④] 租税、驿递、货币、权量、结约、通商、拓疆、宣战、讲和、招兵聚粮、定兵赋等大事,中国谋及一二枢臣,日本则"尽付天下之庶人贤士"。不过中国风气未开,应君权"乾纲独断",但当"妙选通才,以备顾问"。[⑤]

《日本变政考》中关于日本新法令,康有为虽论述不够深刻透彻,却也能开一时风气。"日人每立一法,必遣人游历欧西,采察各国法度利害得失。故其立法精详,损益良善,能致富强",西法骤行东方难,而"采东方同文同俗

① 康有为:《日本变政考》卷一,载姜义华、张荣华编校《康有为全集》(四),中国人民大学出版社,2007,第105—106页。

② 康有为:《日本变政考》卷一,载姜义华、张荣华编校《康有为全集》(四),中国人民大学出版社,2007,第107—108页。

③ 康有为:《日本变政考》卷一,载姜义华、张荣华编校《康有为全集》(四),中国人民大学出版社,2007,第108页。

④ 康有为:《日本变政考》卷一,载姜义华、张荣华编校《康有为全集》(四),中国人民大学出版社,2007,第114页。

⑤ 康有为:《日本变政考》卷一,载姜义华、张荣华编校《康有为全集》(三),中国人民大学出版社,2007,第117页。

之法""行之甚易",①且日本"一法一制,未尝约略形似,皆有专员查考","归则详陈所得,由议院议而行之"。② 康有为在该书中按照纪年史的方法依次记述了日本主要是官制改革措施和新定法令情况:置商务大臣、定商律,欲兴商务者不可不留意;定《出书版条例》,奖励版权;定《民部省规则》;航海规则、邮船商船规则;定海外留学规则;颁布新律纲领,厘正旧幕府刑法,定《新律纲领》六卷、律名十四、图八,共一百九十二条,及《陆海军刑律》《奏官位犯罪条例》;《厘定官制章程》;定《矿山规则》;定《国立银行条例》,定监狱则;《港内泊船规则》、田地抵当规则,定诸税规则;改定《铁道犯罪规则》,定《蚕种买却规则》《新旧公债证书发行条例》《官撰(选)留学生旅费规程》③。日本官制,亦多可采,如民事局专任民事,商务局、农务局专任农商,工务局讲制造(我工部对应其土木局),其他如地理局、地质局、山林局、水产局、翻译局、编辑局等。翻译与编辑不同,翻译专译外国书,编辑专编应读之书。此数局我"皆宜行之"。④

　　在以上所列举的康有为呈递皇帝的几种著述中,包含了其时对于日本通过维新达致"富强"的较为全面的认识。这种认识虽以康有为的论说为例,但正如前面不断论及的,康有为所述所论在其时并非个例更非偏见。康有为的系统述论实为当时先进人士的代表。这些时代议题所涉及的日本政治改革、法律改革及相关观念体系改革,对于中国后来的"现代中国"国家治理转型与法秩序重构提供了某种路径依赖。

---

　　① 康有为:《日本变政考》卷九,载姜义华、张荣华编校《康有为全集》(四),中国人民大学出版社,2007,第217页。
　　② 康有为:《日本变政考》卷二,载姜义华、张荣华编校《康有为全集》(四),中国人民大学出版社,2007,第144页。
　　③ 康有为:《日本变政考》,卷二、卷三、卷四,载姜义华、张荣华编校《康有为全集》(四),中国人民大学出版社,2007,第138—158页。
　　④ 康有为:《日本变政考》卷十,载姜义华、张荣华编校《康有为全集》(四),中国人民大学出版社,2007,第233页。

第二节　戊戌变法时期"富强"话语
实践在国家治理转型中的意义

戊戌变法前后,虽在旧的框架内整顿了旧法、颁行了一些新法,但在法律体系和法律实践上远未实现对法秩序的重构。不过这一时期的法律变革及变革吁求中所表现出的法理念已为"现代中国"的国家建设提供了初步基调,深刻地影响着近代中国的国家治理道路和法秩序建构蓝图。

一、国家主义的理论基调

维新派思想家从自由主义到集权主义的转变,是变法维新进入权力体系后的政治改革策略,也是变法失败后面对社会复杂局势的谨慎选择。同时也不可忽视其从一开始的自由主义主张即服务于国家"富强"这一目标,而有其最终导向集权主义的内在逻辑。"自由主义或规范主义不是反社会的,而是成就于社会之中",个人权利和自由的实现是"以一个社会共同体为实践基础的"。[①] 梁启超在戊戌前后主张"国者积民而成,舍民之外,则无有国"[②],认为"国之有民,犹身之有四肢、五脏、筋脉、血轮也",其身不能独

[①] 高全喜:《政治宪法学的兴起与嬗变》,《交大法学》2012 年第 1 期。

[②] 梁启超:《论近世国民竞争之大势及中国前途(1899 年 10 月 15 日)》,载汤志钧、汤仁泽编《梁启超全集》(二),中国人民大学出版社,2018,第 206 页。该文发表于《清议报》第三十册,光绪二十五年九月十一日(1899 年 10 月 15 日)出版,署名"哀时客稿"。在同年的《爱国论》中也有类似述论,参见汤志钧、汤仁泽编:《梁启超全集》(一),中国人民大学出版社,2018,第 691 页。在 1902 年的《保教非所以尊孔论(1902 年 2 月 22 日)》中,梁启超仍论及"国者,积民而成,舍民之外更无国",参见汤志钧、汤仁泽编:《梁启超全集》(二),中国人民大学出版社,2018,第 677 页。

存①。这种强调部分对整体重要性的"契约论—机械论"视角在1903年前后发生了"国家主义"转向，梁启超开始倾向于将国家理解为具有自身意志的"法律人格"和不同于其组成部分功能的"有机体"。②"吾固首倡民权而专主立宪者，非主专制，所不待言。但具虚心以研天下之公理"，德国威廉皇帝通过立宪下的权力集中整合联邦进而强盛的"由宪政返专制""逆向操作"③，"颇适今世政治之宜"，"则德、法两者相形，足以供我之借鉴"④。这种转向为民国以后梁启超的政制主张提供了理论基础。

　　从国家竞争的角度看，时人即使是早期对个人的关注也是具有强烈国家主义倾向的。"国家"是梁启超关乎社会、文化、政治改革的一切思考的终极关怀。在第二章已述及的梁启超开民智论说中，其开民智的方法已具有某种反自由主义倾向。其民权所立在民智，以印度为例，随其民智之开，虽受英人治却一改从前印人只能为第六七等事业，第二等以下事业皆印度人所为，因此民智立则国亡而"不能灭吾权"。⑤且不论其所言印度事虚实几分，其还是从国家竞争的角度谈论民权、民智。民智之外，还须开绅智（议员的训练）、官智（爱民、治事的训练），开民智、绅智须"假手于官力"，开官智则需更高级的官员（及通人作为教习）的训导。⑥层层训导似已看出孙中山先生"训政"的萌动。

---

① 梁启超：《新民说》叙论，载汤志钧、汤仁泽编《梁启超全集》（二），中国人民大学出版社，2018，第528页。此篇原载《新民丛报》第一号，光绪二十八年正月初一（1902年2月8日）出版，已不是严格意义上本文讨论的戊戌前后，但其相关思想主张尚未有根本变化。

② 章永乐：《旧邦新造：1911—1917》，北京大学出版社，2011，第90—91页。"契约论—机械论"视角也曾受到其他学者的质疑，而认为这一"个人"与"国家"同构逻辑是理学连续性思维的表现，参见赖骏楠：《梁启超政治思想中的"个人"与"国家"》，《清华法学》2016年第3期。

③ 干春松：《康有为与儒学的"新世"》，华东师范大学出版社，2015，第138页。

④ 康有为：《德国游记》，载姜义华、张荣华编校《康有为全集》（七），中国人民大学出版社，2007，第444页。

⑤ 梁启超：《论湖南应办之事》，载汤志钧、汤仁泽编《梁启超全集》（一），中国人民大学出版社，2018，第433页。

⑥ 梁启超：《论湖南应办之事》，载汤志钧、汤仁泽编《梁启超全集》（一），中国人民大学出版社，2018，第436—438页。

民国以后,康有为的立场在许多方面已经类似于曾经的论敌张之洞。"吾久游欧美十余年,凡欧美之美善,有补于中国者,吾固最先提倡取法之",然"去短取长,以补中国而已,非举中国数千年文物典章而尽去之也"。康有为还批评说国内往往茫然于"欧美之立国根本"而只顾"一切法欧美","操觚执简,而为宪法律令,曰法欧美。抄某国之条文,则曰足为自由之保障矣。学某国之政俗,则曰足致国民之治安矣"。[①] 康有为对"专制"的批判并不是对政体的批判,而是对事权的批判。这种事权不局限于君主,"君之专制其国""夫之专制其家"。[②] 国家权威作为一统体制得以保持的重要保证,政治宣传也是一个重要推动因素。这种因素在康有为看来就是再造儒学。甚至其以新圣自居,都一定程度上表明了这种新挑战下试图增强国家权威进而服务于高效调动社会资源以实现快速富强的重要途径。

从政府与民众的关系来说,中国历来重视民生问题却在"休养生息"之外一直没有足够的国家能力支撑有利于民生的公共政策。到了清末,从同治中兴、洋务运动、戊戌变法乃至后来的新政改革,都希望通过强化国家的社会动员能力激活竞争要素,却在宏大叙事中将民生置于国家"富强"之下。每一项改革都需要民众对新增课税的支持。在新型财政体系的形成中,民众表现出对政治权威的离心力的同时,又无形中提升了民众代表(如士绅)在新型国家治理机制中的影响和地位。

这种以政治动员力为目标的改革结果,是晚清十年清廷对地方控制力的弱化。士绅和地方督抚在斗争和合作中共同指向对中央权力扩张的抵制,国会请愿运动等社会运动表明了这种变化。从权力结构上来看,中央集权和地方分权(往往以地方自治为表现)之间都在以自身实力为两种国家形态背书,事实上也从来没有任何历史证据能够证明只有中央集权模式才是超强国家能力模式。中央与地方之间或许正是有宪法平衡机制才能获得强大的动员能力,任何极端都将无法完成这一目标。从权力正当性来看,曾经

---

① 康有为:《中国颠危误在全法欧美而尽弃国粹说》,载姜义华、张荣华编校《康有为全集》(十),中国人民大学出版社,2007,第130—131页。

② 康有为:《大同书》,载姜义华、张荣华编校《康有为全集》(七),中国人民大学出版社,2007,第36页。

中央集权主要表现在中央及京畿之地,中央对地方的管理则是放权甚至是放任。礼制是维系社会结构和社会运转的重要一环,道德感召或者是虚伪的口头道德感召是维系一统结构的重要观念制度。清末以后随着列国的强力角逐,力似乎超越"理"而成为关注的重点。随着北洋乱局的到来,这种缺少正当性的国家能力问题也随之瓦解了。

梁启超 1902 年在《中国专制政治进化史论》中把政体理论引入中国,但其政体思维是公约式的,将复杂问题简单化了。其后来发现 1902 年至 1916 年,中国的改革引入了西方政体却并没有带来实质的政治变化。如果将 20 世纪中国政治发展故事当作一个整体来看待,其时中国的国家现代化确实是"一个关于中央集权的国家不屈不挠地向前迈进的故事"。①

提升国家财政军事能力是各界"富强"共识,各界主张有所不同的是如何提升的问题。诸如财政能力问题,政府的财政汲取能力无疑是达致富强的前提,但梁启超等人更关注的是汲取能力的可持续性:通过现代财政监督制度、政治参与机制使国家财政能力规范化,最终实现现代国家建设意义上的"富强"。"今世之言治国者,莫不以练兵理财为独一无二之政策",民权则为二者有效推进的保障。就练兵而言,"国之有兵,所以保护民之性命财产也","名为卫国,实则自卫也","奴为主斗,未有能致其命者","人自为战,天下之大勇莫过于是";就理财而言,"国之有财政,所以为一国之人办公事也",取之于民用之有益于公众之事,西国有预算、决算又以理财之案决于下议院,"一切与民共之",民无怨词,"虽有重费之事,苟属当办者,无不举焉"。② 从这个意义上说,这种国家主义视角或选择性地对西方法的价值体系予以重构,有意无意地降低了个人、自由等价值在法秩序中的地位,却并最终不会忽视作为政治参与主体的国民及其素养与能力问题。

---

① ［美］孔飞力:《中国现代国家的起源》,陈兼、陈之宏译,生活·读书·新知三联书店,2013,第 119 页。

② 梁启超:《爱国论》"爱国论三·论民权",载汤志钧、汤仁泽编《梁启超全集》(一),中国人民大学出版社,2018,第 697—699 页。《爱国论》原载《清议报》第六册、第七册、第二十二册,光绪二十五年年正月十一日、正月二十一日、六月二十一日(1899 年 2 月 20 日、3 月 2 日、7 月 28 日)出版。

二、国家建设中的国民素养与能力

梁启超谓"全世界中立宪国以数十计,而其声光烂然日进无疆者,仅数国也",此因"法乃其治具,而所以能用此具者,别有其道焉,苟无其道,则虽法如牛毛,亦不过充架之空文而已"。这里梁启超将"道"归结为官方、士习、民风。① 归根结底,立宪国家建设不在宪法条文的发布,而在国民素养和能力的形成。

"国民"一词在古文献中的基本含义是"一国之民"。② 1898 年,《保国会章程》将"国民"与"国地""国权"并列,其"国民"之义已不局限于"一国之民"的事实描述而具有新的指向。康有为在戊戌前后大力宣扬保教论,主张成立"保教公会"。梁启超到了清末新政时期即反前说,以思想自由、信教自由的法理反对将儒学作为宗教看待。1902 年春,梁启超作《保教非所以尊孔论》开始明确反对儒学宗教化,将"孔教"界定为孔学教化体系而非宗教信仰。其反对国教的原因是防止握一国"主权"者"设立所谓国教以强民使从",并认为"孔教之精神非专制的而自由的也",而文明进化以"思想自由"为其总因。③ 国家的独立有赖于国民的独立,无独立品格的一国之人"各各放弃其责任,而惟依赖之是务",是奴隶的集合,也就支撑不起一个独立的国家。与其空喊国家"拒列强之干涉而独立"、民族"脱满洲之羁轭而独立",不如先讲个人独立而致机体独立;先讲道德上的独立而致形势上的独立。④

同时期的康有为虽明确"文明"与"野蛮"之分,但仍强调孔教及孔子为教主之义。其"信仰自由""宪法大义"之谓又极为笼统乃至含糊不清。相较

---

① 梁启超:《自由书》"治具与治道",载汤志钧、汤仁泽编《梁启超全集》(二),中国人民大学出版社,2018,第 183 页。《治具与治道》一文录自《国风报》第四期,宣统二年二月十一日(1910 年 3 月 21 日)出版,署名"沧江",原与《学问与禄利之路》《不悦学之弊》《警偷》三篇列总标题为《岁晚读书录》。

② 《词源》,商务印书馆 1977 年版,第 573 页。

③ 梁启超:《保教非所以尊孔论(1902 年 2 月 22 日)》,载汤志钧、汤仁泽编《梁启超全集》(二),中国人民大学出版社,2018,第 679—680 页。

④ 梁启超:《十种德性相反相成义(1901 年 6 月 16 日、7 月 6 日)》,载汤志钧、汤仁泽编《梁启超全集》(二),中国人民大学出版社,2018,第 285—287 页。本篇为梁启超在东京大同高等学校讲义,据其自述当时未定稿,过而辄忘,取同学诸子笔记增改登报。

于《杰士上书汇录》（卷二）本奏折，经过修饰的《戊戌奏稿》本《请尊孔圣为国教立教部教会以孔子纪年而废淫祀折》则更为明确地提出了"文明"与"野蛮"的区分，谓中国各类鬼神祭拜"于俗尚无所风导，徒令妖巫欺惑"，"欧美游者，视为野蛮，拍像传观，以为笑柄，等中国于爪哇、印度、非洲之蛮俗而已"。《戊戌奏稿》本中倡导孔子为绝对教主，但此种孔教已不同于"立天下义""立宗族义"的孔子之道，"而今则纯为国民义，此则礼律不能无少异，所谓时也"；另一方面又以西方政教分离为参照，改变传统治教合一旧俗，主张"治教分途"，以为如此则"实政无碍而人心有补"，为世俗皇权留下了空间。不过，两折对改"野蛮"为"文明"的方法都不是简单地学习列强，而是借鉴列强教会的精密，立孔教在正风俗，发明圣人真义理。《戊戌奏稿》本仍乘前说认为中国有"过尊之弊"，对祀法有颠覆性的改变。其中引《谷梁传》《论语》《孟子》及董仲舒等说证之，谓孔孟大义，许人人祷祀天帝，古者尊卑过分，故殊祀典，以为礼秩，岂所论于今升平之世哉？何况民间祀天本不能禁，"既久听之而不禁，何不因而正定其礼乎？"即使欲禁而基督教"皆曰膜拜上帝"。至此，康有为提出"信教自由，为宪法大义，万无禁理"。不过这里说的宪法大义，似又不知所云。所谓信教自由，包括信洋教的自由，是在禁止不了洋教的情势下主张立孔教以与洋教竞争。两稿本都称孔子为教主，《戊戌奏稿》本更明确孔子是教主而非"学行高深之圣者"，并以老子、墨子二教之弊及其在汉武帝后的败亡比较，提出孔子至此"为中国教主，乃定一尊"，且"若不假神道而能为教主者，惟有孔子，真文明世之教主"，进而明确提议立教部、教会以"治教分途"。①

梁启超所谓文明与野蛮之分"恒以国中全部之人为定断"。野蛮之人"仰仗人为之恩威，而不能操其主权于己身"，文明之人"能治其身"，"范围天地间种种事物于规则之内，而以己身入其中以鼓铸之"。"国之治乱，常与其文野之度相比例"，"民智、民力、民德不进者"，"虽有英仁之君相行一时之

① 康有为：《请尊孔圣为国教立教部教会以孔子纪年而废淫祀折》，载姜义华、张荣华编校《康有为全集》（四），中国人民大学出版社，2007，第96—98页。

善政"终不能长久,"故善治国者必先进化其民"。① 1899 年,梁启超已认识到近世之竞争实国民之竞争,国家竞争的时代已经过去,其时各国竞争的"原动力""乃起于国民之争自存"。归根到底,"非属于政治之事,而属于经济之事"。中国之弊即在于"不知有国民"而误认为"国家之竞争","民不知有国,国不知有民",不能以"国民力"以御之。欧人恰知中国"病源",知我"民无爱国心","以猛力威我国家",我"国家之力"不足以抗;"知政府不爱民","而常以暗力侵我国民",铁路、矿务、关税、租界、传教等事,皆利用政府与各省官吏"钤压我国民",使我国民"永无觉悟之时"。②

戊戌变法运动所开启的政治参与诉求,为新"国民"提出了要求。戊戌变法的失败则迫使梁启超等人将上层精英推动改革的"富强"方案暂时搁置,而转向思索实现"富强"的更为基础性的方案:国民培养和塑造的"新民"问题。③ 至 1899 年,梁启超已明确提出宪法实与民权相表里,揭示奥地利首相梅特涅"造假宪法,名为许民权,实则压抑民权",俄、普、奥三帝"欲以专制民贼之政大施于各国"。④ 随着梁启超戊戌之后东渡日本和游历欧洲,其从曾经的"君民共主"逐渐关注立宪政体(包括作为立宪过渡的开明专制政体、君主立宪政体、共和立宪政体等),关注西方议会职权及其具体运作。1902年年初创刊的《新民丛报》章程即明确其"欲维新吾国,当先维新吾民"的塑造"新民"第一宗旨及培养"国家主义"和"国家思想"的第二宗旨,并通过梁启超在该报连续发表的《新民说》系列文章得以发挥。1904 年,《论政治能力》进一步提出中国真正可忧者非思想而是能力,"思想不足恃,惟能力为足

---

① 梁启超:《自由书》"文野三界之别",载汤志钧、汤仁泽编《梁启超全集》(二),中国人民大学出版社,2018,第 52—53 页。《文野三界之别》一文录自《清议报》第二十七册,光绪二十五年八月十一日(1899 年 9 月 15 日)出版,署名"任公"。

② 梁启超:《论近世国民竞争之大势及中国前途》1899 年 10 月 15 日,载汤志钧、汤仁泽编《梁启超全集》(二),中国人民大学出版社,2018,第 207—209 页。

③ 夏晓虹:《阅读梁启超》,生活·读书·新知三联书店,2006,第 248 页。

④ 梁启超:《自由书》"地球第一守旧党",载汤志钧、汤仁泽编《梁启超全集》(二),中国人民大学出版社,2018,第 49—50 页。《地球第一守旧党》一文录自《清议报》第二十六册,光绪二十五年八月初一日(1899 年 9 月 5 日)出版,署名"任公"。

恃"，中国人缺少"组织—合式、有机、完全、秩序、顺理、发达之政府"的政治能力。①　"国民"议题作为立宪政体乃至现代富强国家的重要组成部分，集中出现于梁启超主持的《新民丛报》各栏目中。②

梁启超于 1902 年至 1906 年以"中国之新民"署名陆续发表于《新民丛报》第一号至第七十二号的"论说"栏中的文章后来结集出版为《新民说》。《新民说》中梁启超从国家主义立场强调忠孝的意义："言忠国则其义完，言忠君则其义偏"。其对于"忠"德的诠释强调"报国之大义"，更强调君所兼有的报国义务和"不负托付之义务"③，已超出传统义而赋予现代国家的国民要求意义。至 1912 年其作《中国道德之大原》，更进一步说明了忠君的历史渊源。忠君"非对于君主—自然人之资格而行其忠，乃对于其为国家统治者之资格而行其忠"，因此君主如不能尽其对国家之职务，即已失统治国家之资格进而丧失人民忠之之义务。"古代国家统治权集于君主，国家抽象而难明，君主具体而易识"，君实承载着古代国家象征，但此忠君之义"在经传者数见不鲜也"。④

如果说国民是私人之所结集，则"国权者，一私人之权利所团成也"，"欲使吾国之国权与他国之国权平等"，"必先使吾国民在我国所享之权利与他

---

① 梁启超：《新民说》第十九节"论政治能力"，载汤志钧、汤仁泽编《梁启超全集　第二集　论著二》，中国人民大学出版社，2018，第 645 页。此篇原载《新民丛报》第四十九、六十二号（第三年第一、十四号），光绪三十年五月十五日、光绪三十一年正月初一日（1904 年 6 月 28 日、1905 年 2 月 4 日）出版。

② 赖骏楠：《清末〈新民丛报〉与〈民报〉论战中的"国民"议题》，《法学研究》2018年第 4 期。

③ 《新民说》第六节"论国家思想"，载汤志钧、汤仁泽编《梁启超全集》（二），中国人民大学出版社，2018，第 545 页。此篇原载于《新民丛报》第四号，光绪二十八年二月十五日（1902 年 3 月 24 日）出版。

④ 梁启超：《中国道德之大原（1912 年 12 月 16 日、1913 年 1 月 16 日）》，载汤志钧、汤仁泽编《梁启超全集》（八），中国人民大学出版社，2018，第 457 页。

国民在彼国所享之权利相平等"。① "有国家思想,能自布政治者,谓之国民。"②国家主人是"一国之民",中国积弱的原因是梁启超关心的重要议题。可以说梁启超更多关注的是富强之道,其原因之一则在国人皆为奴隶,官民隔阂。③

梁启超在强调权利思想的重要性之后,又将"私德"作为培养国民第一要义,认为公德由私德推衍而来,"养成私德,而德育之事思过半焉矣"④。中国传统中本有完备私德却未带来社会风俗道德醇美,至清末更由专制政体、帝王霸术、外争内乱、生计憔悴、学术无力等因素导致了私德堕落。⑤ 其基本主张是以经过改造的中国传统私德发展出现代国家和社会所需公德,其道德论的落脚点即在养成国民资格的公德。这些公德包含其所认为的国民政治能力要素,其实质内容都带有道德或伦理层面上强制性戒律的意味。即使权利、自由的界定也与阳明学意义上的"良知""良能"相关。⑥ 理解梁启超将诸多道德义务加诸个人,则能够理解其后来为何放弃法家法治主义而

① 梁启超:《新民说》第八节"论权利思想",载汤志钧、汤仁泽编《梁启超全集 第二集 论著二》,中国人民大学出版社,2018,第563页。本篇原载《新民丛报》第六号,光绪二十八年三月十五日(1902年4月22日)出版。梁启超曾谓"国民者,以国为人民公产之称也。国者积民而成,舍民之外,则无有国",这一论说在梁启超早期文章中曾反复出现,前已有论,这一说法还可参见梁启超:《论近世国民竞争之大势及中国前途(1899年10月15日)》,载汤志钧、汤仁泽编《梁启超全集 第二集 论著二》,第206页。另外,前已论及后来梁启超倾向于将国家理解为具有自身意志的"法律人格"和不同于其组成部分功能的"有机体",但就国民权利观念而言,其主张似未有大的变化。

② 梁启超:《新民说》第六节"论国家之思想",载汤志钧、汤仁泽编《梁启超全集》(二),中国人民大学出版社,2018,第543页。

③ 梁启超:《中国积弱溯源论(1901年4月29日至7月6日)》,载汤志钧、汤仁泽编《梁启超全集》(二),中国人民大学出版社,2018,第255—260页。

④ 梁启超:《新民说》第十八节"论私德",载汤志钧、汤仁泽编《梁启超全集》(二),中国人民大学出版社,2018,第632—633页。此篇作于梁启超1903年游美洲之后,原载《新民丛报》第三十八、三十九号合刊,第四十、四十一好合刊,第四十六、四十七、四十八号合刊,光绪二十九年八月十四日、九月十四日、十二月二十九日(1903年10月4日、11月2日,1904年2月14日)出版。

⑤ 梁启超:《新民说》第十八节"论私德",载汤志钧、汤仁泽编《梁启超全集》(二),中国人民大学出版社,2018,第634—639页。

⑥ 赖骏楠:《梁启超政治思想中的"个人"与"国家"》,《清华法学》2016年第3期。不过该文提出梁启超是"义务导向"而非"权利导向",或又值得商榷。

转向礼治。因为法治主义作为物化主义不能完成这个新民任务，而这一新民任务不仅是为启蒙，是为提升国家能力的富强之道服务，与戊戌变法时期的救亡之道是相通的。辛亥后梁启超很少再用私德公德的说法，更多用国民资格、国民常识来表达爱国思想、权利、自由、合群、自治这类政治社会观念。①

康有为在戊戌政变后也持新民之议。《戊戌奏稿》本《告天祖誓群臣以变法定国是折》《进呈突厥削弱记序》（此处突厥指奥斯曼）中提及国民，从使用语境而言更多是从保有国土维护社稷的角度，与古典用法并无实质区别。② 不过这并不是说该时期康有为并无西方现代意义上的国民意识。《请开学校折》即主张仿效西方"国民学"设置教育体系。③《戊戌奏稿》本《请厉工艺奖创新折》应为《请以爵赏奖励新艺新法新书新器新学设立特许专卖折》的追忆之作。就实质而言，二折并无差别，其中也提出开民智以求富强之道。只是《戊戌奏稿》本讲到"孔子时圣，以其知新，故新民为先，礼时为大"，而求"发明新民之义，以知新为学识，以日新为事业，奉我圣训，采彼良规"，以求富强而"无敌于天下"。④ 追忆之作更明确了新民、新知之于"富强"的意义。

梁启超在《开明专制论》中提出共和立宪制中国民通过议院掌握立法权，需要国民有"行议院政治之能力"。这一能力包括"议院大多数人，有批判政治得失之常识"和"发达完备之政党"及成熟稳定的交替执政机制。就国民性而言，梁启超反对汪兆铭等革命党人所主张的"但能爱自由、乐平等，即谓之有共和精神"，认为共和国民资格在"自治力"与"公益心"这两个侧

---

① 陈来：《梁启超的道德思想——以其孔孟立教论为中心》，《清华大学学报（哲学社会科学版）》2017 年第 2 期。

② 康有为：《告天祖誓群臣以变法定国是折》，载姜义华、张荣华编校《康有为全集》（四），中国人民大学出版社，2007，第 309 页；康有为：《进呈突厥削弱记序》，载姜义华、张荣华编校《康有为全集》（四），中国人民大学出版社，2007，第 311—312 页。

③ 康有为：《请开学校折》，载姜义华、张荣华编校《康有为全集》（四），中国人民大学出版社，2007，第 315 页。

④ 康有为：《请厉工艺奖创新折》，载姜义华、张荣华编校《康有为全集》（四），中国人民大学出版社，2007，第 301 页。

重义务的标准。其目的则在于塑造"国家"而避免混乱。① 梁启超多次强调专制政体下的人民缺乏"自治"习惯、不识团体"公益"而"各营其私",并建构出以"自治心"和"公益心"为核心标准的、有关"共和之真精神"的国民资格。在梁启超主持《新民丛报》和革命党主持《民报》的论战中,梁启超一直坚持中国"国民程度"具备共和立宪的能力,革命派则在论战中不断调整最终也认为中国需要一个过渡时代以提高国民能力。② 教育国民的方式包括地方自治之类的实践教育。事实上,《开明专制论》中梁启超的开明专制构想随着清廷假立宪的"恶政府"充分暴露而被放弃,而改为以原本不宜立刻实施的议会政治作为制约监督政府的重要手段。③ 梁启超在预备立宪后积极组建政治组织、发起国民运动,逐步摆脱了国民程度决定论和开明专制论。不过梁启超对国民政治素养及政治能力问题的关注仍是持续的,或为后来由法治主义转向礼治主义的促动因素之一。

梁启超后来的"开明专制论"与戊戌变法时期"康党"开制度局的主张有一定的相通之处。"开明专制",据梁启超自称系"祖述笕克彦氏之说,谓立宪过渡民选议院未成立之时代云尔",与蒋观云所谓"宪胚""非有二物","用此名则有所激而言","以刺激一般人之脑识"。④ 梁启超后来提出,因"人民程度未及格""施政机关未整备"等原因,宜以"开明专制"为立宪过渡、立宪准备,这个过渡期则要 10 年至 15 年。这种主张与同盟会《军政府宣言》所谓军法之治、约法之治、宪法之治中的军法、约法之治作为宪法之治的

---

① 梁启超:《答某报第四号对于〈新民丛报〉之驳论(1906 年 5 月)》,载汤志钧、汤仁泽编《梁启超全集 第五集 论著五》,中国人民大学出版社,2018,第 556 页。本篇原题《答某报第四号对于本报之驳论》,署名"饮冰",原载《新民丛报》第七十九号(第四年第七号),光绪三十二年四月初一(1906 年 4 月 24 日)出版,系驳论《民报》第四号《驳〈新民丛报〉最近之非革命论》一文对《开明专制论》的驳论所作(1906 年 5 月 1 日出版,故《新民丛报》该号出版应有衍期)。

② 赖骏楠:《清末〈新民丛报〉与〈民报〉论战中的"国民"议题》,《法学研究》2018年第 4 期。

③ 赖骏楠:《晚清时期梁启超宪法思想中的"人民程度"问题》,《清史研究》2016 年第 1 期。

④ 丁文江、赵丰田编《梁启超年谱长编》,上海人民出版社,1983,第 366 页。"宪胚"出自蒋观云所著《宪政胚论》,载《梁启超年谱长编》,第 366 页。

过渡具有某种相似性，①而革命派建国思想的形成是得益于其与立宪派的论战的。陈天华等革命派甚至明确提出革命之后以"开明专制"为"兴民权""改民主"的预备，与梁启超所不同者主要在于中国国民"已开化"仅因长期受专制君主压制而需要改变外部环境使其恢复，这个时间则五七年即可。②汪兆铭（精卫）后来也承认"立宪之先，必有开明专制时代"，只是清政府这"异族"政府指望不上，革命须与教育并举。③ 不过汪兆铭提出教育贯穿于革命之前、之时、之后三个阶段，事实上真正能实行教育的也只能是革命成功之后。④ 民初孙中山、袁世凯往往以公司比国家，袁世凯在 1912 年 6 月的内阁危机中反对总统不负责任的责任内阁制⑤，意谓国民是国家的所有人，总统是代理国民掌管其资产的人，而国务员是负责具体经营的人。康有为在辛亥之后虽仍希望为清帝留一虚君之位，但也承认革命"由国为君有，革而为国民公有"符合《礼运》"大道之行也，天下为公"之义。⑥ 只是，国民虽然取得国家的所有权，但"吾国民虽离幼稚矣，可免保姆，可去严师，而未至及年也，尚须人代理其家政，保其身体也"。⑦ 民初康有为、孙中山、袁世凯都承认国民是享有国家主权的所有者，但国家还须有代理人代人民行使统治权，这是戊戌以来主权思想的时代反映，也是时代思想的延续。这些在一定程度上为孙中山"建国三时期说"提供了思想渊源。

---

① 侯宜杰：《二十世纪初中国政治改革风潮——清末立宪运动史》，人民出版社，1993，第 160 页。

② "醒悟之后，发奋自雄，五年小成，七年大成，孰能限制之？"参见思黄（陈天华）：《论中国宜改创民主政体》，《民报》第 1 期。

③ 汪精卫（汪兆铭）：《再驳新民丛报之政治革命论》，《民报》第 6—7 期。

④ 赖骏楠：《清末〈新民丛报〉与〈民报〉论战中的"国民"议题》，《法学研究》2018 年第 4 期。

⑤ 朱宗震、杨光辉编：《民初政争与二次革命》（上），上海人民出版社，1983，第 51 页。

⑥ 康有为：《救亡论》，载姜义华、张荣华编校《康有为全集》（九），中国人民大学出版社，2007，第 228 页。本文撰于 1911 年武昌起义后不久，原载《不忍》第七册，1913 年 8 月出版，收入《不幸而言中不听则国亡》一书，参见汤志钧编：《康有为政论集》（下册），中华书局，1981，第 678 页。

⑦ 康有为：《中华救国论》，汤志钧编：《康有为政论集》（下册），中华书局，1981，第 721 页。本篇原载《不忍》第一册，1913 年 2 月出版，康同璧《康南海先生年谱续编》谓作于 1912 年 6 月（壬子五月），参见《康有为政论集》下册，第 731 页。

三、国家现代化中的主权问题

"富强"作为治道所引致国家治理转型的基础是国家观念的萌生。晚清的国家现代化是一个融入国际社会的独立民族国家构建过程①,是寻求废除治外法权和不平等条约,进而谋求建设主权独立、法权完整的现代国家的过程。

(一)主权观念:从萌生到清晰

长期以来中国观念中只有"天下",没有"国家",环视周围列国皆"蛮夷","不以平等国视之"。② 鸦片战争后中国在融入世界秩序的漫长过程中,少数开明官僚和知识分子将中国纳入国际条约秩序的思考并未获得多少社会认同。在较长时间里,王韬等启蒙思想家意识到国家利权屡屡丧失,当局却"因循自域,以外交为耻,而时作深闭固拒之计",表现出对"国家主权"的关注,提出商约既定即应遵守,"我之所宜与西国争者,额外权利一款耳,盖国家之权系于是也"。③ 不过,正如郑观应所强调的"一切章程均由各国主权自定"国际法通例,该时期启蒙思想家们所关注的更多是对外交往中利权与自主之权的丧失。虽然随着与洋人交往的深入更多人逐渐打破了天朝大国的梦幻,放弃或修正了"华夷之辨"的观念,但对列国并立竞争的关注并没有完全从民族国家的角度认识主权问题。不过其时的论说中已开始关注国际交往中的平等权利,认为国家的平等依赖于国家力量,而这已涉及现代国家建设问题:"欲公法之足恃,必先立议院,达民情,而后能张国威,御外侮。"④

戊戌变法时期中国面临空前的瓜分危机,时人对主权的关注动力来自

---

① 郭绍敏:《清末立宪与国家建设的困境》,河南大学出版社,2010,第45—46页。

② 梁启超:《爱国论》"爱国论一",载汤志钧、汤仁泽编《梁启超全集》(一),中国人民大学出版社,2018,第691页。《爱国论》原载《清议报》第六册、第七册、第二十二册,光绪二十五年年正月十一日、正月二十一日、六月二十一日(1899年2月20日、3月2日、7月28日)出版。

③ 王韬:《弢园文录外编》,楚流等选注,辽宁人民出版社,1994,第128页。

④ 郑观应:《议院上》,《盛世危言》卷四,载夏东元编《郑观应集》上卷,上海人民出版社,1982,第313页。

对亡国的担忧。康有为发起的保国会反映了时人对国家间竞争迫切性的认识。[①] 此时的主权与民族国家的认识虽仍存于感性上的主观感受，且"国民"仍是帝国体制下的臣民，并未被视为国家合法性的根本来源，[②]但"国权""国土"与"国民"成为时人关注"国家"存亡的重要议题。

这种思想的延续性还表现在诸如主权理论等领域。1864 年，美国传教士丁韪良（W. A. P. Martin）翻译出版美国学者惠顿（Henry Wheaton）的《万国公法》（Elementsof International Law），最先把英文"sovereignty"翻译为"主权"。[③] 戊戌后随着卢梭、霍布斯、伯伦知理（Bluntschli Johann Caspar）等学者国家学说的传播，与"sovereignty"相对应的"主权"概念开始流行，与之并用的翻译用词还包括"自主之权""王权""君权""无上主权""大权""统治权"等。其中"统治权"的常用程度仅次于主权。梁启超在《政治学大家伯伦知理之学说》《宪政浅说》《中国国会制度私议》等著作中对主权理论作了许多讨论，具体用词上则又混用"统治权""大权"和"主权"。

随后的舆论将主权与国家存亡直接对等，"凡有主权者则其国存，无主权者则其国亡"[④]，主权被赋予国家根本属性的性质。至迟在 1903 年前后，国家主权不仅仅表明一国"自己做主的权柄"，更是"没有别的什么能加乎其上"的至高权柄，[⑤]主权在国际交往中"具有不受其他限制之性质"的认识得

---

① 中国史学会主编《中国近代史资料丛刊·戊戌变法》（四），上海人民出版社，1957，第 399 页。

② 王尔敏认为这"代表近代民族主义之全义"，将"中国作为一个有明确主权界限的国家，相对于西方的 Nation-state"（王尔敏：《中国近代思想史论》，台北华世出版社，1977，第 227 页）；费正清也认为该时期的"国""包括中国版图内的全体人民的共同体"（［美］费正清主编《剑桥中国晚清史》下册，第 364 页）。许小青则认为此时期是从王朝国家观到民族国家观的过渡形态，并不能等同于西方的"Nation-state"（参见许小青：《1903 年前后新式知识分子的主权意识与民族国家认同》，《天津社会科学》2002 年第 4 期）。但是将此时的"国"看作是公羊学大同理想的实现手段和工具，又似并不完全具有说服力。《大同书》究竟在何种意义上贯穿康有为思想，是值得商榷的。

③ 金观涛、刘青峰：《观念史研究：中国现代重要政治术语的形成》，法律出版社，2009，第 527 页。

④ 《中国灭亡论》，《国风报》第 2 期（1901 年 6 月），张枬、王忍之编《辛亥革命前十年间时论选集》（第一卷·上册），生活·读书·新知三联书店，1960，第 79 页。

⑤ 三爱：《论国家》，《安徽俗话报》第 5 期（1904 年 6 月）。

以清晰表达。① 主权观念的接受也并非完全接纳,在国际公法惯例中,社会达尔文主义的核心是"强权即公理",严复等思想家则坚定地站在了儒家"仁者无敌"的政治伦理立场上。②

时人主权意识初步确立以后,即以"国家最高属性"这一主权特质观照中国现实,则中国路矿利权、关税自主权、司法主权丧失殆尽,"中国之主权,外人之主权也"。③ 此种状态如持续下去,将来必为"万国之属地"。④ 时人开始清晰认识到主权是一国家的象征,维护主权是民族国家的根本使命,国民不仅仅是国家的组成部分,更是国家主权和利益的维护者与参与者。"中国,中国人的中国"作为一种明确的主权意识在 20 世纪初得到广泛传播⑤,这一口号针对"外人"侵夺中国主权而言,而利权的沦丧则成为最为直观的主权感受。张凤台编《万国公法提要》,"《春秋》尊王纲,公法崇主权"之语提示了《万国公法》与中国传统政治学的差异。⑥ 这种国家治理转型,不是简单的传统治理模式的整顿,是中国士大夫在"两个世界体系及其规则系统的冲突"中,试图建构新的知识体系以回应欧洲世界秩序及其规则体系,并在两种不同世界图景的对抗、互动、渗透中,以西方及其规范系统为参照,重新安排自身在新的世界图景中的位置,从而决定内部改革的方案。⑦ 这种效法西方"富强"之道的改革方案虽不时以"春秋大义"论证其正当性,却已不同于春秋之义了。

(二)司法主权:治外法权与法律现代化

道光二十三年(1843 年),中英《议定五口通商章程》第十三款"英人华

① 芙峰:《叙德、俄、英、法条约所载"高权"及管辖权之评论及"舟山条约"之感慨》,《浙江潮》第 2 期(1903 年 3 月)

② 李强:《严复与中国近代思想的转型》,许纪霖、宋宏编《史华慈论中国》,新星出版社,2006,第 408 页。

③ 《原国》,《国民报》第 1 期,1901 年 5 月。张枬、王忍之编《辛亥革命前十年间时论选集》第一卷·上册,生活·读书·新知三联书店,1960,第 64 页。

④ 《未来之中国》,《大公报》1903 年 5 月 5 日。

⑤ 许小青:《1903 年前后新式知识分子的主权意识与民族国家认同》,《天津社会科学》2002 年第 4 期。

⑥ 张凤台编:《万国公法提要四卷》(卷一),1904 年线装本,第 10—11 页。

⑦ 汪晖:《现代中国思想的兴起》,生活·读书·新知三联书店,2008,第 736 页。

民交涉词讼一款"，领事处遇有华洋词讼不能劝息，"即移请华官公同查明其事"，"秉公定断"，英人科罪"由英国议定章程、法律"发给领事处照办，华民科罪"治以中国之法"。① 随后，《中美望厦条约》《中法黄埔条约》基本沿用中英条约。《天津条约》《烟台条约》有更具体的规定。在此前后，欧美各国相继与中国订立商约，纷纷援引所谓"最惠国待遇"条款，获得领事裁判权。不过其时条约文本中并未出现"领事裁判权"或"治外法权"等词语。

　　最初中国官员以"羁縻"之策应对外夷，并未意识到由此带来的司法"主权"问题。如果西方人仅仅局限于一口或多口通商模式下的活动范围，就其中外纠纷处理的技术层面而言，这类问题的处理方法与中国传统律典中的"化外人有犯"条的处理精神并无二致。这种对人对事的司法管辖对清廷也构不成内部社会治理上的挑战。只是随着清朝对外开放日深，领事裁判权进一步扩展为更广泛的司法特权，中国治理上的不便逐渐突显。

　　"治外法权"就其广义来说，可以包括外交豁免权、领事裁判权及其他司法特权。1903 年，《新尔雅》收入"治外法权"词条，将之解释为"在甲国领土内之人民须服从甲国之法律者"②，实取义一国"治理或管辖外国人"之权。这种用法在 1903 年之前的《申报》等报刊刊发的文章中并不少见，就使用比例而言，1903 年以后这种用法在逐渐减少，民国以后更少。③ 这种用法虽属于"误读""误用"却仍具有一定影响力，并且使用这种用法的人并非不清楚"治外法权"的其他解释。梁启超在 1899 年的《论内地杂居与商务关系》一文中称日本政府"收回治外法权，一切外国人，皆受治于日本法律之下"。严复在 1905 年曾谓"治外法权"四字名词始自日本，其在公使所享有的外交豁免权意义上适用该词的同时，也从治理外国人的角度称要"收回治外法权"。④

　　《万国公法》和《星轺指掌》作为中国最早翻译出版的国际公法著作在讨

　　① 王铁崖：《中外旧约章汇编》第 1 册，生活·读书·新知三联书店，1957，第 42 页。

　　② 汪荣宝、叶澜编纂《新尔雅》，上海明权社，1903，第 29 页。

　　③ 黄兴涛：《强者的特权与弱者的话语："治外法权"概念在近代中国的传播与运用》，《近代史研究》2019 年第 6 期，第 57 页。

　　④ 孙应祥、皮后锋编《〈严复集〉补编》，福建人民出版社，2004，第 49—50 页。

论领事权限时都区分了基督教国家间及基督教与非基督教国家间的异同。基督教国家间可依约由领事见证、督办遗嘱及审断民事争端，只在土耳其等伊斯兰教国家则领事审办争端、罪案二权并行。① 《万国公法》把原著所无的中美《望厦条约》领事裁判权条款补入，但对原著外交豁免权（extraterritoriality）和领事裁判权（consular jurisdiction）均作为以律法"行于疆外者"的不同情况，并未作主权意义上的严格区分。② 就此意义而言，这种表述开启了广义"治外法权"在中国传播之端。③

随着清廷对外接触的增加和派驻驻外使节后对西方了解的增多，时人关注到国家间权利的不对等及"治外法权的侮辱性效果"。④ 1871 年《中日修好条约》承认双方平等享有领事裁判权。1875 年清廷提出在古巴互享领事裁判权要求。⑤ 在此期间，清廷也曾询赫德与西方国家互享领事裁判权问题。⑥

1880 年前后，中国人对日本修约经验的观察使"治外法权"问题受到朝野的更广泛关注。薛福成、王韬、黄遵宪等人在这一时期对此即有述论。⑦ 黄遵宪作为驻日公使随员，在《日本国志》中以"外史氏"按语谓在亚细亚泰西诸国领事"得以己国法审断己民"，"西人谓之治外法权，谓所治之地外而有行法之权也"。⑧ 早在 1880 年年底，驻日公使何如璋就其在日本的改约见

① ［美］惠顿：《万国公法》，［美］丁韪良译，中国政法大学出版社，2002，第 107 页。

② 参见杨焯：《丁译〈万国公法〉研究》，法律出版社，2015，附录"丁译《万国公法》中英文对照研究"。

③ 高汉成：《治外法权、领事裁判权及其他——基于语义学视角的历史分析》，《政法论坛》2017 年第 5 期。

④ ［英］赫德：《这些从秦国来——中国问题论集》，叶凤美译，天津古籍出版社，2005，第 45 页。原书英文名为 These From the Land of Sinim—Essays on Chinese Question，首次出版于 1901 年，1903 年再版时多收了一篇文章。

⑤ ［日］青山治世：《晚清关于增设驻南洋领事的争论——兼论近代国际法、领事裁判权、不平等条约体制》，王建朗、栾景河主编《近代中国、东亚与世界》下卷，社会科学文献出版社，2008，第 614—615 页。

⑥ ［英］赫德：《这些从秦国来——中国问题论集》，叶凤美译，天津古籍出版社，2005，第 179 页。

⑦ 黄兴涛：《强者的特权与弱者的话语："治外法权"概念在近代中国的传播与运用》，《近代史研究》2019 年第 6 期。

⑧ 黄遵宪：《日本国志》（卷七·邻交志四），载陈铮编《黄遵宪全集》，中华书局，2005，第 986 页。

闻致信两江总督刘坤一，阐明治外法权问题的历史、内涵、危害，并未得到积极回应。① 不过，"治外法权"一词的广泛传播还是在 1895 年《日本国志》公开出版以后。

黄遵宪在《日本国志》中强调"治外法权""流毒之深"，但各国"人情、风俗、宗教、政治"不同，"强使就我，其势又甚难"。中国欲改现行条约废除西方在华特权，须参考各国通行法律，进行法律改革，与外人"定一公例，彼此照办"。问题的最终解决，还有赖于"国势"之强。② 在黄遵宪的法律改革方案中，至少已经包括了西方刑罚轻缓、破产制度等方面。同时，黄遵宪还特别提及"南洋诸岛寄寓之华人"入洋籍而逃避中国法律管辖的弊端，及租界中华人间交讼而领事参议听断等条约章程未载特权现象，对后者则现时应通过外交"扫除而更张之"。③

甲午战后的中日修约，也对中国产生了巨大刺激。《中日通商行船条约》（1896 年）改变了《中日修好条规》（1871 年）有关中日互享领事裁判权的规定，规定由日本单方享有领事裁判权。④ 康有为谓日本变法然后"治外法权得以自治，获平等独立之国体"。⑤ 领事裁判权的存在"既失往来相报之礼，更失中国自主之义"。外国取得的理由在"泰西谓吾律严酷"，事实上我国法律确实严酷，"同一狱也，吾民当杀，而彼民仅禁锢数月，民怨其上，吾将驱民安归？"因此，法律不能不变通。日本挽回治外法权"盖自变律始"。⑥

① 戴东阳：《试论黄遵宪对不平等条约的认识》，王晓秋主编《黄遵宪与近代中日文化交流》，辽宁师范大学出版社，2007。

② "先当移我以就彼"，"举各国通行之律，译采其书，别设一词讼交涉之条"，"采彼法以治吾民"。"行之一二年"后，"略仿理藩院蒙古各盟案件，以圈禁罚赎代徒流笞杖"，"定一公例，彼此照办"。黄遵宪：《日本国志》（卷七·邻交志四），载陈铮编《黄遵宪全集》，中华书局，2005，第 987 页。

③ 黄遵宪：《日本国志》（卷七·邻交志四），载陈铮编《黄遵宪全集》，中华书局，2005，第 986—987 页。

④ 王铁崖编《中外旧约章汇编》（第 1 册），生活·读书·新知三联书店，1957，第 662—663 页。

⑤ 康有为：《日本变政考》（卷十），载姜义华、张荣华编校《康有为全集》（四），中国人民大学出版社，2007，第 239 页。

⑥ 康有为：《日本书目志》，载姜义华、张荣华编校《康有为全集》（三），中国人民大学出版社，2007，第 357 页。

"外人之旅于其国者,即受其国管辖保护,此泰西之公例也。管辖之权,由保护而生。"日本设巡捕、改刑律除酷法,保护外国人而终获对外人的司法管辖权。中国"欲收管辖外人之权,必先尽保护外人之责"。①

康有为所认识的西方法律,"刑轻而犯者鲜",中国则法律严酷。"欧美通商亚洲,皆自治其民,谓之治外法权",不与亚洲诸国对等权利,"以野蛮相待,莫大之耻也"。中国刑律最重、监狱污秽、狱卒酷暴,"一至讼堂,如入地狱"。康有为以"酷毒"形容中国刑法,以之为"野蛮之大辱"。反观日本则"力整国政""博采宪法",用代言人、设陪审员、免拷问及口供,编布民法、商法、刑法、裁制所、控诉法,乃至改条约以免治外法权之耻。②

《戊戌奏稿》本上清帝第六书较之档案存本原折增添变法所立法律局的具体立法范围及废撤领事裁判权的立法目的。外国人"自治其民,不与我平等之权利"的理由在我刑律太重、法规不同。"今宜采罗马及英、美、德、法、日本之律,重定施行。不能骤行内地,亦当先行于通商各口。"其所论法律包括了民律、商法、市则、舶则、讼律、军律、国际公法,通商交际应概予通行。无律法,"吏民无所率从,必致更滋百弊","且各种新法,皆我所夙无,而事势所宜,可补我所未备。故宜有专司,采定各律以定率从"。③ 这与清末新政时期修订法律馆的设立有着共同之处。其中自有其事后增添之处,但结合前述档案存本《上清帝第六书》及《日本书目志》《日本变政考》等书目按语,康有为所提出的"采定各律"也确是自戊戌变法时期已有涉及,只是就其时而言,法律局的立法目标还仅止于"考万国法律公法,以为交涉平等之计。酌一新律,施行于通商口岸,以入万国公法之会"。④ 其时康有为对于公法、万国公法(国际法)等概念的适用和理解还处于较为笼统的层面。

---

① 康有为:《日本变政考》(卷六),载姜义华、张荣华编校《康有为全集》(四),中国人民大学出版社,2007,第172—173页。

② 康有为:《日本变政考》(卷八),载姜义华、张荣华编校《康有为全集》(四),中国人民大学出版社,2007,第212页。

③ 康有为:《上清帝第六书(应诏统筹全局折)》,载姜义华、张荣华编校《康有为全集》(四),中国人民大学出版社,2007,第19页。

④ 康有为:《外衅危迫分割洊至急宜及时发愤大誓臣工开制度新政局折》,载姜义华、张荣华编校《康有为全集》(四),中国人民大学出版社,2007,第14—15页。

　　其时的司员上书中也多有论及领事裁判权（治外法权）问题，并以法律改革为解决此问题的措施。户部候补主事陶福履上书谓日本与西人立约管辖在日外人，援用了"全国通商，虽内地亦准各国人往来居住，惟悉听本国管辖"的"西例"国际法。中国欲开通全国，然"西人必藉口中西刑律、礼节不同，不肯遵照"，因此"必先改刑律、礼节，参用西律、西礼，使中西可以通行"。否则一旦开放内地，"西人必将遍设领事，是与之分国而治矣"。在其论述里，刑礼、政教为小者，中国不能管辖在华外人是大者，吁求"改其小者，以存其大者"。不过陶福履对于西方国际法的理解还是有一些出入的，其看到外国在华领事对在华外人的管辖及其对中国的危害，认为依照"西例"各国领事"但有护商之权，不能管理民事"总体上符合西方国际法，但其所谓领事"只设在海口，不能设于内地"的认识是不符合国际法的。① 平等国家间的领事管辖事务不得侵蚀国家主权，设于"海口"（即通商口岸）或内地，本不会危害驻在国利益，不过其奏议中对于中国管辖权的看法已接近于主权意识。

　　浙江绍兴府山阴县举人何寿章更是在上奏中借助于《万国公法便览》诸书明确将"域外之权"界定为"言于所辖之地之外而有行法之权"，谓《日本国志》将其中的利弊分析详尽。西人取得"域外之权"的藉口在中西"律法风俗""多有殊异"，但其结果却导致华洋"同罪异科"。"日本自改律法已更旧约"，中国"今既奉旨删改六部则例"，应颁行专门处理交涉案件的法律，吁请"译采各国通行之律，咨送总理衙门，酌中拟议，奏定后咨会各国公使，颁发通商口岸，专办交涉案件，则各国辖外之权不革自革，他日换约，再援各国互市之例，以正地方管辖之权"。②

　　候选知州前内阁中书涂步渠上奏称"商民任居何地，即受治于本地之有司，此地球各国通行之公法"。因"中西律法轻重悬殊"而华洋"各以其法治其民"，洋员在领事袒护下"轻法亦不曾施，华人不平，由此多事"。鉴于烟台条约有照会各国议定审案章程之约，其援引赫德之议，提议"商诸各国定一

　　① 《户部候补主事陶福履片（光绪二十四年七月二十日）》，载国家档案局明清档案馆编《戊戌变法档案史料》，中华书局，1958，第41—42页。

　　② 《浙江绍兴府山阴县举人何寿章（光绪二十四年七月二十六日）》，载国家档案局明清档案馆编《戊戌变法档案史料》，中华书局，1958，第83页。

通行之讯法、罪名"。①

刑部学习主事张宝琛上奏专论中外交涉案的处理,奏请"谕令法司,会同编考西国律例及条约公法等书,比校中国律例,定为中外交涉则例简明表",使中外交涉案件中"办从一律",每年将"交涉各案勒成一书",分送各国领事、外部,"兼发各省理刑衙门","着为成案",如此则"庶各得其平"。②

这些上奏所提出的方案多为定一中外交涉专律,这一主张在戊戌变法时期算得上是较为流行的废撤治外法权方案。虽然这一方案最终在清末立宪时被全面法律改革所取代,但其对司法主权的关注及对传统法制的批判都为后来的全面法律改革奠定了舆论基础。

小　结

戊戌变法时期所形成的"富强"之于国家治理目标的正当性意义,在戊戌政变后得以延续,并经庚子事变的重创后在清末新政中得以重申。清末新政时期的"富强—宪法"实践是戊戌变法时期"富强"治道在国家政治改革领域的延续和超越。戊戌变法时期的广泛舆论动员使清廷官僚体系内部加深了对西方"富强"之道的理解和认同,为清末立宪提供了人事准备;清末立宪运动的开启是清廷、维新派、革命党各方势力或主动或被动推动的结果,流亡日本的维新派与革命党时而联合,时而论战,客观上为革命党壮大声势提供了契机而成为清廷"仿行立宪"的重要考虑因素,维新派对于立宪正当性的宣传则又为立宪运动的持续推进提供了舆论动员;虽然戊戌变法时期的制度改革成果留存至清末新政时期者为数不多,但师法日本"富强"之道

---

① 《军机处录副·补遗·戊戌变法项》,3-168-9452-26。原折注为七月,据《随手档》、都察院代奏原折,该折于七月二十九日由都察院代奏;茅海建:《戊戌变法史事考二集》,生活·读书·新知三联书店,2011,第318页。

② 《军机处录副·补遗·戊戌变法项》,3-168-9456-17、3-168-9456-18。原折日期皆为八月初六日,据《随手档》、刑部代奏原折,该折于当日由刑部代奏;茅海建:《戊戌变法史事考二集》,生活·读书·新知三联书店,2011,第319页。

的政治改革和变法修律主张为清末新政的改革路径奠定了基础。

史华兹曾断言中国近代思想的发展是接受欧洲文明的结果乃至与传统思想决裂。[①] 不过梳理戊戌变法时期的改革思潮可以看出，康有为、梁启超等人后来的主张虽赋予了国家、国民、秩序诸多新的内容，但其核心内容是戊戌变法时期主张的延续。虽然其时掀起西学高潮，但西学主要还是服务于中国"富强"目标，许多知识分子的现代国家建设思想仍深受中国传统感召力的影响。这种影响或来自赶上西方进而减轻由中西冲突而造成的文化自尊创伤的感情需要。中国进入西方主导的秩序体系和价值体系过程中充满着选择和自我反省。新知识、新概念冲击传统知识体系的同时，本土化知识和理念也伴随着时局变动而逐渐生成。

康有为们参与策划的戊戌变法运动以失败告终，他们规划的政治变革方向在维新运动中也未能坚守，但戊戌变法失败后的时间里，不被康有为们主导的历史实践发展并没有背离其曾经规划的基本方向。中国近代的国家与法律观念中，国家主义压倒性地占据了主导地位，国民作为现代国家政治参与的主体虽未被忽略，但法律系统的重构在相当程度上来自"治外法权"的压力，个人权利和自由仍需要统合于国家主权和利权之下予以确认其正当性。新的社会对集权体制的依赖甚至超过传统治理模式。中央集权及与之配合的行政体制在旧制度逻辑的框架内不断发展，以期迎合新的社会需求，进而超出民族国家范畴，为中国在广阔的世界关系中寻找现代国家建设的可能道路。戊戌变法形成的历史趋势并不会也没有因为一场运动的失败而改变方向。

---

① 李强：《严复与中国近代思想的转型——兼评史华慈〈寻求富强：严富与西方〉》，载许纪霖、宋宏编《史华慈论中国》，新星出版社，2006。

结语

中国的问题必须立基于中国内部及其传统寻找解决办法,但这又必然是面向西方的。西学和西法东渐为近代中国提供了不同以往的制度、概念与术语,颠覆了传统治道及其话语体系。戊戌变法时期的清政府有着改革自救的内外部环境。这一时期革命党主要在海外活动而在国内影响有限,甲午战败及列强后续瓜分狂潮激发了时人变法自强的紧迫感。朝廷上下、社会各界都寄希望于清政府的自我改革。戊戌变法时期,"富强"从"知识"成为国家"治道",并取代"自强"之策成为国家治理的正当性基础。新的国家治理模式为旧法秩序整顿和新法秩序形成提供了基础,并为近代中国的现代国家建设提供了基本方向。

一、失败的"富强"探索开启国家治理现代化转型的可能限度

戊戌变法时期的国家治理转型由激进改革派、温和改革派乃至顽固派叠加推动,并在上谕中得到逐步确认。以康有为为代表的激进改革派和以张之洞、孙家鼐为代表的温和改革派都以效法西方"富强"为国家治理改革的目标,即使是顽固派也已无力全面否定"富强"话语之于当时中国的意义。所不同的是,其中对于"富强"话语下的西学及其反映的观念制度、官商关系及其反映的商业制度、君臣关系及其反映的中央与地方关系和官制改革等方面制度差异的选择性接受。

通过对晚清"富强"话语变化进程的考察可以发现,甲午战前国家"自强""求富"之策多囿于传统国家—社会关系的调整,至戊戌变法时期开始在现代国家—社会关系维度中重建"富强"之道。戊戌变法时期的国家治理尚未实现全面的现代转型,但其时对于传统治道的调整及其现代化意义已经

从三个方面显现：国家治理目标上从简约型治理转向广泛的社会动员以提升国家能力；治理内容和规模上国家鼓励社会力量参与新政事业并为之提供政策和财政支持；及与之相伴的，治理结构上对于国家与社会关系的重新调整。

一是戊戌变法时期"富强"话语的重建强化了"商力""民智"之于国家能力提升的作用。"富强"议题在洋务运动时期已有触及，但其措施多局限于依靠官办企业所作出的技术性努力，与传统国家强调的"消极"社会治理模式并无根本区别。至甲午战败，通过广泛社会动员推进"商力""民智"进而达致"富强"的话语经由朝中广泛讨论而在国家治理层面得以确立。

二是戊戌变法时期重建"富强"之道所函摄的国家—社会关系重塑意义，终将引致国家治理内容和规模扩张。立基农业社会的传统富国强兵目标并不构成国家治理内容和规模的实质扩张。较之传统社会，现代国家对政治、经济、文化诸方面的政策干预明显增多，并对相关制度构建产生需求。中国历史上的"简约国家"在维新派的论述中被认为不合于竞争之世。戊戌变法时期，西学统摄下的路矿事业、商务振兴、工农业发展及新式学会、学堂，逐渐在朝中获得相当程度的共识，并在国家政策和法令的推动下渐次推广，使国家治理的内容和规模已超越了传统国家。现代国家建设需要更为复杂和完善的国家治理体系予以应对，需要不同于往昔的法律理念和制度体系予以保障。

三是戊戌变法时期重建"富强"之道实已伴随国家—社会关系维度上的国家治理结构转型趋势。伴随国家治理内容和规模的扩张，现代国家机构承担了提供更多公共产品供给的责任，国家机构的职能和权限、国家与社会的关系诸问题的理顺需要国家治理结构的重新调整。不同于中国传统官僚制标榜人格和道德，现代官僚制更强调行政能力及其所带来的国家实际利益。围绕废八股、改科举问题，不同立场的改革派官僚虽存在具体策略上的争论，但改革官僚制度、提高行政效率以适应新世界秩序下的国家竞争模式，是新旧各派都能够认同的基础性问题。立基"商力""民智"的"富强"国家建设目标，不再局限于传统治理的"消极"稳定模式，而致力于积极推行各项政策法令推动国家和社会的发展。国家与社会的关系更为复杂多样。不同于洋务运动时期的仿制"洋器"（偶涉西学西法），戊戌时期富强目标的实现，需要更广泛的社会动员。行政改革破除"上下相隔"所作出的各种改革设计和尝试；鼓励工商、奖励民间实业的努力；新型经济管理部门的创设，都是开启这一转型的表现。

现代国家治理中，办好事情的能力并不局限于政府权力及其权威的运用，国家必须能够有效地把部分权力和责任转移给各种私人部门和公民自愿性团体等社会组织。① 戊戌变法时期学会、商会的兴起，为治理转型提供了契机。清政府虽致力于避免改革所（可能）引致的权力分散和多元，但在维新派看来，这些社会力量的发展还远不足以支撑"富强"诉求。

戊戌政变延缓了效法西方达致"富强"的进程，但立基"商力""民智"的"富强"之道作为政治正当性话语已嵌入其时国家治理逻辑，也为后来推行"预备立宪"提供了治理逻辑上的自洽性和可能性。清末"富强—宪法"实践超越了戊戌变法的国家治理转型进程，也延续着戊戌变法时期"商力"不振、"民智"未开的国家—社会关系脆弱性问题。

二、有限国家治理转型的法秩序重构意义

戊戌变法时期颁行的法律数量有限且不成体系，但各种新法令所反映出的国家治理转型具有法理念调整和法秩序构建上的示范意义，国家治理转型则为法秩序重构提供了基础。该时期全面的法律技术调整尚未开始，但法律所赖以存在的观念体系已开始转向。旧法整顿和新法确立虽"枝枝节节，未见大效"，却通过惩戒和奖励等法律强制功能确立了新的立国原则，挤压着守旧观念在治国之道中的空间。法律通过反馈（或试图反馈）新的观念系统及其所引致的国家治理转型，使旧秩序已趋于瓦解，新秩序的建构已确立方向。新法令传递出新的治国理念，并为"富强"道路的制度化连锁反应提供了可能性。这种制度化连锁反应或并不是时人所明确追求的改革目

---

① ［英］格里·斯托克：《作为理论的治理：五个论点》，《国际社会科学杂志（中文版）》1999 年第 1 期。

标，却是新的治国理念寻求制度支撑的必然结果。立基商力、民智的"富强"理念是对标西方的，却终归又是立基于中国问题的。

如果从"立宪法"的角度，此时无论是理论准备还是政治实践，都可以说尚未进入近代立宪国家建设的实质讨论和实践。有关西方宪法秩序与"富强"之道间内在联系的认识还是相当模糊的。不过其时的知识传播和政治实践已触及中国固有的君臣关系及国家与社会关系需要借鉴西方"富强"之道予以调整的问题。我们的讨论再一次验证了茅海建先生经过细致周密分析康有为、梁启超戊戌变法时期议会思想后得出的结论：我们需要再次认真思考"洋务运动学习了西方的器物与制造，戊戌变法学习了西方的制度与思想"这一"定论"，康有为、梁启超们对于西方经济制度和政治制度的认识还未能登堂入室。[1] 即使如此，我们仍认为戊戌变法时期开启的国家治理转型进程为清末立宪运动中的"富强—宪法"观念提供了基础。

中国近代的宪法秩序构想和实践是学习西方却又一定是内生于中国内部以解决中国问题的。戊戌变法时期立宪问题尚属敏感话题，但这并不意味着立宪议题下的子命题都不能议论。诸如议会之类的话题即在此时已引发朝野的大量讨论，许多上书和著述中都有着似是而非的评议。专门负责整理司员士民上书的军机新任章京杨锐谓"现在新进喜事之徒，日言议政院"[2]即明证。明清皇帝都是大权独揽一身的，却又都是大权旁落的，这些康有为、梁启超等人都有论及，而其未论及的另一个现象是，官僚集团都是忠于皇帝的，却又在皇帝危难时刻处处自称以地方利益及以士绅为代表的百姓利益为重的。从这个角度说，立宪及其子命题作为制度改革的选项，如果在皇权代表者认为对自己有利而将之作为可以讨论的议题时，宪法终究会被朝野各方作为自身权力（权利）主张正当性话语所积极实践。这一假设在清末立宪运动中得到验证。清末立宪改革为民间力量的政治参与提供了制度框架，加之满人的异族统治，使皇权更处于尴尬地位。清廷旨在"预备立

---

① 茅海建：《戊戌时期康有为、梁启超的议会思想》，《华东师范大学学报（哲学社会科学版）》2020 年第 2 期，第 126 页。

② 中国史学会主编《中国近代史资料丛刊·戊戌变法》（二），上海人民出版社，1957，第 572 页。

宪"名义下集中权力,却在立宪运动中推动了文官集团和士绅的联合,最终导致请愿国会运动的持续发展。从这个意义上说,中国近代政治的现代化结果,对于皇权而言不是以立宪为最优选项的,却使立宪运动在朝野各方的推动下渐次深入发展。

从传统国家到现代国家的治理模式转变中,国家治理的内容和规模逐步扩容,国家与社会的关系重新调整。与之相关的法秩序建构并不局限于政治秩序,而将延及经济、社会、文化等多方面的秩序重建问题。这些秩序重构的方案在戊戌变法时期的朝中奏议中已初具规模。梁启超甚至明确指出"国律、民律、商律、刑律"之于"富强"国家建设的意义:"夫政法者,立国之本也",中国不讲此学,"故外之不能与国争存,内之不能使吾民得所"。① 从富强救亡出发,梁启超认为当时中国"非发明法律之学,不足以自存矣"。② 法律之学与政体密切相关,又并不局限于政治秩序而关涉"变动科举""工艺专利"等举措的展开,是从观念与经济秩序等多个层面讨论法律秩序的重构。"变法"在梁启超的论说中已明确指向现代法律秩序的重建问题。③

戊戌变法时期的新颁法令已初显官商关系、中西学关系和中央与地方关系等方面的重塑意义。一方面,新的国家治理模式需要国家将其控制力扩张到商业活动等更广泛的社会领域,现代民法、商法的制度逻辑已经初步萌生。另一方面,国家与社会之间不再是传统治理意义上纯粹的徭役税赋与社会稳定的关系。国家财政需要新的增长点以维持更为庞大的财政支出的同时又需要在公共政策诸问题上寻求平衡之道。国家需要对社会更多的干预政策,同时社会新兴势力对国家干预的范围和方法也将提出限制性要求,进而需要重新划定更为规范的个人与社会的自治领域。传统社会是放

---

① 梁启超:《变法通议》三·论学校七·论译书(1897年5月22日—7月20日),载汤志钧、汤仁泽编《梁启超全集　第一集　论著一》,中国人民大学出版社,2018,第81页。

② 梁启超:《论中国宜讲求法律之学》,载汤志钧、汤仁泽编《梁启超全集　第一集　论著一》,中国人民大学出版社,2018,第426页。

③ 对梁启超戊戌时期《变法通议》《论中国宜讲求法律之学》等篇章有关法律作用、法律地位、法律范畴及变法意义的讨论详见本书第二章第三节的相关分析。

任型治理(梁启超等人所谓乡治中的自治更多即国家的放任而非有效的自治①)，无法实现新型国家治理目标。国家和社会都需要新的法秩序回应国家与社会关系的调整。系统性的调整虽还有待清末新政后的修律活动，但甲午至戊戌"富强"之道的重建已在国家治理的正当性意义上开启了调整的制度逻辑。

三、"富强"话语实践之于"现代中国"国家建设的意义

"现代化"的含义众说纷纭，罗荣渠先生认为其"中心内容是从前现代的传统农业社会向现代工业社会的大转变(或)大过渡"。② 鸦片战争将中国裹挟进西方列强所塑造的现代国家竞争秩序，中国开始直面西方工业国家对传统农业中国的冲击，但从社会结构角度看，中国现代化的起点应不早于太平天国运动。③ 太平天国运动时期各地士绅的组织和动员，体现出传统士绅阶层在当地社会所具有的持续性影响力与领导力。直至甲午战前，现代知识阶层脱离乡土寄居于沿江沿海的几个大都市，其活动或生活所及的报刊和新式学校、学会等组织，并未获得广泛影响和认同。新旧知识分子经世致用式的改良方案无法也无意改造帝制中国国家治理结构。④ 姜义华将清末"预备立宪"作为改变传统国家形态、构建近代国家形态的"首次尝试"⑤，是当前较为通行的观点，但是清廷"仿行立宪"更多是迫于时局的应付之事，与之伴随的立宪运动、收回利权运动及革命运动等根植于社会的历史运动，才是推动清末立宪、乃至民初共和日渐深入人心的根本因素。这些因素的形成是历史累积的渐进过程。甲午战后开启的戊戌变法运动最终以失败告

---

① 梁启超：《论湖南应办之事》，载汤志钧、汤仁泽编《梁启超全集》(一)，中国人民大学出版社，2018，第435—436页。详细的讨论参见第二章相关述论。

② 罗荣渠：《现代化新论续篇》，北京大学出版社，1997，第102页。

③ 汪晖：《现代中国思想的兴起》，生活·读书·新知三联书店，2008，第742页。

④ 金观涛、刘青峰：《观念史研究：中国现代重要政治术语的形成》，法律出版社，2009，第238—240页。

⑤ 姜义华：《论近代国家与社会非同步发展的政治整合》，载复旦大学历史系、复旦大学中外现代化进程研究中心编《近代中国的国家形象与国家认同》，上海古籍出版社，2003，第7页。

终,却上承洋务运动、下启清末新政,是现代中国国家治理转型进程的重要一环。

戊戌变法的失败使治理秩序的重构理想落空,但中国法秩序转型的基调已基本奠定。如前所述,国家富强是法秩序的第一位价值,民生让位于斯。正因如此,中国近代的权利观念并不能充分发挥,如果能有发展空间的话,也只能是依附于国家权利和利权之下获取正当性。①

据此,我们又需要考虑的是,学习西方当然需要对西方的思想、文化、制度诸方面予以精深研究,但这种研究又必然是立基于中国自身处境的命题延伸。中国的现代化道路必然不会是亦步亦趋地学习和照搬西方模式。西方现代化中国家富强与民生改善的良性互动为东方国家提供了参照系。政府集权和政治参与是相互冲突却又相辅相成的两个方面,西方现代国家建设中二者共存下来并同步扩张。② 近代日本明治维新效法西方实现了政治权力从幕府集团到天皇集团的中央集权制转化。这个转化在形式上设立了议院、进行了广泛的现代政治立法,但与西方的宪政民主并不相通(事实上近代德国与英国的宪政民主模式也不相通)。与之相反的是,中国长期的帝制发展已趋成熟,中央集权早深嵌入政治结构内部。前面的分析已经表明,晚清督抚势力的上升仍是中央集权制下的权力调整,与唐宋以前的地方割据已不是同一个层面的政治性议题。近代中国的政治结构性问题是权力集于中央前提下的中央部门间和中央与地方关系间的事权、财权再分配问题。明清两代往往前期皇权碾压文官权力,中后期随着文官集团和地方势力的上升而削弱皇权。皇帝欲大权独掌就得削弱文官高层的权力,却很难平衡文官集团及民间士绅力量的各项利益而阻碍重重。这在一定程度上也奠定了晚清时期变法新政会继续失败的基调。

国家是一种具有整体性的强大观念,又是一系列只能通过多元、矛盾实

---

① 李耀跃:《清末收回利权运动与立宪运动合流中的官民"权""利"结构重塑》,《河南财经政法大学学报》2021 年第 3 期。
② [美]贾恩弗朗哥·波齐:《国家:本质、发展与前景》,陈尧译,上海人民出版社,2007,第 77 页。

践及其联合互动和比较中得到认识的实践碎片。① 认识“富强”之道在近代中国的重建及其所伴随的国家治理转型问题，需要认真对待“国家”的层级性、多样性和复杂性。光绪帝颁行的新法令固然是国家实践，京师大学堂和湖南新学所颁章程中所体现的共通与差别也是值得注意的国家实践，各级衙门对于上级新政命令的执行更是构成了其时变法时代的国家能力问题。康有为、梁启超的秩序理想须放入国家实践的大背景方能更好理解，也借此更能够理解戊戌政变后康、梁的不同转向。现代国家的国家能力除了财政汲取能力外，还应通过强调国家制度化地提供公共服务的能力来积累民众对于国家的认同和支持。② 不过，随着组织等级链条延长、信息不对称增加，组织效率随之下降，无法避免其中呈现出的组织规模负效率（organizational diseconomy of scale）。③ 传统社会的组织能力和信息效率无法解决此类问题。如果将现代国家作为参照系，传统官僚帝国的所谓中央集权都是“简约型”的。这一现象在近代中国随着西方文明的输入和国家竞争的激烈而不得不予以改变。同时，在治理规模与治理内容的纠葛中，需要改善中国国家治理模式提升治理能力，也即面临着民众和资源动员能力问题。当然，国家能力并不是越强越好④，“军事—财政”国家如果缺少“民生”“仁政”乃至“天下”等观念的现代性转化作为支撑，近代西方殖民扩张的富强道路终究是不归途。从这个角度，晚清时人思考提升国家能力以寻求“富强”的同时，对重建儒学普遍主义秩序的追问具有超越“国家”的意义。这是康有为们求而未达的留待后人继续探索的命题。

戊戌变法时期“富强”话语的知识意义大于治道意义，却也促成了国家治理目标、内容、规模乃至模式的变化；在治道转型的初期，法令在制度转型

---

① ［美］乔尔·S. 米格代尔：《社会中的国家——国家与社会如何相互改变与相互构成》，李杨、郭一聪译，江苏人民出版社，2013，第23页。

② 陈毅：《现代国家构建过程中的国家自主性研究——以中国的现代国家建设为例》，中央编译出版社，2016，第25页。

③ McAfee, R. Preston and John McMillan. *Organizational Diseconomy of Scale*, Journal of Economic & Management Strategy, 1995, 4(3):402

④ 详细的分析参见本书引言，及［美］乔尔·S. 米格代尔：《社会中的国家——国家与社会如何相互改变与相互构成》，李杨等译，江苏人民出版社，2013，第173—175页。

方面的示范意义大于实效意义,却也为后来的法律全面改革提供了法律理念和法律体系的基调。戊戌变法以失败而告终,戊戌之于"现代中国"国家建设的意义却历久弥新。

参考资料

一、著作

[1]中国邮政集团公司文史中心.中国邮政事务总论[M].北京:北京燕山出版社,1995.

[2]陈谷嘉,邓洪波.中国书院史资料[M].杭州:浙江教育出版社,1998.

[3]陈忠倚.皇朝经世文三编[M].上海:上海书局,1902.

[4]陈毅.轨政纪要初编[M].北京:邮传部图书通译局,1907.

[5]惠顿.万国公法[M].丁韪良,译.北京:中国政法大学出版社,2002.

[6]中国史学会.中国近代史资料丛刊·北洋军阀[M].上海:上海人民出版社,1988.

[7]陆允昌.苏州洋关史料(1896—1945)[M].南京:南京大学出版社,1991.

[8]毛佩之.变法自强奏议汇编[M].上海:上海书局,1901.

[9]宓汝成.中国近代铁路史资料:1863—1911[M].北京:中华书局,1963.

[10]千家驹.旧中国公债史资料(1894—1949)[M].北京:中华书局,1984.

[11]姚贤镐.中国近代对外贸易史资料(1840—1895)[M].北京:中华书局,1962.

[12]赵靖,易梦虹.中国近代经济思想资料选辑[M].北京:中华书局,1982.

[13]中共中央党校文史教研室中国近代史组.中国近代政治思想论著选辑[M].北京:中华书局,1986.

[14]安东尼·吉登斯.民族—国家与暴力[M].胡宗泽,赵力涛,译.王铭铭,校.北京:生活·读书·新知三联书店,1998.

[15]本杰明·史华兹.寻求富强:严复与西方[M].叶凤美,译.南京:江苏人

民出版社,2005.

[16]本尼迪克特·安德森. 想象的共同体:民族主义的起源与散布[M]. 吴叡人,译. 上海:上海人民出版社,2011.

[17]蔡乐苏,张勇,王宪明等. 戊戌变法史论述稿[M]. 北京:清华大学出版社,2001.

[18]曹南屏. 阅读变迁与知识转型:晚清科举考试用书研究[M]. 北京:社会科学文献出版社,2018.

[19]陈其泰. 清代公羊学[M]. 上海:上海人民出版社,2011.

[20]陈毅. 现代国家构建过程中的国家自主性研究:以中国的现代国家建设为例[M]. 北京:中央编译出版社,2016.

[21]陈寅恪. 陈寅恪集:寒柳堂集[M]. 北京:生活·读书·新知三联书店,2015.

[22]陈煜. 清末新政中的修订法律馆:中国法律近代化的一段往事[M]. 北京:中国政法大学出版社,2009.

[23]杜恂诚. 民族资本主义与旧中国政府(1840—1937)[M]. 上海:上海社会科学院出版社,1991.

[24]丁韪良. 中国觉醒:国家地理、历史与炮火硝烟中的变革[M]. 沈弘,译. 北京:世界图书出版社,2010.

[25]樊百川. 清季的洋务新政[M]. 上海:上海书店出版社,2003.

[26]冯兆基. 军事近代化与中国革命[M]. 郭大风,译. 上海:上海人民出版社,1994.

[27]菲利浦·约瑟夫. 列强对华外交(1894—1900)[M]. 胡滨,译. 北京:商务印书馆,1959.

[28]复旦大学历史系,复旦大学中外现代化进程研究中心. 近代中国的国家形象与国家认同[M]. 上海:上海古籍出版社,2003.

[29]赫德. 这些从秦国来:中国问题论集[M]. 叶凤美,译. 天津:天津古籍出

版社,2005.

[30]胡绳.从鸦片战争到五四运动[M].北京:人民出版社,1981.

[31]胡绳武.戊戌维新运动史论集[M].长沙:湖南人民出版社,1983.

[32]黄仁宇.十六世纪明代中国之财政与税收[M].北京:生活·读书·新知三联书店,2015.

[33]黄明同,吴熙钊.康有为早期遗稿述评[M].广州:中山大学出版社,1988.

[34]黄彰健.戊戌变法史研究[M].上海:上海书店出版社,2007.

[35]侯宜杰.二十世纪初中国政治改革风潮:清末立宪运动史[M].北京:人民出版社,1993.

[36]沟口雄三.中国的公与私·公私[M].郑静,译.北京:生活·读书·新知三联书店,2011.

[37]郭绍敏.清末立宪与国家建设的困境[M].开封:河南大学出版社,2010.

[38]翦伯赞,郑天挺.中国通史参考资料[M].近代部分上册.北京:中华书局,1980.

[39]贾恩弗朗哥·波齐.国家:本质、发展与前景[M].陈尧,译.上海:上海人民出版社,2007.

[40]焦润明.梁启超法律思想综论[M].北京:中华书局,2006.

[41]金观涛,刘青峰.观念史研究:中国现代重要政治术语的形成[M].北京:法律出版社,2009.

[42]孔飞力.中国现代国家的起源[M].陈兼,陈之宏,译.北京:生活·读书·新知三联书店,2013.

[43]孔祥吉.晚清史探微[M].成都:巴蜀书社,2001.

[44]孔祥吉.康有为变法奏议研究[M].沈阳:辽宁教育出版社,1988.

[45]李春馥.戊戌时期康有为议会思想研究[M].北京:人民出版社,2010.

[46]李守孔.中国近代史[M].台北:三民书局,1974.

[47]李细珠.新政、立宪与革命:清末民初政治转型研究[M].北京:北京师范大学出版社,2018.

[48]李耀跃.晚清铁路对外借款法律问题研究[M].北京:法律出版社,2014.

[49]廖敏淑.清代中国的外政秩序:以文书往来及涉外司法审判为中心[M].北京:中国大百科全书出版社,2012.

[50]林克光.革新派巨人康有为[M].北京:中国人民大学出版社,1990.

[51]林学忠.从万国公法到公法外交:晚清国际法的传入、诠释与应用[M].上海:上海古籍出版社,2009.

[52]刘高.北京戊戌变法史[M].北京:北京燕山出版社,2011.

[53]罗荣渠.现代化新论续篇:东亚与中国的现代化进程[M].北京:北京大学出版社,1997.

[54]罗玉东.中国厘金史[M].北京:商务印书馆,2010.

[55]茅海建.戊戌变法史事考[M].北京:生活·读书·新知三联书店,2005.

[56]茅海建.戊戌变法史事考二集[M].北京:生活·读书·新知三联书店,2011.

[57]茅海建.戊戌变法的另面:"张之洞档案"阅读笔记[M].上海:上海古籍出版社,2014.

[58]任达.新政革命与日本:中国,1898—1912[M].雷颐,译.南京:江苏人民出版社,1998.

[59]许宝强,袁伟.语言与翻译的政治[M].北京:中央编译出版社,2001.

[60]彭泽益.十九世纪后半期的中国财政与经济[M].北京:人民出版社,1983.

[61]乔尔·S.米格代尔.强社会与弱国家:第三世界的国家社会关系及国

家能力［M］. 张长东,朱海雷,隋春波,等译. 南京:江苏人民出版社,
2009．

［62］乔尔·S. 米格代尔. 社会中的国家:国家与社会如何相互改变与相互
构成［M］. 李杨,郭一聪,译. 南京:江苏人民出版社,2013.

［63］芮玛丽. 同治中兴:中国保守主义的最后抵抗(1862—1874)［M］. 房德
邻,郑师渠,郑大华,等译. 北京:中国社会科学出版社,2002.

［64］斯蒂芬·哈尔西. 追寻富强:中国现代国家的建构,1850—1949［M］. 赵
莹,译. 北京:中信出版社,2018.

［65］实藤惠秀. 中国人留学日本史［M］. 谭汝谦,林启彦,译. 北京:生活·读
书·新知三联书店,1983.

［66］史志宏,徐毅. 晚清财政:1851—1894［M］. 上海:上海财经大学出版
社,2008.

［67］石泉. 甲午战争前后之晚清政局［M］. 北京:生活·读书·新知三联书
店,1997.

［68］苏亦工. 明清律典与条例［M］. 北京:中国政法大学出版社,1999.

［69］汤象龙. 中国近代财政经济史论文选［M］. 成都:西南财经大学出版
社,1987.

［70］汤志钧. 戊戌变法人物传稿［M］. 北京:中华书局,1961.

［71］陶菊隐. 北洋军阀统治时期史话［M］. 北京:生活·读书·新知三联书
店,1957.

［72］托马斯·奥特. 中国问题:1894—1905 年的大国角逐与英国的孤立政策
［M］. 李阳,译. 北京:读书·生活·新知三联书店,2019.

［73］汪晖. 现代中国思想的兴起［M］. 北京:生活·读书·新知三联书
店,2008.

［74］汪荣祖. 康章合论［M］. 北京:中华书局,2008.

［75］汪荣祖. 晚清变法思想论丛［M］. 北京:新星出版社,2008.

[76]王尔敏.中国近代思想史论[M].台北:华世出版社,1977.

[77]王建朗,栾景河.近代中国、东亚与世界[M].北京:社会科学文献出版社,2008.

[78]王庆云.石渠余记[M].北京:北京古籍出版社,1985.

[79]王人博.宪政文化与近代中国[M].北京:法律出版社,1997.

[80]王人博.寻求富强:中国近代的思想范式[M].北京:商务印书馆,2020.

[81]王晓秋,陈应年.黄遵宪与近代中日文化交流[M].大连:辽宁师范大学出版社,2007.

[82]王玉棠.刘坤一评传[M].广州:暨南大学出版社,1990.

[83]夏东元.洋务运动史[M].上海:华东师范大学出版社,1992.

[84]夏晓虹.阅读梁启超:政治与学术[M].上海:东方出版社,2019.

[85]萧公权.康有为思想研究[M].北京:新星出版社,2005.

[86]萧公权.翁同龢与戊戌维新[M].北京:中国人民大学出版社,2014.

[87]熊月之.中国近代民主思想史[M].上海:上海人民出版社,1986.

[88]徐中约.中国近代史:1600—2000,中国的奋斗[M].计秋枫,译.香港:香港中文大学出版社,2001.

[89]许大龄.清代捐纳制度[M].北京:燕京大学哈佛燕京学社,1950.

[90]许纪霖,宋宏.史华慈论中国[M].北京:新星出版社,2006.

[91]严中平.中国近代经济史:1840—1894[M].北京:经济管理出版社,2007.

[92]严中平.中国棉纺织史稿[M].北京:商务印书馆,2011.

[93]杨焯.丁译《万国公法》研究[M].北京:法律出版社,2015.

[94]张国辉.洋务运动与中国近代企业[M].北京:中国社会科学出版社,1979.

[95]张海荣.思变与应变:甲午战后清政府的实政改革(1895—1899)[M].北京:社会科学文献出版社,2020.

[96]张灏.思想与时代[M].上海:上海文艺出版社,2002.

[97]张灏.幽暗意识与民主传统[M].北京:新星出版社,2006.

[98]张朋园.中国民主政治的困境(1909—1949):晚清以来历届议会选举述论[M].长春:吉林出版集团有限责任公司,2008.

[99]张晋藩.中国宪法史[M].长春:吉林人民出版社,2011.

[100]张玉法.近代中国工业发展史(1860—1916)[M].台北:桂冠图书公司,1992.

[101]章永乐.旧邦新造:1911—1917[M].北京:北京大学出版社,2011.

[102]郑大华,黄兴涛,邹小站.戊戌变法与晚清思想文化转型[M].北京:社会科学文献出版社,2010.

[103]周雪光.中国国家治理的制度逻辑:一个组织学研究[M].北京:生活·读书·新知三联书店,2017.

[104]周育民.晚清财政与社会变迁[M].上海:上海人民出版社.2000.

[105]朱英.晚清经济政策与改革措施[M].武汉:华中师范大学出版社,1996.

[106]朱宗震,杨光辉.民初政争与二次革命[M].上海:上海人民出版社,1983.

二、期刊论文

[1]陈来.梁启超的道德思想:以其孔孟立教论为中心[J].清华大学学报(哲学社会科学版),2017,32(2):5-14.

[2]陈新宇.戊戌时期康有为法政思想的嬗变:从《变法自强宜仿泰西设议院折》的著作权争议切入[J].法学家,2016(4):86-101.

[3]陈煜.晚清公羊学与变法维新[J].暨南学报(哲学社会科学版),2015,37(10):84-96.

[4]房德邻.论维新运动领袖康有为[J].清史研究,2002(1):18-30.

[5]方铭.富强释义及孔子与原始儒家的富强观[J].山西大学学报(哲学社

会科学版),2017,40(2):14-19.

[6]冯永亮.荣禄与戊戌变法[J].清华大学学报(哲学社会科学版),1998,13
(3):6-12.

[7]高汉成.治外法权、领事裁判权及其他:基于语义学视角的历史分析[J].
政法论坛,2017,35(5):105-116.

[8]高全喜.政治宪法学的兴起与嬗变[J].交大法学,2012(1):22-43.

[9]高全喜.中国宪制史要旨[J].中国法律评论,2015(4):104-114.

[10]格里·斯托克.作为理论的治理:五个论点[J].华夏风,译.国际社会科
学杂志(中文版),1999(1):19-30.

[11]关志国.清代行政成案初探[J].苏州大学学报(法学版),2017,4(2):
48-58.

[12]何勤华.清代法律渊源考[J].中国社会科学,2001(2):115-132.

[13]黄兴涛.强者的特权与弱者的话语:"治外法权"概念在近代中国的传播
与运用[J].近代史研究,2019(6):50-78.

[14]泮伟江.如何理解中国的超大规模性[J].读书,2019(5):3-11.

[15]姜鸣.北洋海军经费初探[J].浙江学刊,1986(5):136-141.

[16]江中孝.戊戌维新时期湖南新旧冲突探析[J].广东社会科学,2008(3):
125-131.

[17]金欣.中国立宪史上的"宪法—富强"观再探讨[J].交大法学,2018(1)
110-127.

[18]孔祥吉.《戊戌奏稿》的改篡及其原因[J].晋阳学刊,1982(2):2-9.

[19]孔祥吉,[日]村田雄二郎.《翁文恭公日记》稿本与刊本之比较:兼论翁
同龢对日记的删改[J].历史研究,2004(3):180-187.

[20]赖骏楠.梁启超政治思想中的"个人"与"国家"[J].清华法学,2016,10
(3):147-166.

[21]赖骏楠.清末四川财政的"集权"与"分权"之争:以经征局设立及其争

议为切入点[J].学术月刊,2019,51(8):89-105.

[22]赖骏楠.清末立宪派的近代国家想象:以日俄战争时期的《东方杂志》为研究对象(1904—1905)[J].中外法学,2018,30(4):992-1013.

[23]赖骏楠.清末《新民丛报》与《民报》论战中的"国民"议题[J].法学研究,2018,40(4):171-187.

[24]赖骏楠.晚清时期梁启超宪法思想中的"人民程度"问题[J].清史研究,2016(1):106-123.

[25]李刚.试论甲午战后清政府经济政策的转变[J].西北大学学报(哲学社会科学版),1986(4):19-24.

[26]李耀跃.律典对传统统治正当性的依附与证成:以《大清律例》为中心的分析[J].中南大学学报(社会科学版),2012,18(5):88-93.

[27]李耀跃.清末收回利权运动与立宪运动合流中的官民"权""利"结构重塑[J].河南财经政法大学学报,2021,363):156-166.

[28]李耀跃.晚清商办铁路抵制外资的法制建构及其实效[J].中国社会科学院研究生院学报,2016(2):119-123.

[29]梁义群,宫玉振.试论甲午战后的洋务变法思潮[J].中州学刊,1996(3):104-110.

[30]林浩彬.甲午至戊戌期间的铨选议改与保举定位[J].安徽史学,2020(5):53-61.

[31]刘大年.戊戌变法的评价问题[J].近代史研究,1982(4):131-161.

[32]刘熠.地方的维新:戊戌前后四川省的办学运作[J].社会科学研究,2016(3):140-148.

[33]刘增合.清季财政改制研究疏论[J].安徽史学,2011(2):54-63.

[34]闾小波.论"百日维新"前的变法及其历史地位[J].学术月刊,1993(4):55-60.

[35]马洪林.戊戌维新与中国近代化[J].上海师范大学学报,1989(1):

75-82.

[36]马剑银.英美宪政的近代中国之旅:反思从戊戌变法到"四六宪法"的宪政认知与实践[J].清华法治论衡,2013(1).

[37]马忠文.张荫桓、翁同龢与戊戌年康有为进用之关系[J].近代史研究,2012(1):4-28.

[38]茅海建.戊戌时期康有为、梁启超的议会思想[J].华东师范大学学报(哲学社会科学版),2020,52(2):113-126.

[39]门中敬.中国富强宪法的理念传承与文本表征[J].法学评论,2014,32(5):34-45.

[40]饶传平.从设议院到立宪法:晚清"Constitution"汉译与立宪思潮形成考论[J].现代法学,2011,33(5):24-36.

[41]沈燕培.理念、话语与制度变迁:话语性制度主义介评[J].安徽师范大学学报(人文社会科学版),2017,45(3):323-329.

[42]史成虎.戊戌变法与中国近代的政治制度变迁:以历史制度主义为研究视角[J].天府新论,2012(4):128-136.

[43]舒习龙.晚清则例纂修特点与政治变迁[J].兰州学刊,2015(8):50-56.

[44]宋德华.论郑观应学习西方富强之本的思想:以《盛世危言》为中心[J].广州大学学报(社会科学版),2011,10(2):80-87.

[45]汤志钧.近代史研究和版本校勘、档案求索:《戊戌政变记》最早刊发的两种期刊[J].历史档案,2006(2):30-35.

[46]汪敬虞.十九世纪外国侵华企业中的华商附股活动[J].历史研究,1965(4):39-74.

[47]王贵松.中国宪政为何难实现:宪政与富强、民主、文明之关系的历史思考[J].杭州商学院学报,2002(6):3-8.

[48]王人博.宪政的中国语境[J].法学研究,2001(2):133-147.

[49] 王若时. 清代成案非"司法判例"辩[J]. 华东政法大学学报,2020,23 (1):160-169.

[50] 王锐. 合富强叙事、阶级叙事、文明叙事为一:关于中国近代史叙事问题的思考[J]. 开放时代,2021(5):13-29.

[51] 王绍光. 治理研究:正本清源[J]. 开放时代,2018(2):153-176.

[52] 王晓秋. 戊戌维新与京师大学堂[J]. 北京大学学报(哲学社会科学版),1998,35(2):75-85.

[53] 维维恩·A. 施密特. 话语制度主义:观念与话语的解释力[J]. 马雪松,田玉麒,译. 国外理论动态,2015(7):10-19.

[54] 吴心伯. 甲午战争至戊戌变法前清廷朝局初探[J]. 安徽史学,1990(2):44-48.

[55] 狭间直树. 梁启超《戊戌政变记》成书考[J]. 近代史研究,1997(4):233-242.

[56] 肖守库. 甲午战争前后捐纳舆论的宏观情势[J]. 河北师范大学学报(哲学社会科学版),2006(4):135-139.

[57] 肖晞. 政治学中新制度主义的新流派:话语性制度主义[J]. 华中师范大学学报(人文社会科学版),2010,49(2):23-28.

[58] 谢放. 张之洞与戊戌政制改革[J]. 历史研究,1997(6):53-68.

[59] 徐立亭. 军机四卿与百日维新[J]. 史学集刊,1989(2):42-45.

[60] 许小青. 1903年前后新式知识分子的主权意识与民族国家认同[J]. 天津社会科学,2002(4):126-131.

[61] 薛瑞录,郝艳红. 清廷镇压太平天国期间中央官员的捐输活动[J]. 清史研究,1996(2):61-69.

[62] 杨念群. 痛打"时文鬼":科举废止百年后的省思[J]. 清史研究,2017 (1):1-32.

[63] 杨一凡. 质疑成说,重述法史:四种法史成说修正及法史理论创新之我

见[J].西北大学学报(哲学社会科学版),2019,49(6):21-30.

[64]俞江.戊戌变法时期的"民权"概念[J].法律文化研究,2005(1):
165-174.

[65]柏桦,于雁.清代律例成案的适用:以"强盗"律例为中心[J].政治与法律,2009(8):131-140.

[66]李凤鸣.清代重案中的成案适用:以《刑案汇览》为中心[J].北京大学学报(哲学社会科学版),2020,57(2):147-157.

[67]戚学民.《戊戌政变记》的主题及其与时事的关系[J].近代史研究,2001(6):81-126.

[68]赵明.康有为与中国法文化的近代化[J].现代法学,1996(5):21-32.

[69]赵小波.近代中国"民权"内涵演变考论:从维新到革命的话语转换[J].法学家,2015(2):140-154.

[70]张国辉.十九世纪后半期中国钱庄的买办化[J].历史研究,1963(6):85-98.

[71]张剑.从1895—1898年的新政看晚清改革的若干趋势[J].内蒙古大学学报(人文社会科学版),2003(1):54-60.

[72]张晋藩,林乾.《户部则例》与清代民事法律探源[J].比较法研究,2001(1):4-13.

[73]钞晓鸿.清末废止捐纳实官考实[J].中国经济史研究,2009(4):25-34.

[74]周威.论康有为于戊戌变法前的宪法观及其宪法史地位[J].法学家,2018(6):96-110.

[75]朱栋荣,闫小波.重审中国现代国家建构中的"冯桂芬方案"[J].天津社会科学,2020(2):148-155.

[76]朱英.论甲午战前清政府的矿业政策[J].史学月刊,1995(3):56-63.

[77]朱育和.维新变法研究中有关"变"的几个问题:兼论维新变法的复杂性

［J］.清华大学学报(哲学社会科学版),1998,13(3):1-5.

［78］McAfee, R. Preston, John McMillan. *Organizational Diseconomy of Scale*

［J］. *Journal of Economic & Management Strategy*,1995,4(3).

［79］Young—Tsu Wong. *Revisionism Reconsidered：Kang Youwei and the Reform*

Movement of 1898［J］. *The Journal of Asian Studies*,1992,51(3).